# CHINA PANORAMA
## Approaching Chinese
# Book Ⅲ

# 中国全景

## 初级汉语

### 第三册

吕必松　主编

中华人民共和国教育部
对外汉语教学发展中心　组编审订

Language & Culture Press
语文出版社

# 《中国全景—初级汉语》 1—3册

顾　　问　姜明宝　吕必松

主　　编　吕必松
编　　者　李　爽　陈　莉
英文翻译　鲁健骥
英文校订　ANDREW　G·MACDONALD

责任编辑　陈　红

图书在版编目（CIP）数据

初级汉语．第3册/吕必松主编．—北京：语文出版社，2001.3
　　（中国全景）
　　ISBN 7-80126-501-7

Ⅰ．初…　Ⅱ．吕…　Ⅲ．对外汉语教学-教材
Ⅳ．H195.4

中国版本图书馆CIP数据核字（2001）第010379号

中国全景 — 初级汉语
第三册

中华人民共和国教育部
对外汉语教学发展中心　组编审订
*
语文出版社出版
E-mail : ywp@ ywcbs.com
100010　北京朝阳门南小街51号
新华书店经销　北京市联华印刷厂印刷
880毫米×1230毫米　1/16　18.5印张
2002年1月第1版　2006年2月第4次印刷
ISBN 7-80126-501-7/G·353
06300

# 前　言

　　《中国全景》是由中华人民共和国教育部对外汉语教学发展中心约请从事对外汉语教学的专家编写的系列教材。

　　《中国全景》是中国第一部专门面向境外汉语学习者的大型电视系列教材,适用于母语非汉语的广大汉语学习者。

　　《中国全景》由《汉语语音导入》《初级汉语》《中级汉语》《商贸汉语》《旅游汉语》等组成初级、中级、高级三个层次的系列。《汉语语音导入》《初级汉语》为初级教材,《中级汉语》为中级教材,《商贸汉语》《旅游汉语》为高级教材。这三个层次的教材既相互衔接,又自成系统,相对独立。学习者可根据需要予以选用。

　　《中国全景》的各类教材都配有录音带、录像带和光盘,供学习者使用。

# Foreword

*China Panorama* is a series of Chinese textbooks prepared by a group of TCFL experts invited by The Development Centre for Teaching Chinese as a Foreign Language Under the Ministry of Education of P. R. China .

*China Panorama* is the first large-scale Chinese teaching program in a TV series, specially designed for anyone who is keen to learn Chinese.

*China Panorama* consists of textbooks of various levels including *Chinese Phonetics*, *Approaching Chinese*, *Intermediate Chinese*, *Chinese for Business* and *Chinese for Tourism*. The first two books are meant for beginners, the third is devised for intermediate learners and the last two are prepared for advanced users. While connected with one another they remain independent and systematic.

*China Panorama* is accompanied by both audio and video tapes and CD-ROM for learners to choose from.

一、这部教材适宜于母语非汉语的学习者，他们的汉语水平为零起点。

二、学完这部教材，学习者可掌握 1000 个左右的基本词汇、200 多个句型和 3000 多个常用句子，能应付日常生活交际。

三、全书共分三册，每册有十课，每课分三段。第一、二段以"讲练"为主，内容有：新词语、课文、注释、练习等；第三段以"复练"为主，内容有：新词语、句型练习、综合练习、语音练习和走马观花等。用于常规课堂教学，一段相当于一课时（50 分/课时）的内容；也可用于短期强化教学，一课为一次课（2×50 分/次）的内容。

1. 语用范例——在每课的最前边列出本课的语用项目和例句，并给出逐字英译和整句英译。

2. 新词语——当课所涉及的新词语放在课文的前边，使学习者在学习课文前能首先扫除一些词语的障碍。词语选择以《汉语水平词汇和汉字等级大纲》为依据，主要选用其中的甲级词，有个别词汇虽超出大纲范围，但仍属现代生活常用。

3. 课文——基本上每课一个功能性主题，每段一个情景会话；在全部会话中，以一个人物——中国姑娘方雪芹贯穿始终，围绕她的家庭、工作、生活、爱情展开场景，每段会话都带有一定的情节，随着学习进程情节也在发展，提高学习者的学习兴趣。但是应请读者注意的是：会话中的一些诸如商品的价格，人物、公司等的名称等细节，均只为教学方便而虚拟，并不一定是实际情况。

4. 注释——对课文中重要语言现象进行讲解和一定的练习，使学习者理解并掌握基本词句用法。讲解包括词汇、语法、语用甚至汉字等多方面内容。在讲解中尽量避免语法术语，同时多给出简单明了的结构形式和丰富的例句。

5. 练习——第一、二段中的练习多以理解、模仿为主；第三段是复练课，有相当于替换练习的句型练习，有着重训练语言交际能力的综合练习，还有专门针对学习者汉语发音难点而设计的语音练习。句型练习还可与录音、录像带配合作听说练习使用。通过大量的练习巩固当课所学的内容。

6. 走马观花——每课中设一个这样的栏目，一方面通过图片形式向学生展示诸如商店招牌、指示标牌、交通标识等等日常生活中常见的汉字的认读，另一方面以文字形式向学习者介绍相关的文化背景知识。

7. 写汉字——每段都有这个小栏目，演示汉字笔画顺序，使学习者对汉字有一个感性认识。

四、选材不局限于学校生活，而是将会话场景放在社会生活中，所以教材不仅适用于在校学生，也适用于在公司供职的人士和家庭主妇。

五、与本书相配套的还有录音带、录像带及多媒体光盘等多种出版物，可供辅助教学，也可供学习者自学。

六、全书请北京语言文化大学的鲁健骥教授做英语翻译和教材审订。

编者

# Introduction

1. This course is intended for zero level learners of Chinese whose native language is not Chinese.

2. On completing this course the learner should have a command of about 1, 000 basic words, 200 sentence patterns. The course includes over 3, 000 commonly used sentences, which will enable him to survive in his daily communications.

3. The course book consists of three volumes; each containing 10 lessons and each lesson is divided into three parts. The first two parts introduce new language items together with corresponding practice in sections such as new words, texts, notes, exercises, etc. The third part is composed of reviews and exercises with these sections: new words, pattern drills, comprehensive exercises, pronunciation drills and there is a special section called A Glimpse of Modern Chinese Culture. For regular classroom teaching each part can be taught in an instruction hour (50 minutes), or for intensive classes, each lesson can be taught in two instruction hours (2 × 50minutes).

The following is a description of the various sections of the course book:

1) Examples of usage —These are found at the first section of each lesson.

2) New words and phrases —These are given before the text with the aim of removing obstacles in vocabulary before dealing with the text. The words and phrases are selected from the Chinese Proficiency Scales (Vocabulary and Chinese Characters), or, rather, from List A of the Scales with a few not in List A but commonly used in modern Chinese.

3) Texts —Each text is a situational dialogue on a functional theme. All the texts are about Fang Xueqin, a Chinese girl, her family, work, life, love, etc. Each is a story which should engage the reader's interest and, we hope, facilitate learning of the language. Characters, prices, corporations, etc. are not real and are imagined.

4) Notes —These include explanations and exercises involving impor-

tant language items to help the learner to grasp basic usage of vocabulary, grammatical, and even character items. In the notes, we deliberately avoid using technical terms and provide the learner with simple formulas and adequate examples.

5) Exercises —These are mainly comprehension and imitation exercises and in part three, which is largely revision, there are substitution drills and comprehensive exercises to improve the learner's competency in communication as well as pronunciation drills which address difficulties the learner may experience in pronunciation . The sentence pattern drills can be used with the accompanying sound and video cassettes for listening and speaking. All in all, the exercises are aimed at consolidating what was learned in the lesson.

6) A Glimpse of Modern Chinese Culture —We wish to help the learner recognize characters used in daily life, such as those used on shop signs, street signs, traffic signs, etc. and we also provide the learner with a background knowledge of China.

7) Writing demonstration —This section demonstrates the stroke order of writing Chinese characters to give the learner a feeling of Chinese characters.

4. The plots of the dialogues are not limited to school life, but extend to other areas of social life, which makes this course book appropriate not only to students, but also to office workers, housewives, etc.

5. This course book is accompanied by a set of sound and video cassettes and CD-ROM, which are aides to learners, especially those who study by themselves.

6. Prof. Lu Jianji of Beijing Language and Culture University read through the manuscripts and has helped us with the English translation.

Editors

# 目　　录　Contents

# 目 录　Contents

# 目　录　Contents

# 目 录 Contents

# 目　录　Contents

**第二十一课**
Dì - èrshíyī Kè

# LESSON TWENTY-ONE

## 语 用 范 例 *Examples of Usage*

1. 询问状况　*Asking about the state of things*

你　怎么　了?
Nǐ　zěnme　le?
*you　how ( modal particle )*
What is the matter with you?

2. 询问身体有何不适　*Asking what the matter is*

（你）　哪儿　不　舒服?
(Nǐ)　Nǎr　bù　shūfu?
*( you ) where　not　comfortable*
What is the trouble with you?

3. 表达身体的不适　*Saying what the trouble is*

我　有点儿　头疼。
Wǒ　yǒudiǎnr　tóuténg.
*I　little　headache*
I have a headache.

我　肚子　疼　得　厉害。
Wǒ　dùzi　téng　de　lìhai.
*I　stomach pain( structural particle ) serious*
I have a terrible stomachache.

1

## 4. 表示估计 *Surmising*

可 能　感 冒 了。
Kěnéng　gǎnmào le.
*perhaps　cold ( modal particle )*
Perhaps you have caught a cold.

## 5. 安慰 *Comforting somebody*

你　别　着急, 不 用　住院。
Nǐ　bié　zháojí, bú yòng　zhùyuàn.
*you to do not worry, not need to be hospitalized*
Don't worry. You do not need to be hospitalized.

# 你哪儿不舒服？
Nǐ Nǎr Bù Shūfu?

# What is the trouble with you?

## 新 词 语 *New Words and Phrases*

| 1. 舒服 | shūfu | comfortable |
|---|---|---|
| 2. 头 | tóu | head |
| 3. 疼 | téng | pain, ache |

| | | | |
|---|---|---|---|
| 4. 发烧 | fāshāo | to have a fever | |
| 5. 可能 | kěnéng | perhaps, possible | |
| 6. 感冒 | gǎnmào | to catch cold | |
| 7. 出去 | chūqu | to go out | |
| 8. 上 | shàng | to go to, to go/come up | |
| 9. 不要紧 | bú yàojǐn | not important, it doesn't matter | |
| 要紧 | yàojǐn | important | |
| 10. 药 | yào | medicine | |
| 11. 堵车 | dǔchē | traffic jam | |

## 课 文 Text

生病是不可避免的事。生病了怎样表达自己哪儿不舒服？我们来看看方雪芹的妈妈怎么说。

Becoming sick is unavoidable. If you are sick, how do you tell what the trouble is? Let's see what Fang Xueqin's mother says when she is sick.

（方雪芹下班回家）

(Fang Xueqin has come home after a day's work. )

方雪芹： 爸、妈，我 回来 了。（发现方母很难受的样子）
Bà, mā, wǒ huílai le.

妈，你 怎么 了？哪儿 不 舒服？
Mā, nǐ zěnme le? Nǎr bù shūfu?

Fang: Dad and Mum, I am back. (Finding Mum doesn't look well) What's the matter, Mum? What is the trouble?

方 母： 我 头 有点儿 疼，觉得 很 冷。
Wǒ tóu yǒudiǎnr téng, juéde hěn lěng.

Mother: I have a headache and I am feeling cold.

方雪芹： （用手摸摸方母的额头）这么 热，你 发烧 了。
Zhème rè, nǐ fāshāo le.

Fang: (Feeling her forehead) It's so hot. You are running a fever.

3

方 母： 可 能 感冒 了。

Kěnéng gǎnmào le.

Mother: Perhaps I have caught a cold.

方雪芹： 爸爸 呢?

Bàba ne?

Fang: Where is Dad?

方 母： 他 出去 了。

Tā chūqu le.

Mother: He is out.

方雪芹： 我 送 你 上 医院。

Wǒ sòng nǐ shàng yīyuàn.

Fang: Let me take you to the hospital.

方 母： 不 要紧,不用 上 医院,吃点儿 药 就 行。

Bú yàojǐn,búyòng shàng yīyuàn,chī diǎnr yào jiù xíng.

Mother: Nothing serious. I don't need to go to the hospital. Just give me some

medicine.

方雪芹： 你 吃药 了 吗?

Nǐ chī yào le ma?

Fang: Have you taken any medicine?

方 母： 没有。

Méiyǒu.

Mother: No, I haven't.

方雪芹： 你 必须 上 医院。

Nǐ bìxū shàng yīyuàn.

Fang: You must go to the hospital.

## 注 释 Notes

 询问状况　Asking about the state of things

妈,你 怎 么 了?

Mā,nǐ zěnme le?

What's the matter with you, Mum?

"你怎么了?"意思相当于"What's the matter with you?"用于询问发生了什么事或询问对方状况。例如：

"Nǐ zěnme le?", meaning "What's the matter with you?", is used to ask what is happening or to ask about the state of things. For example:

(1)甲: 前 边 怎 么 了?

Qiánbian zěnme le?

What has happened ahead of us?

乙: 路口 堵 车 了。

Lùkǒu dǔchē le.

It's a traffic jam at the crossing.

(2)甲:你 的 照 相机怎 么 了?

Nǐ de zhàoxiàngjī zěnme le?

What happened to your camera?

乙:我 的 照 相 机坏了。

Wǒ de zhàoxiàngjī huài le.

It's not working.

(3)甲:你 怎 么 了?

Nǐ zěnme le?

What's the matter with you?

乙:我 饿了。

Wǒ è le.

I am hungry.

## 2. 表达身体不适 Saying what the trouble is

哪儿不 舒服?

Nǎr bù shūfu?

What's your trouble?

在这儿，用"你哪儿不舒服？"来询问对方身体哪儿有不适的状况，意思是"What is the trouble"。那么表达自己身体不适就是"我不舒服。"例如：

"Nǐ nǎr bù shūfu?" is used to ask how somebody feels. When you don't feel well, you may say: "Wǒ bù shūfu.". For example:

(1) 甲：你 怎么 了？ 哪儿 不 舒服？

Nǐ zěnme le?　Nǎr bù shūfu?

What has happened to you? What's the trouble?

乙：我 发烧 了。

Wǒ fāshāo le.

I have a fever.

(2) 甲：你 怎么 了？

Nǐ zěnme le?

What's wrong with you?

乙：我 有点儿 不 舒服。

Wǒ yǒudiǎnr bù shūfu.

I am not feeling well.

### 3. 主谓结构作谓语 The Subject – predicate phrase as predicate

我 头 有点儿 疼。

Wǒ tóu yǒu diǎnr téng.

I have a headache.

"我头有点儿疼"是汉语中的一种句式，第一个名词/代词"我"与第二个名词"头"有密切的领属关系。同样的句式还有：

This is a pattern in Chinese, in which the first noun or pronoun "wǒ" and the second noun "tóu" are in the possessive relation. Similar patterns are:

(1) 北京 天气 很 热。

Běijīng tiānqì hěn rè.

It's hot in Beijing.

(2) 你 衣服 很 漂 亮。

Nǐ yīfu hěn piàoliang.

What you wear is very beautiful.

(3) 老 王　身体 特别 好。

Lǎo Wáng shēntǐ tèbié hǎo.

Lao Wang is in very good health.

**4.** "可能"表示估计　Expressing an estimate with "kěnéng"

> 可 能　感 冒 了。
>
> Kěnéng gǎnmào le.
>
> Probably you have caught cold.

"可能"表示估计。可以说"很可能"，表示加强肯定估计；也可以说"不可能"表示否定估计。例如：

"Kěnéng" expresses an estimate while "hěn kěnéng" emphasizes that the speaker is sure of estimate. The negative form is "bù kěnéng". For example:

(1)甲：我 的 书 在 哪儿？

　　　Wǒ de shū zài nǎr?

　　　Where is my book?

　乙：可 能 在 桌 子 下 边。

　　　Kěnéng zài zhuōzi xiàbian.

　　　It's probably under the desk.

(2)甲：星 期 六　晚　上 我　请 你 吃饭。

　　　Xīngqīliù wǎnshang wǒ qǐng nǐ chīfàn.

　　　I would like to invite you to dinner on Saturday evening.

　乙：星 期 六　晚上　我 可 能　没有 时 间。星 期 天　　晚 上　行 吗？

　　　Xīngqīliù wǎnshang wǒ kěnéng méiyǒu shíjiān, xīngqītiān wǎnshang xíng ma?

　　　I am afraid I am engaged on Saturday evening. What about Sunday evening.

 **5.** "来／去"放在动词后边表示动作的趋向　"Lai／qu" following a verb to indicate the direction of the action

> 他　出 去 了。
>
> Tā chūqu le.
>
> He is out.

"出去"的结构与前面学过的"回来、下去"相同。在"回来"、"下去"、"出去"中的"来"、"去"

表示动作的方向，"来"表示动作向着说话人，"去"表示动作远离说话人。这样的"来/去"一般轻读。例如：

The structure of "chūqu" is the same as that of "huíqu", and "xiàqu". In these phrases "lai" and "qu" indicate the direction of the action. "Lai" shows that the action is proceeding towards the speaker whereas "qu" indicates away from the speaker. "Lai/qu" are pronounced in the neutral tone. For example:

| 动词 + 来/去 |
|:---:|
| Verb + lai/qu |

| 回来 | huílai | come back | | 回去 | huíqu | go back |
|---|---|---|---|---|---|---|
| 进来 | jìnlai | come in | | 进去 | jìnqu | go in |
| 出来 | chūlai | come out | | 出去 | chūqu | go out |
| 上来 | shànglai | come up | | 上去 | shàngqu | go up |
| 下来 | xiàlai | come down | | 下去 | xiàqu | go down |

如果动词后面有表示地点的名词作宾语，宾语放在动词和"来/去"的中间。例如：

The place object of the verb, if there is one, is placed between the verb and "lai/qu". For example:

| 动词 + 宾语 + 来/去 |
|:---:|
| Verb + object of place + lai/qu |

(1) 他 回 国 去 了。
Tā huí guó qu le.
He's gone back to his country.

(2) 你 太太 回 北京 来 了 吗?
Nǐ tàitai huí Běijīng lai le ma?
Has your wife come back to Beijing?

(3) 请 你 上 楼 来 坐 一会儿。
Qǐng nǐ shàng lóu lai zuò yíhuìr.
Could you come upstairs for a while?
to sit

 ......就行    ... will do

吃 点儿 药 就 行。
Chī diǎnr yào jiù xíng.
It will be all right if I take some medicine.

8

"……就行。"意思是"… will do",也可以说"……就可以。"它放在句子的末尾,表示有它前面的条件就可以。例如:

"… jiù xíng" or "… jiù kěyǐ" means "… will do". It is used at the end of a sentence to show that what was stated before is all right. For example:

(1)甲:用 不用 我 陪 你 去 医院?

　　　Yòng búyòng wǒ péi nǐ qù yīyuàn?

　　　Do you need me to accompany you to the hospital?

　　乙:不用 了,我 一 个 人 去 就 行。

　　　Búyòng le, wǒ yí gè rén qù jiù xíng.

　　　No, thanks. I can go there myself.

(2)甲:我 七 点 来,行 吗?

　　　Wǒ qī diǎn lái, xíng ma?

　　　May I come at seven?

*xíng : will do / will satisfy the condition.*

　　乙:不用 那么 早,九 点 以 前 来 就 行。

　　　Búyòng nàme zǎo, jiǔ diǎn yǐqián lái jiù xíng.

　　　You do not need to come so early. It's all right if you can come before nine.

---

## 练　习　Exercises

一、用"上"完成下边的对话:
**Complete the following dialogues, using "shàng":**

(1)甲:你 上 哪儿?
　　　Nǐ shàng nǎr?

　　乙:＿＿＿＿＿＿＿＿＿。

(2)甲:明 天 你们 上 哪儿 玩儿?
　　　Míngtiān nǐmen shàng nǎr wánr?

　　乙:＿＿＿＿＿＿＿＿＿＿＿。

(3)甲:陪 我 去 买 东西,好 吗?
　　　Péi wǒ qù mǎi dōngxi, hǎo ma?

　　乙:＿＿＿＿＿＿＿＿＿＿＿＿。

二、用"不要紧"完成下边的对话:
**Complete the following dialogues, using "bú yàojǐn":**

(1) 甲：你 很 不 舒服 吗?

Nǐ hěn bù shūfu ma?

乙：_____。

(2) 甲：大夫，我 的 病 要紧 吗?

Dàifu, wǒ de bìng yàojǐn ma?

乙：_____。

(3) 甲：老师，对不起，我 忘了 带书。

Lǎoshī, duìbuqǐ, wǒ wàngle dài shū.

乙：_____。

三、用正确的语气、语调说下边的句子：

**Say the following sentence with the appropriate tones and intonations:**

(1) 你 怎么 了?

Nǐ zěnme le?

(2) 你 哪儿 不 舒服?

Nǐ nǎr bù shūfu?

(3) 我 头 有点儿 疼。

Wǒ tóu yǒudiǎnr téng.

(4) 这么 热，你 发烧 了。

Zhème rè, nǐ fāshāo le.

(5) 可能 感冒 了。

Kěnéng gǎnmào le.

(6) 我 不 要紧。

Wǒ bú yàojǐn.

(7) 我 不用 上 医院，吃 点儿 药 就 行。

Wǒ búyòng shàng yīyuàn, chī diǎnr yào jiù xíng.

(8) 我 送 你 上 医院。

Wǒ sòng nǐ shàng yīyuàn.

(9) 你 必须 上 医院。

Nǐ bìxū shàng yīyuàn.

## 写 汉 字 Writing Demonstration

一 ｢ ｢ 下 乒 厓 医

| 医 | 医 | 医 | 医 | 医 | 医 | | | | | |

一 艹 艹 艹 荮 药 药 药

| 药 | 药 | 药 | 药 | 药 | 药 | | | | | |

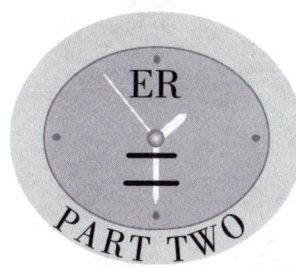

# 我肚子疼得厉害

Wǒ Dùzi Téng De Lìhai

## I have a serious stomachache

---

### 语 用 范 例  *Examples of Usage*

| | | |
|---|---|---|
| 1. 着 | zhe | a suffix indicating the continuous aspect of an action |
| 2. 挂号 | guàhào | to register at a hospital |
| 3. 肚子 | dùzi | stomach, abdomen |
| 4. 厉害 | lìhai | serious (or strict, or very good at something) |
| 5. 急性肠炎 | jíxìng chángyán | acute enteritis |
|   急性 | jíxìng | acute |
|   肠炎 | chángyán | enteritis |
| 6. 住院 | zhùyuàn | to be admitted to the hospital |
| 7. 着急 | zháojí | to worry |
| 8. 片 | piàn | tablet (of medicine) (same as yi piàn mian bao) a loaf of bread slice |
| 9. 打针 | dǎzhēn | to have an injection |
| 10. 大夫 | dàifu or yisheng | doctor |

---

### 课 文  *Text*

怎么去医院看病？病人和大夫要谈些什么？我们看看方雪芹的妈妈到医院以后的情况。

How do you get to see a doctor at the hospital? What do the patient and the doctor say during a consultation? Let us see what happens when Fang Xueqin's mother arrives at the hospital.

（方雪芹和李文龙送方母到了医院）

(Fang Xueqin and Li Wenlong have accompanied Fang's mother to the hospital)

李文龙: 你们 在 这儿 等 着,我 去 挂号。
Nǐmen zài zhèr děngzhe,wǒ qù guàhào.

Li: You wait here while I go to register.

方雪芹: (方雪芹发现方母眉头皱得更紧了)妈,你 怎么 了?
Mā,nǐ zěnme le?

Fang: (Seeing her mother frowning more severely) Are you all right, Mum?

方 母: 我 肚子 疼 得 厉害。
Wǒ dùzi téng de lìhai.

Mother: I have a serious stomachache.

(在诊室里,大夫正在给方母检查)

(At the consulting room, the doctor is examining Fang's mother)

大 夫: (看着化验单)是 急性 肠炎。
Shì jíxìng chángyán.

Doctor: (Reading the examination report) It's acute enteritis.

方雪芹: 要 住院 吗?
Yào zhùyuàn ma?

Fang: Do you think she should be admitted to the hospital?

方 母: 我 不 想 住院。
Wǒ bù xiǎng zhùyuàn.

Mother: I don't want to stay here.

大 夫: 你 别 着急, 不用 住院。(转向方雪芹)这是 吃 的 药, 每 天
Nǐ bié zháojí,búyòng zhùyuàn. Zhè shì chī de yào,měi tiān
吃四次,每 次吃 两片; 这是 打针 的 药, 每天 打 两次。
chī sì cì, měi cì chī liǎngpiàn;zhèshì dǎzhēn de yào,měitiān dǎ liǎngcì.

Doctor: Don't worry. There is no need to stay here. (Turning to Fang) Here is the medicine. Four times a day, two tablets at a time. This is the injection. Twice a day.

方雪芹:
李文龙 谢谢 大夫。
Xièxie dàifu.

Fang and Li: Thank you, doctor.

大 夫: 不 用 谢。
Búyòng xiè.

Doctor: Sure.

**1.** 表示动作持续的"着"　The suffix "zhe" indicating the continuous aspect

> 你们 在 这儿 等 着。
>
> Nǐmen zài zhèr děngzhe.
>
> You wait here.

"着"跟在动词的后面,表示动作或状态的持续。如果动词有宾语,宾语放在"着"的后面。

"Zhe" is a verb suffix indicating the continuity of an action or a state. The object of the verb is placed after "zhe".

| 动词 + 着 |
|---|
| Verb + zhe |

(1) 你 在 这儿 坐 着，等 我 一会儿。

　　Nǐ zài zhèr zuòzhe, děng wǒ yíhuìr.

　　Sit here and wait for me for a while.

(2) 甲: 我 可以 进去 吗?

　　　Wǒ kěyǐ jìnqu ma?

　　　May I go in?

　乙: 门 开着,你 进来 吧。

　　　Mén kāizhe, nǐ jìnlai ba.

　　　Come in. The door is open.

(3) 甲: 你 看见 那个 人 穿 着 什么 颜色 的 衣服?

　　　Nǐ kànjiàn nèige rén chuānzhe shénme yánsè de yīfu?

　　　Did you see what color the man's clothes was?

　乙: 他 好像 穿着 一件 浅 灰色 的 衣服。

　　　Tā hǎoxiàng chuānzhe yí jiàn qiǎnhuīsè de yīfu.

　　　Perhaps he was wearing a grayish coat.

**2.** 在医院看病挂号　Registration at a hospital

我 去 挂号。

Wǒ qù guàhào.

I am going to register.

在中国的医院,一般设有一个挂号处,病人先到挂号处说明自己要看什么病或看哪一科,护士就给他/她挂那一科的号。挂号以后,就可以到挂号的那个科去等候看病了。顺便说一下,如果你是第一次到这个医院看病,在挂号的时候还需要买一个病历本,以后每次看病都需要带来,这样方便医生对你以前病情的了解。

In China, a hospital usually has a registration office. At the registration office, the patient tells the registrar what disease he/she has or what department he/she needs to go to and the registrar will give him/her a registration number for that department. The patient can then go to the department to wait for treatment. By the way, if he/she is seeing a doctor for the first time in that hospital, the patient needs to buy a case history book at the registration office and must bring it every time he/she sees the doctor.

 **3.** 厉害　The adjective "lìhai"

我 肚子 疼 得 厉害。

Wǒ dùzi téng de lìhai.

I have a serious stomachache.

形容程度高得难以应付或忍受;也可以用于说人"terrible"。例如:

"Lìhai" means that a quality has reached a degree that one cannot cope with or cannot withstand or describe a person who is "fierce" or "terrible". For example:

(1) 外边　冷 得 厉害。

Wàibian lěng de lìhai.

It's awfully cold outside.

(2) 今天 天气 热 得 厉害。

Jīntiān tiānqì rè de lìhai.

It's terribly hot today.

(3) 那儿的 东西 贵 得 厉害。

Nàr de dōngxi guì de lìhai.

Things are terribly expensive there.

(4) 她 爸爸 很 厉害。

Tā bàba hěn lìhai.

Her father is very strict.

一、说说可以用量词"片"的物品：

*Name some articles that must go with the measure word "piàn":*

二、用"着急"完成下边的句子：

*Complete the following sentences, using "zháojí":*

(1) 这么 晚了,女儿 还 没回家,＿＿＿＿＿＿＿＿＿。

　　Zhème wǎn le, nǚ'ér hái méi huí jiā,＿＿＿＿＿＿＿＿.

(2) 咱 们 的 时间 还够,＿＿＿＿＿＿＿＿＿。

　　Zánmen de shíjiān hái gòu,＿＿＿＿＿＿＿.

(3) 李 先 生 家的 狗 不 知道 去 哪儿了,＿＿＿＿＿＿＿＿＿＿。

　　Lǐ xiānsheng jiā de gǒu bù zhīdao qù nǎr le,＿＿＿＿＿＿＿＿＿.

三、用正确的语气、语调说下边的句子：

*Say the following sentences in their appropriate tones and intonations:*

(1) 你们 在 这儿 等着,我去 挂号。
　　Nǐmen zài zhèr děngzhe,wǒ qù guàhào.

(2) 我 肚子 疼 得厉害。
　　Wǒ dùzi téng de lìhai.

(3) 你 妈妈 是 急性 肠 炎。
　　Nǐ māma shì jíxìng chángyán.

(4) 我 妈妈 要 住院 吗?
　　Wǒ māma yào zhùyuàn ma?

(5) 不 别 住 院。
　　Búyòng zhùyuàn.

(6) 你别 着急,不 要紧。
　　Nǐ bié zháojí,bú yàojǐn.

(7) 这 是 吃 的药, 每 天 吃 四次,每 次 吃 两 片。
　　Zhè shì chī de yào,měi tiān chī sì cì, měi cì chī liǎng piàn.

(8) 这 是 打针 的药,每 天 打 两 次。
　　Zhè shì dǎzhēn de yào,měi tiān dǎ liǎng cì.

(9) 谢谢 大夫。
　　Xièxie dàifu.

ノ ノ ゲ 片

| 片 | 片 | 片 | 片 | 片 | 片 | | | | | |
|---|---|---|---|---|---|---|---|---|---|---|

丶 亠 广 广 广 疒 疒 疚 疚 疼 疼

| 疼 | 疼 | 疼 | 疼 | 疼 | 疼 | | | | | |
|---|---|---|---|---|---|---|---|---|---|---|

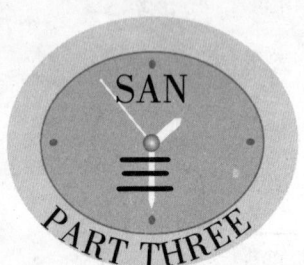

SAN

三

PART THREE

# 窗户开着呢
Chuānghu Kāizhe Ne

## The window is open

## 新 词 语 *New Words and Phrases*

| 1. | 嗓子 | sǎngzi | throat, voice |
|---|---|---|---|
| 2. | 牙 | yá | tooth |teeth |
| 3. | 晕 | yūn | dizzy |
| 4. | 腿 | tuǐ | leg |
| 5. | 胃 | wèi | stomach |
| 6. | 腰 | yāo | waist |
| 7. | 病 | bìng | sick, illness |
| 8. | 中药 | zhōngyào | traditional Chinese medicine |
| 9. | 西药 | xīyào | Western medicine |
| 10. | 领导 | lǐngdǎo | to lead, leader, leadership |
| 11. | 爷爷 | yéye | grandpa ] dad's side |

*handwritten notes:*

yūnche = car sick
yunchuan = sea sick
yunji = air sickness

nǎinai — gradma ]

gōnggong — ] gōng ] mon's side.
pópo — gǐrra

| 12. 呆 | dāi | to stay idle |
|--------|-----|--------------|
| 13. 酒吧 | jiǔbā | bar |
| 14. 房间 | fángjiān | room |
| 15. 窗户 | chuānghu | window |

## 句型练习 *Sentence pattern drills*

一、根据对话回答问题：

*Answer the questions on the following dialogues:*

我 头 有点儿 疼。
Wǒ tóu yǒudiǎnr téng.

(1) 男：你 哪儿 不 舒服？
　　　Nǐ nǎr bù shūfu?

　女：我 嗓子 有点儿 疼。
　　　Wǒ sǎngzi yǒudiǎnr téng.

　问：她 哪儿 不 舒服？
　　　Tā nǎr bù shūfu?

　学生：＿＿＿＿＿＿＿＿＿＿。

(2) 女：你 哪儿 不 舒服？
　　　Nǐ nǎr bù shūfu?

　男：我 牙 特别 疼。
　　　Wǒ yá tèbié téng.

　问：他 哪儿 不 舒服？
　　　Tā nǎr bù shūfu?

　学生：＿＿＿＿＿＿＿＿＿＿。

(3) 男：你 哪儿 不 舒服？
　　　Nǐ nǎr bù shūfu?

　女：我 头 有点儿 晕。
　　　Wǒ tóu yǒudiǎnr yūn.

　问：她 哪儿 不 舒服？
　　　Tā nǎr bù shūfu?

　学生：＿＿＿＿＿＿＿＿＿＿。

二、根据对话回答问题：

*Answer the questions on the following dialogues:*

我 肚子 疼 得 厉害。
Wǒ dùzi téng de lìhai.

(1) 女：你 怎么 了？
　　　Nǐ zěnme le?

　　男：我 腿 疼 得 厉害。
　　　Wǒ tuǐ téng de lìhai.

　　问：他 怎么 了？
　　　Tā zěnme le?

　学生：＿＿＿＿＿＿＿＿。

(2) 男：你 怎么 了？
　　　Nǐ zěnme le?

　　女：我 胃 疼 得 厉害。
　　　Wǒ wèi téng de lìhai.

　　问：她 怎么 了？
　　　Tā zěnme le?

　学生：＿＿＿＿＿＿＿＿。

(3) 男：你 怎么 了？
　　　Nǐ zěnme le?

　　女：我 腰 疼 得 厉害。
　　　Wǒ yāo téng de lìhai.

　　问：她 怎么 了？
　　　Tā zěnme le?

　学生：＿＿＿＿＿＿＿＿。

三、用所给词语和句型完成对话：
**Complete the dialogues using the given words and patterns:**

句型　Jùxíng　Pattern:

不 用 上 医院，吃 点儿 药 就 行。
Búyòng shàng yīyuàn, chī diǎnr yào jiù xíng.

(1) 男：你 病 了，你 得 上 医院。
　　　Nǐ bìng le, nǐ děi shàng yīyuàn.

　学生：＿＿＿＿＿＿＿＿＿＿＿＿。（吃点儿药 chī diǎnr yào）

(2) 女：我 吃 中药 还是 吃 西药？
　　　Wǒ chī zhōngyào háishi chī xīyào?

　学生：＿＿＿＿＿＿＿＿＿＿＿＿。（休息一两天 xiūxi yì liǎng tiān）

18

(3) 男：这些 字 必须 写 十 遍 吗？

Zhèxiē zì bìxū xiě shí biàn ma?

学生：＿＿＿＿＿＿＿＿＿＿＿＿＿。（五遍 wǔ biàn）

(4) 女：这件 事 得 告诉 领导。

Zhèijiàn shì děi gàosu lǐngdǎo.

学生：＿＿＿＿＿＿＿＿＿＿＿＿＿。（秘书 mìshū）

## 四、根据对话回答问题：

*Answer the questions on the following dialogues:*

你们 在 这儿 等着，我 去 挂号。

Nǐmen zài zhèr děngzhe, wǒ qù guàhào.

(1) 男：坐着 的 这 位 老人 是 谁？

Zuòzhe de zhèi wèi lǎorén shì shéi?

女：是 我 爷爷。 *in respectful measure word*

Shì wǒ yéye.

问：坐着 的 那 位 老人 是 谁？

Zuòzhe de nèi wèi lǎorén shì shéi?

学生：＿＿＿＿＿＿＿＿＿＿＿＿＿。

(2) 女：周末 我 喜欢 在 家里 /呆着。 *lǐ is optional here*

Zhōumò wǒ xǐhuan zài jiā lǐ dāizhe.

男：我 喜欢 在 酒吧里 呆着。

Wǒ xǐhuan zài jiǔbā lǐ dāizhe.

问：周末 他 喜欢 在 哪儿 呆着？

Zhōumò tā xǐhuan zài nǎr dāizhe?

学生：＿＿＿＿＿＿＿＿＿＿＿＿＿。

(3) 男：你 怎么 不 进去？

Nǐ zěnme bú jìnqu?

女：门 锁着 呢，我 忘 了 带 钥匙。

Mén suǒzhe ne, wǒ wàng le dài yàoshi.

问：她 怎么 不 进去？ *ne ＊*

Tā zěnme bú jìnqu?

学生：＿＿＿＿＿＿＿＿＿＿＿＿＿。

(4) 男：房间 里 真 冷。

Fángjiān lǐ zhēn lěng.

女：你 看， 窗户 开着 呢。

Nǐ kàn, chuānghu kāizhe ne.

问：房间 里 为什么 很 冷？

Fángjiān lǐ wèishénme hěn lěng.

学生：＿＿＿＿＿＿＿＿＿＿＿＿＿。

*＊ gives emphasis - see p28.*

19

一、根据课文回答下边的问题，并根据问题的提示复述课文：

**Answer the following questions and retell the text in your own words using the clues provided by the questions:**

(1)方 雪芹 下班 回家 的 时候，她 妈妈 怎么了？

Fāng Xuěqín xiàbān huí jiā de shíhou, tā māma zěnme le?

_____。

(2) 方母 觉得 她的 身体 怎么样？

Fāngmǔ juéde tā de shēntǐ zěnmeyàng?

_____。

(3) 方父 在 家 吗？

Fāngfù zài jiā ma?

_____。

(4) 方母 吃药 了 没有？

Fāngmǔ chī yào le méiyǒu?

_____。

(5) 方母 上 医院 了 没有？

Fāngmǔ shàng yīyuàn le méiyǒu?

_____。

(6) 到了 医院 以后 方母 怎么样 了？

Dào le yīyuàn yǐhòu Fāngmǔ zěnmeyàng le?

_____。

(7) 方母 是 什么 病？ 用 不用 住院？

Fāngmǔ shì shénme bìng? Yòng Búyòng zhùyuàn?

_____。

(8) 大夫 给了 方母 什么 药？

Dàifu gěile Fāngmǔ shénme yào?

_____。

20

二、回答问题：

**Answer the following questions:**

(1) 你 感冒 的 时候 都 有哪儿 不 舒服？

Nǐ gǎnmào de shíhou dōu yǒu nǎr bù shūfu?

_____ 。

(2) 你 哪儿 不 舒服的 时候 才 上 医院？

Nǐ nǎr bù shūfu de shíhou cái shàng yīyuàn?

_____ 。

*you don't go to hospital until you hurt where?*

(3) 你 上 医院看过 牙吗？

Nǐ shàng yīyuàn kànguo yá ma?

_____ 。

*(as in China all dentists are based in hospitals)*

(4) 你 愿意 吃 中药 还是 吃 西药？

Nǐ yuànyì chī zhōngyào háishi chī xīyào?

_____ 。

(5) 你 住过 院 吗？

Nǐ zhùguo yuàn ma?

_____ 。

(6) 周末 你 喜欢 在 哪儿 呆着？

Zhōumò nǐ xǐhuan zài nǎr dāizhe?

_____ 。

三、意念表达（用本课学过的表达方式）：

**Express the following notions, using the expressions learnt in this lesson:**

(1) 询问前边发生了什么事：

Ask what's happening ahead.

(2) 告诉别人你觉得身体不适：

You don't feel well. Say how you feel.

21

(3) 安慰别人,告诉你的朋友他/她的病不严重,打一针就可以:

To comfort your friend, tell him/her that nothing is seriously wrong and that an injection will cure him/her.

(4) 告诉你的朋友,下午也许会下雨:

Tell your friend that it is likely to rain in the afternoon.

(5) 安慰别人,告诉你的朋友不要着急:

Comfort your friend, tell him/her not to worry.

## 四、情景会话或表演:

*Act the following situation:*

在医院看病。

Go to see a doctor at the hospital.

## 五、请你说:(至少用上五个本课学过的新词语)

*Speak on the following topics, using at least 5 of the words or phrases learnt in this lesson:*

(1)讲一个勇敢战胜病魔的人的故事。

Tell a story about a person who courageously overcame his serious illness.

(2)介绍在你们国家的医院里看病的情况。

Tell how a patient sees a doctor at a hospital in your country.

## 语音练习 *Pronunciation drills*

在语句中,被读为重音的部分常常是说话者想强调、突出的部分。在书写形式相同的语句里,因为说话人所重读的部分不同,意思也会有所不同。

In a sentence, the stressed part is usually something the speaker wants to emphasize. The meaning will vary when the stress falls on a different part of the sentence. There are no such differences in writing.

读下边的句子,正确读出重音部分,并比较它们的不同含义:

Read the following sentences, giving appropriate stress to bring out the different meanings:

(1)<u>你</u>必须上医院,(他可以不去。He may not go.)

(2)你<u>必须</u>上医院,(不能不去。It won't do if you don't go.)

(3)你必须上<u>医院</u>,(不可以去别的地方。You cannot go to other place.)

(4)你必须<u>上医院</u>,(不可以做别的。You cannot do anything else.)

## 走马观花 *A Glimpse of Modern Chinese Culture*

### 在医院看病
### Seeing a doctor at a hospital

看病总是人不情愿而为之的事之一。了解医院看病程序可使病人得到及时有效的救治。走进医院大门,要分清病情的紧急程度。

如果是你的病情紧急,急需救治,那你应该马上到"急诊",尤其是在"非工作时间"内,这里就是医院处理各种紧急病症病人的地方。

一般情况的病症最好还是到"门诊"。

有些医院为了方便外国人就医,专门开设了"外宾门诊"。

在门诊,第一件事就是挂号,从前边我们已经知道了挂号的作用,所以

"挂号"这两个字是必须记住的。

看完病,先要去交费,主要是药费,如果有仪器检查和化验的话,费用也在这儿交。

取药是在这些地方取,这是取中药的地方,这是取西药的地方。到此为止,看病的过程大概就可以划上个句号了。剩下的

23

就是祝君早日康复了。

另外说一句，若遇突发的急病或事故，需要医疗机构的紧急救助的时候，记住拨打这个电话是有用的：120。这是急救中心的电话。拨打这个电话后，急救中心会即时派出救护车辆和人员。

One of the things that people are reluctant to do is to go the hospital, but they have to go when they become sick. The patient can receive timely and effective treatment if he/she knows the procedures necessary to see a doctor at the hospital. First he must know whether his/her illness requires urgent treatment. If it is urgent he/she must go to the emergency room (jízhěn). The emergency room is where all emergency cases are treated during non-work hours. Normally the patient should go to the outpatient department (ménzhěn). Some hospitals have a special outpatient department for foreigners (wàibīn ménzhěn) so that it is easier for the foreign patient to get treatment. At the outpatient department, the first thing to do is to go to the registration office (you already known what this means), so you must learn the word "guàhào" in Chinese. After treatment, the patient pays fees, mainly for the cost of the medicine and examination and tests, as the case may need. Then you receive the medicine. There is a place where traditional Chinese herbal medicine is dispensed and another place for Western medicine. That's all that is involved in seeing a doctor at a hospital and afterwards the patient can relax and rccover.

It should be added is that in case of acute illness or accident, you should dial 120, the phone number of the first – aid center. They will send an ambulance to help you.

## 写 汉 字 *Writing Demonstration*

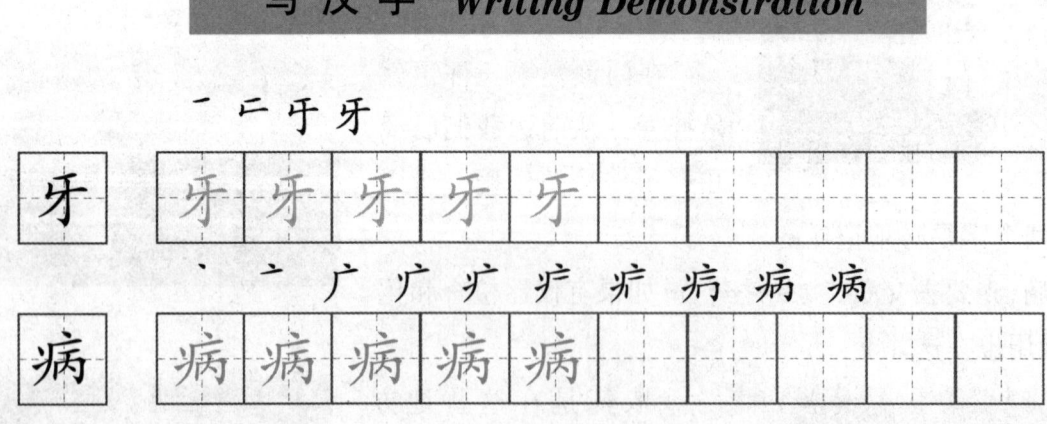

一 匚 于 牙

牙 牙 牙 牙 牙 牙

丶 一 广 广 广 疒 疒 疒 病 病 病

病 病 病 病 病 病

第二十二课
Dì - èrshí'èr Kè

# LESSON TWENTY-TWO

## 语用范例 *Examples of Usage*

1. 询问正在做的事　*Asking somebody what he / she is doing*

你　在　做　什么　呢?
Nǐ　zài　zuò　shénme　Ne?
*you  to be doing  what ( interrogative particle )*
What are you doing?

2. 表达动作的先后顺序　*Giving the order of doing several things*

先　洗　衣服，然后　擦　桌子、擦　地板。
Xiān　xǐ　yīfu, ránhòu　cā　zhuōzi、cā　dìbǎn.
*first  to wash  clothes,  then  to clean  table,  to mop  floor*
Do the laundry first and then clean the table and mop the floor.

3. 表达可以轻松办成某事　*Saying that something is easy*

没　问题。
Méi　wèntí.
*not to have  problem*
There is no problem.

**4. 表示很快可以做完** *Saying that something can be finished in a very short time*

> 我 马上 就 能 干完。
> Wǒ mǎshàng jiù néng gànwán.
> *I in no time then can finish doing*
> I can finish (doing) it in no time.

**5. 表示推测** *Saying what you infer*

> 工作 了 一天，累了 吧?
> Gōngzuò le yì tiān, lèile ba?
> *to work (suffix) one day, tired (modal particle)*
> *(interrogative particle)*
> You must be tired after a day's work, aren't you?

YI
PART ONE

# 你在做什么呢?
Nǐ Zài Zuò Shénme Ne?

## What are you doing?

| 新 词 语 | *New Words and Phrases* | |
|---|---|---|

| 1. 收拾 | shōushi | to tidy up, to put in order |
|---|---|---|
| 2. 乱 | luàn | in a mess, disorder |
| 3. 床 | chuáng | bed |
| 4. 先……，然后…… | xiān…ránhòu… | first…, then… |

| | | |
|---|---|---|
| 5. 擦 | cā | to clean (with a mop, rag, etc.) |
| 6. 桌子 | zhuōzi | table, desk *shuzhuō = desk* |
| 7. 地板 *di = ground bǎn = board* | dìbǎn | floor *fanzhuō = dining table* *diannǎozhuo = computer desk* |
| 8. 马上 | mǎshàng | immediately, at once, in no time |
| 9. 干 | gàn | to do |
| 干活儿 | gàn huór | to work (usually to do manual work) |
| 干事儿 | gàn shìr | to do a job |
| 干工作 | gàn gōngzuò | to work |
| 干什么 | gàn shénme | what to do? |

## 课　文　Text

怎样叙述正在进行的动作?怎样叙述已经或正在发生的动作的先后?我们来看看方雪芹的妈妈和爸爸对于做家务事的一番对话。

How do you tell whether an action is in progress? How do you give the order of actions in the past or still in progress? Let's listen to Fang Xueqin's parents talking about doing housework.

（病刚刚好的方母在做家务,方父回来了）

(Mother, who has just recovered, is doing some housework when Father comes back.)

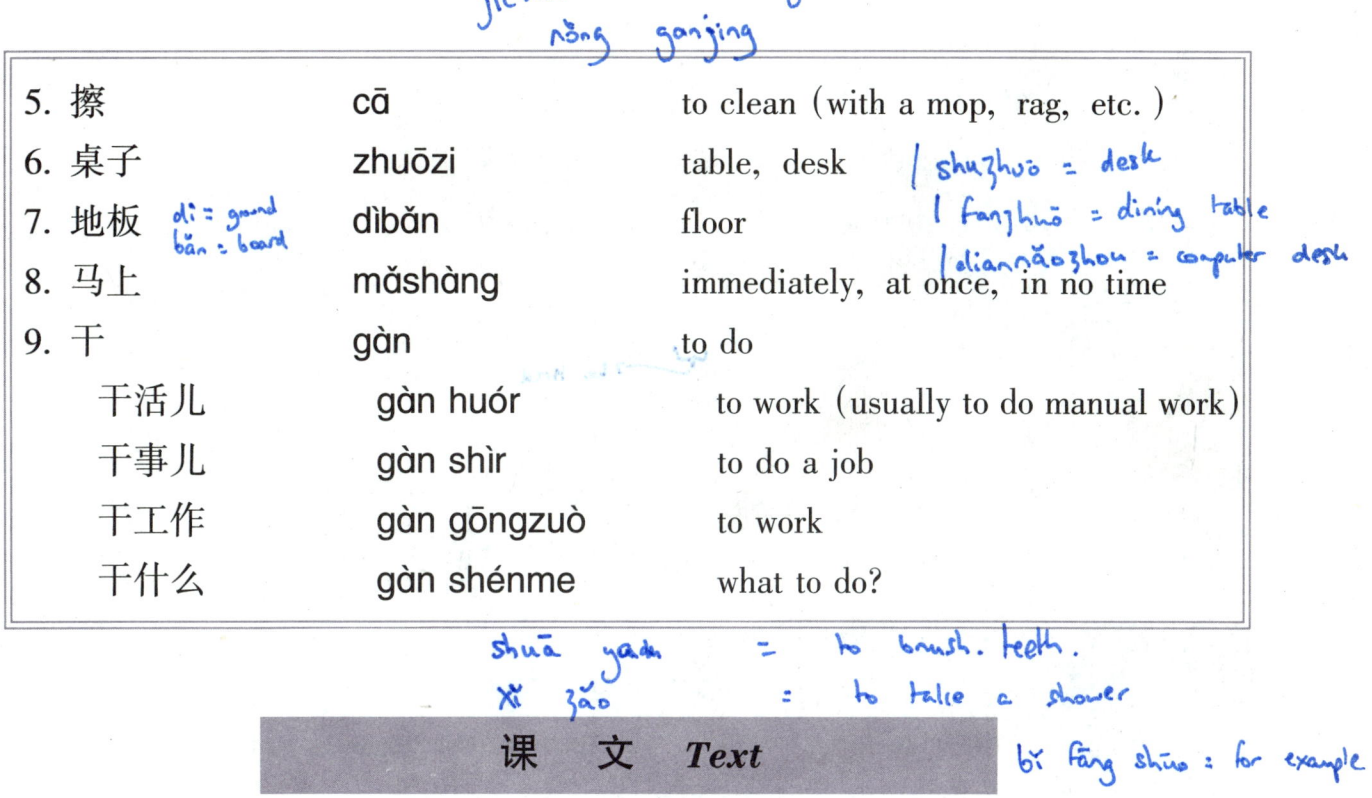

| 方　父: | 你在做　什么　呢? |
|---|---|
| | Nǐ zài zuò shénme ne? |
| Father: | What are you doing? |
| 方　母: | 我　在　收拾呢。家里又　脏　又　乱。 |
| | Wǒ zài shōushi ne. Jiā lǐ yòu zāng yòu luàn. |
| Mother: | I am tidying up the house. It is dirty, and everything is in a mess. |
| 方　父: | 你的病　还　没　好,你得　好好　休息。 |
| | Nǐ de bìng hái méi hǎo, nǐ děi hǎohǎo xiūxi. |
| Father: | You have not fully recovered yet and you must have a good rest. |
| 方　母: | 没事儿,我　已经　好了。 |
| | Méi shìr, wǒ yǐjīng hǎo le. |
| Mother: | Don't worry. I have already recovered. |

27

| 方 父: | 你 去 床 上 休息, 我 收拾。 |
|---|---|
| | Nǐ qù chuáng shang xiūxi, wǒ shōushi. |
| Father: | Lie in bed and have a rest. I'll do it. |
| 方 母: | 好 吧, 你 也 别 太累 了。 |
| | Hǎo ba, nǐ yě bié tài lèi le. |
| Mother: | O. K. but you must take it easy. |
| 方 父: | 好。我 做 什么? |
| | Hǎo. Wǒ zuò shénme? |
| Father: | All right. What shall I do? |
| 方 母: | 先 洗 衣服, 然后 擦 桌子、擦 地板。 |
| | Xiān xǐ yīfu, ránhòu cā zhuōzi、cā dìbǎn. |
| Mother: | First you do the laundry, then clean the table and mop the floor. |
| 方 父: | 没 问题, 我 马上 就 能 干完。 |
| | Méi wèntí, wǒ mǎshàng jiù néng gànwán. |
| Father: | No problem. I can finish it in no time. |

## 注 释 *Notes*

 **1.** 动作的正在进行　An action in progress

你 在 做 什么 呢?

Nǐ zài zuò shénme ne?

What are you doing?

"在 + 做某事 + 呢"表示动作正在进行。有时可以省略"在"变成"做某事 + 呢",也可以省略 "呢"变成"在 + 做某事"。例如:

The pattern "zài + do something + ne" expresses an action in progress. Sometime "zài" or "ne" is omitted and the pattern becomes "do something + ne" or "zài + do something". For example:

| 在 + 做某事 + 呢 | 在 + 做某事 | 做某事 + 呢 |
|---|---|---|
| zài + do something + ne | zài + do something | do something + ne |

(1) 你 在 做 什么 呢? 　　你 在 做 什么? 　　你 做 什么 呢?

Nǐ zài zuò shénme ne? 　　Nǐ zài zuò shénme? 　　Nǐ zuò shénme ne?

What are you doing? 　　What are you doing? 　　What are you doing?


(2) 他 在 打 电话 呢。 　　他 在 打 电话。 　　他 打 电话 呢。

Tā zài dǎ diànhuà ne. 　　Tā zài dǎ diànhuà. 　　Tā dǎ diànhuà ne.

He is on the phone. 　　He is on the phone. 　　He is on the phone.


(3) 她们 在 聊天儿 呢。 　　她们 在 聊天儿。 　　她们 聊天儿 呢。

Tāmen zài liáotiānr ne. 　　Tāmen zài liáotiānr. 　　Tāmen liáotiānr ne.

They are having a chat. 　　They are having a chat. 　　They are having a chat.


## 2. (在 +) 名词 + 上　(zài +) noun + shang

你去 床 上 休息，我 收拾。

Nǐ qù chuángshang xiūxi, wǒ shōushi.

Lie in bed and have a rest. I'll do (the cleaning).


"上" 在这儿是个表方位的名词，用在名词后边，表示在物体的顶部或表面。例如：

"Shang" is a noun of locality used after a noun, meaning "on top or on the surface of something". For example:

> (在 +) 名词 + 上
> (zài +) noun + shang

(1) 甲: 我 的 钥匙 在 哪儿?

　　Wǒ de yàoshi zài nǎr?

　　Where is my key?

乙: 在 桌子 上。

　　Zài zhuōzi shang.

　　It's on the desk.

(2) 不要 在 门 上 写字。

　　Búyào zài mén shang xiězì.

　　Don't write on the door.

door
(kaimen – open door)

(3) 阳台 上 有 很 多 花。

　　Yángtái shang yǒu hěn duō huār.

　　There are many flowers on the balcony.

29

(4) 快 擦擦 地板 上 的 水。

Kuài cāca dìbǎn shang de shuǐ.

Mop off the water on the floor, be quick.

**3.** 先……然后…… The compound formula "xiān… ránhòu…"

先 洗衣服,然后 擦 桌子、擦 地板。

Xiān xǐ yīfu, ránhòu cā zhuōzi、cā dìbǎn.

First you do the laundry, then clean the table and mop the floor.

"先……然后……"表示动作发生的先后顺序,相当于"First…, then…"。例如:

The pattern "xiān…ránhòu…" is used to give the order of doing things. For example:

(1) 甲:你今天 想 做 什么?

Nǐ jīntiān xiǎng zuò shénme?

What do you plan to do today?

乙:我 先去 剪 头发, 然后 去买 东西。

Wǒ xiān qù jiǎn tóufa, ránhòu qù mǎi dōngxi.

First I am going to have a haircut, then I am going shopping.

(2) 先 听录音,然后 回答 问题。

Xiān tīng lùyīn, ránhòu huídá wèntí.

First you listen to the recording, then answer the questions.

(3) 我 先 吃了 冰激凌, 然后 吃了 饺子, 然后 就 肚子 疼了。

Wǒ xiān chī le bīngjilíng, ránhòu chī le jiǎozi, ránhòu jiù dùzi téng le.

First I had an ice cream, then I had some jiaozi, and then I got a stomachache.

**4.** 动词"干" The verb "gàn"

我 马上 就 能 干完。

Wǒ mǎshàng jiù néng gànwán.

I can finish (doing it) in no time.

"干"和"做"的意思一样,"干"常常单独说,其宾语一般只有"活儿、事儿、工作"和"什么"

等,多用于口语中。

The verb "gàn" means the same as "zuò", but as a colloquial verb it can be used independently and its object is limited to nouns such as "huór", "shìr", "gōngzuò" and the pronoun "shénme".

(1)甲：今天 晚上 你 想 干 什么？

　　Jīntiān wǎnshang nǐ xiǎng gàn shénme?

　　**What do you plan to do this evening?**

　乙：我 太 累 了, 想 睡觉。

　　Wǒ tài lèi le, xiǎng shuìjiào.

　　**I want to sleep as I am terribly tired.**

(2)甲：你 爸爸 干 什么 工作？　　(3)甲：今天 的 事儿 干完了 吗？

　　Nǐ bàba gàn shénme gōngzuò?　　　　Jīntiān de shìr gànwánle ma?

　　**What is your father doing?**　　　　**Have you finished (doing) today's work?**

　乙：他 在 银行 工作。　　　　　乙：差不多 干完了。

　　Tā zài yínháng gōngzuò.　　　　　Chàbuduō gànwánle.

　　**He is working in a bank.**　　　　**I have nearly finished (doing) it.**

## 练 习 *Exercises*

一、记住下边的词语搭配,并用它们分别造句：

**Learn the following collocations and make sentences with them:**

收拾房间　shōushi fángjiān　＿＿＿＿＿＿＿＿＿＿＿＿＿＿＿＿＿＿。

收拾桌子　shōushi zhōuzi　＿＿＿＿＿＿＿＿＿＿＿＿＿＿＿＿＿＿。

收拾衣服　shōushi yīfu　＿＿＿＿＿＿＿＿＿＿＿＿＿＿＿＿＿＿。

二、翻译下边的句子,用上所给的词语：

**Translate the following sentences, using the words given:**

(1)甲：Can you finish these exercises today?

　乙：No problem. I can finish them. (没问题　méi wèntí)

＿＿＿＿＿＿＿＿＿＿＿＿＿＿＿＿＿＿＿＿＿＿＿。

31

*jiu dian cha yi ke   OR cha yi ke jiu dian*

(2) 甲：Shall we meet at the company gate at a quarter to nine tomorrow morning?

乙：No problem.  See you tomorrow morning!  (没问题  méi wèntí)

_____。

甲：O. K.  See you tomorrow!

*gang = steel*
*gangbi = pen*

(3) 甲：May I use your pen?

乙：Sure.  Take it.  (没问题  méi wèntí)

_____。

(4) 甲：Have you recovered(got well)?  (好  hǎo)

_____。

乙：Not yet.  My head is still aching slightly.
*Hai mei you.*

(5) 甲：Doctor,  can I do exercises now?

*daifu | docter*
*yisheng |*

乙：Yes,  you can,  as you have recovered(got well).  (好  hǎo)

_____。

(6) I will learn Taijiquan when I get well.  (好  hǎo)

_____。

三、用正确的语气、语调说下边的句子：

***Read the following sentences with the appropriate tones and intonations:***

(1) 你 在 做 什么 呢？
Nǐ  zài zuò shénme ne?

(2) 我 在 收拾 呢。
Wǒ zài shōushi ne.

(3) 家里 又 脏 又 乱，我 收拾 收拾。
Jiā lǐ  yòu zāng yòu luàn. Wǒ shōushi – shōushi.

(4) 你的 病 还 没 好，你 得 好好 休息。
Nǐ de bìng hái méi hǎo, nǐ děi hǎohǎo xiūxi.

(5) 没 事儿，我 已经 好 了。
Méi shìr, wǒ yǐjīng hǎo le.

(6) 你 去 床 上 休息，我 收拾。
Nǐ qù chuáng shàng xiūxi, wǒ shōushi.

32

(7) 先 洗 衣服，然后 擦 桌子、擦 地板。

  Xiān xǐ  yīfu, ránhòu cā zhuōzi、cā dìbǎn.

(8) 没 问题，我 马上 就 能 干完。

  Méi wèntí, wǒ mǎshàng jiù néng gànwán.

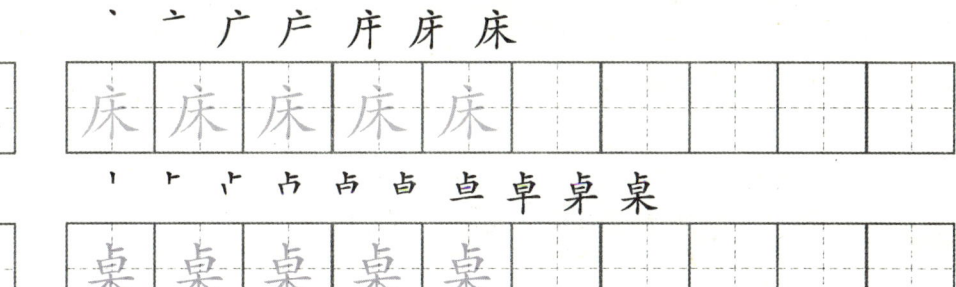

## 写 汉 字 *Writing Demonstration*

丶 亠 广 户 斤 庁 床

| 床 | 床 | 床 | 床 | 床 | 床 | | | | | |
|---|---|---|---|---|---|---|---|---|---|---|

丶 亠 广 占 占 占 卓 卓 卓 桌

| 桌 | 桌 | 桌 | 桌 | 桌 | 桌 | | | | | |
|---|---|---|---|---|---|---|---|---|---|---|

*Xiaoshi = small time = hour.*

*shucai = vegetables*

*xilanhua = broccoli*

*yumi = sweetcorn*

*mogu = mushrooms*

*chaoren = superman*

*chaoshi = supermarket.*

*dou = peas.*

*xianggu = mushroom (dried)*

*xihongshi = tomato*

*bai cai = Chinese cabbage*

*youcai = pak choi*

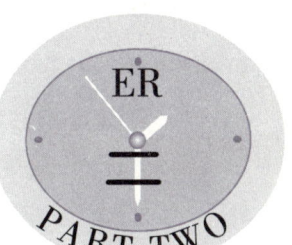

ER
二
PART TWO

# 咱们请个保姆吧

Zánmen Qǐng Gè Bǎomǔ Ba

## Let's find a housemaid

## 新 词 语 *New Words and Phrases*

| 1. | 请 | qǐng | to invite; to get (somebody to do something) |
|---|---|---|---|
| 2. | 吧 | ba | a modal particle expressing a tone of inference |
| 3. | 保姆 | bǎomǔ | housemaid;  children's nurse |
| 4. | 家务事 | jiāwùshì | housework   *wu = tasic* |
| 5. | 需要 | xūyào | need *(verb)* |
| 6. | 锻炼 | duànliàn | to do physical exercises |
| 7. | 关心 | guānxīn | to be concerned about |

*Xingu = to have interest*

*bei, chaoxian = North korea.*

Kuàijì = accountant

| | | |
|---|---|---|
| 8. 自己 | zìjǐ | self |
| 9. 律师 | lǜshī | lawyer |
| 我自己 | wǒ zìjǐ | myself |
| 我们自己 | wǒmen zìjǐ | ourselves |
| 他/她自己 | tā/tā zìjǐ | himself; herself |
| 他们自己 | tāmen zìjǐ | themselves |
| 你自己 | nǐ zìjǐ | yourself |
| 你们自己 | nǐmen zìjǐ | yourselves |

## 课 文 Text

　　家务事是家家必不可少的,要是工作太忙没有时间做家务,或者身体不好难以胜任繁重的家务,或者实在忙不过来时,怎么办呢?我们看看方雪芹一家吃完晚饭以后,他们怎么打算的?

Every family has its housework, but what's the solution when you have no time to do it because you are too busy, or you can't manage it because of poor health? Let's listen to the Fang's family talking about it after supper.

（方家吃完了晚饭,）

(The Fang family has just finished supper. )

| 方雪芹: | 爸爸, 我来 洗 碗。 |
|---|---|
| | Bàba, wǒ lái xǐ wǎn. |
| Fang Xueqin: | Dad, I'll do the dishes. |
| 方　父: | 我来,我来,你 休息 休息。 工作了 一 天, 累了 吧? |
| | Wǒ lái, wǒ lái, nǐ xiūxi–xiūxi. Gōngzuòle yì tiān, lèile ba? |
| Father: | Leave it to me. Take a rest. You must be tired after a day's work. |
| 方雪芹: | 我 不 累。 |
| | Wǒ bú lèi. |
| Fang: | I am not tired at all. |
| | （方雪芹去厨房洗碗） |
| | (Fang Xueqin goes to the kitchen to wash the dishes. ) |

34

方雪芹： 爸爸，咱们 请 一 个 保姆 吧。

Bàba, zánmen qǐng yí gè bǎomǔ ba.

Fang: Dad, shall we get a housemaid?

方 父： 这 得 问 你 妈妈。

Zhè děi wèn nǐ māma.

Father: Ask your Mum about it.

方 母： 家务事 我 都 能 做,不需要 请 保姆。

Jiāwùshì wǒ dōu néng zuò, bù xūyào qǐng bǎomǔ.

Mother: I can manage all the housework. We do not need to have a housemaid.

方 父： 你 身体 不 好, 请 一 个 保姆 帮 你,你 可以 多 休息休息。

Nǐ shēntǐ bù hǎo, qǐng yí gè bǎomǔ bāng nǐ, nǐ kěyǐ duō xiūxi－xiūxi.

Father: We can get someone to help you, as you are not so well and you can have more rest.

方雪芹： 也 可以 去 锻炼 锻炼 身体。

Yě kěyǐ qù duànliàn－duànliàn shēntǐ.

Fang: And you can have time to do exercises.

方 母： 做 家务事 也 是 一 种 锻炼。

Zuò jiāwùshì yě shì yì zhǒng duànliàn.

Mother: It's a sort of exercise to do housework.

方 父： 做 家务事 跟 锻炼 不一样。

Zuò jiāwùshì gēn duànliàn bù yíyàng.

Father: Housework and exercises are not the same thing.

方雪芹： 妈妈，你 应该 多 关心 自己。

Māma, nǐ yīnggāi duō guānxīn zìjǐ.

Fang: Mum, you must take care of yourself.

## 注 释 Notes

**1.** 代替动词的"来" "Lái" as a substitute for other verbs

我 来, 我 来, 你 休息 休息。

Wǒ lái, wǒ lái, nǐ xiūxi – xiūxi.

Leave it to me. You take a rest.

前边我们学过"我来点菜。"用这个句型,当对话双方都知道要做什么动作时,动词可以省略,所以当方雪芹要洗碗时,她爸爸说:"我来,我来。"另外的例子,如:

We have learnt a sentence"Wǒ lái diǎn cài. "in which"lái" introduced the action of"diǎn cài". When the action to be done is understood by both parties in the conversation, the verb phrase can be omitted. In the text, Fang Xueqin and her father are talking about"washing the dishes"(something that is understood), so the father only says"Wǒ lái, wǒ lái", instead of "Wǒ lái xǐ wǎn". Here are some other examples:

(1)甲: 小 王, 请 给 我们 介绍 一下 北京。

　　　Xiǎo Wáng, qǐng gěi wǒmen jièshào yíxià Běijīng.

　　　Xiao Wang, please tell us something about Beijing.

　　王: 老 张, 你 来 吧。

　　　Lǎo Zhāng, nǐ lái ba.

　　　You do it, Lao Zhang.

　　张: 好, 我 来。

　　　Hǎo, wǒ lái.

　　　O. K. I'll do it.

(2)甲: 老 赵, 你 点菜 吧。

　　　Lǎo zhào, nǐ diǎncài ba.

　　　Lao Zhao, will you order dishes for us?

　　赵: 好, 我 来 吧。

　　　Hǎo, wǒ lái ba.

　　　O. K. I will (do it).

## 2. "一"表示"全,满"的意思　A meaning of "yī": whole, full

工作 了 一 天,……

Gōngzuò le yì tiān,…

To have worked the whole day, …

在这里"一"是"全、满"的意思。"一天"是指"whole day"。例如:

Here "yī" means "whole, full". "Yī tiān" means "the whole day". Other examples are:

(1) 我 走 了 一 天, 真 累 啊。

Wǒ zǒu le yì tiān, zhēn lèi a.

I am really tired as I have been walking the whole day.

(2) 他 睡 了 一 天, 现 在 不 想 睡 了。

Tā shuì le yì tiān, xiànzài bù xiǎng shuì le.

He has been sleeping the whole day, so he doesn't want to sleep now.

(3) 她 在 商 场 里 逛 了 一 天。

Tā zài shāngchǎng lǐ guàng le yì tiān.

She looked about in the market the whole day.

## 3. 表示推测语气的"吧" The interrogative particle "ba" with a tone of inference

工作了 一 天,累了 吧?

Gōngzuòle yì tiān, lèile ba?

You must be tired after a day's work.

"吧"用在问句的末尾,表示推测的语气。"吧"和"吗"不一样,"吗"单纯表示疑问,"吧"在表示疑问的同时,含有推测的语气。

The interrogative particle "ba" is used at the end of a sentence. Different from "ma", which is purely an interrogative particle, "ba" implies an inference of the speaker.

陈述句 + 吧?
Statement + ba?

(1) 男: 今天 他 怎么 没 来 上班?

Jīntiān tā zěnme méi lái shàngbān?

Why has he not come to work?

女: 他 大概 病 了 吧。

Tā dàgài bìng le ba.

Perhaps he is sick.

(2) 甲：小　王，她是　谁?

Xiǎo Wáng, tā shì shéi?

Who is she, xiao Wang?

王：她是我的　朋友。

Tā shì wǒ de péngyou.

She is my friend.

甲：她是美国人　吧?

Tā shì Měiguórén ba?

She is American, isn't she?

王：对，她是　美国人。

Duì, tā shì Měiguórén.

Yes, she is American.

(3) 甲：小　王，你不是　北京人　吧?

Xiǎo Wáng, nǐ bú shì Běijīngrén ba?

Xiao Wang, you are not from Beijing, are you?

王：对，我不　是　北京人。

Duì, wǒ bú shì Běijīngrén.

No, I am not from Beijing.

## 4. 请保姆  To get a housemaid

咱们　请　一　个　保姆　吧。

Zánmen qǐng yí gè bǎomǔ ba.

Shall we get a housemaid?

在中国，一般夫妻双方都出去工作，如果家里有老人、孩子、病人等需要照顾，或者有很多家务事要做忙不过来，经济条件较好的人家就请保姆。如果不需要全天工作的保姆，也可以请"小时工"，每周定期来几次，每次固定几个小时，按小时付工资。

In most Chinese families the husband and wife are employed. They will, if permitted financially, get a housemaid or nurse to look after their aged parents, children or sick members of the family. If they do not need a full time housemaid, they can have a part time one who comes to their house regularly at fixed hours and is paid according to the number of hours she works.

**5.** 汉语中分句的连接习惯　Connecting clauses in a compound sentence

> 你 身体 不 好， 请 一个 保姆　帮　你，你 可以 多 休息 休息。
>
> Nǐ shēntǐ bù hǎo, qǐng yí gè bǎomǔ bāng nǐ, nǐ kěyǐ duō xiūxi – xiūxi.
>
> We can get someone to help you, as you are not so well and you can have more rest.

汉语的复句里，很多时候分句之间并不需要连接词来连接，而是靠意思本身来连接。

Very often the clauses in a compound sentence are not necessarily connected by correlatives as in the case of English, but they are related to each other in meaning.

## 练　习　*Exercises*

一、记住下边的词语，并用它们造句：

*Learn the following phrases by heart and make sentences with them:*

请保姆　qǐng bǎomǔ　＿＿＿＿＿＿＿＿＿＿＿＿＿＿＿＿＿＿＿＿＿＿。

请大夫　qǐng dàifu　＿＿＿＿＿＿＿＿＿＿＿＿＿＿＿＿＿＿＿＿＿＿。

请老师　qǐng lǎoshī　＿＿＿＿＿＿＿＿＿＿＿＿＿＿＿＿＿＿＿＿＿＿。

请律师　qǐng lǜshī　＿＿＿＿＿＿＿＿＿＿＿＿＿＿＿＿＿＿＿＿＿＿。

二、用所给的词语完成下边的句子：

*Complete the following sentences using the words given in brackets:*

(1) 我　能　做好　这　件　事，＿＿＿＿＿＿＿＿＿＿＿＿＿＿＿＿（需要）。

　　Wǒ néng zuòhǎo zhèi jiàn shì, ＿＿＿＿＿＿＿＿＿＿＿＿＿（xūyào）。

(2) 甲：你 爸爸 妈妈 ＿＿＿＿＿＿＿＿＿＿＿＿＿＿＿＿（好）?

　　Nǐ bàba、māma ＿＿＿＿＿＿＿＿＿＿＿＿＿＿＿＿（hǎo）。

　　乙：他们 身体 很 好，谢谢。

　　Tāmen shēntǐ hěn hǎo, xièxie.

(3) 甲: 我 送你去吧。

　　　 Wǒ sòng nǐ qù ba.

　　乙: 不用了,＿＿＿＿＿＿＿＿＿＿＿（自己）。

　　　 Bú yòng le, ＿＿＿＿＿＿＿＿＿＿（zìjǐ）.

(4) 甲: 大家都很 关心你。 你的病 好了 没有?

　　　 Dàjiā dōu hěn guānxīn nǐ.　 Nǐ de bìng hǎole méiyǒu?

　　乙:＿＿＿＿＿＿＿＿＿＿＿＿＿＿＿＿＿,我 已经 好了。(关心)

　　　 ＿＿＿＿＿＿＿＿＿＿＿＿＿＿＿＿,wǒ yǐjīng hǎo le.（guānxīn）。

(5) 甲: 妈妈 都很 关心 自己的 孩子。

　　　 Māma dōu hěn guānxīn zìjǐ　 de háizi.

　　乙: 对。但是 ＿＿＿＿＿＿＿＿＿＿＿（关心 自己）。

　　　 Duì, dànshì＿＿＿＿＿＿＿＿＿＿（guānxīn zìjǐ）。

三、用正确的语气、语调说下边的句子:
**Read aloud the following sentences with the appropriate tones and intonations:**

(1) 我 来 洗 碗。

　　Wǒ lái xǐ wǎn.

(2) 我 来,我 来,你休息 休息。

　　Wǒ lái, wǒ lái, nǐ xiūxi－xiūxi.

(3) 工作了 一天,累了 吧?

　　Gōngzuòle yì tiān, lèi le ba?

(4) 咱们 请一个 保姆 吧。

　　Zánmen qǐng yí gè bǎomǔ ba.

(5) 家务事 我 都 能 做,不 需要 请 保姆。

　　Jiāwùshì wǒ dōu néng zuò, bù xūyào qǐng bǎomǔ.

(6) 请 一个 保姆 帮你,你可以 多 休息休息。

　　Qǐng yí gè　 bǎomǔ bāng nǐ,　 nǐ kěyǐ　 duō xiūxi－xiūxi.

(7) 你 应该 去 锻炼　 锻炼 身体。

　　Nǐ yīnggāi qù duànliàn－duànliàn shēntǐ.

40

(8) 做 家务事 跟 锻炼 不 一样。

Zuò jiāwùshì gēn duànliàn bù yíyàng.

(9) 你 应该 多 关心 别人。

Nǐ yīnggāi duō guānxīn biéren.

## 写汉字 **Writing Demonstration**

一 一 一 一 西 西 西 要 要 要

| 要 | 要 | 要 | 要 | 要 | 要 | | | | | | |
|---|---|---|---|---|---|---|---|---|---|---|---|

ノ ク 久 务 务

| 务 | 务 | 务 | 务 | 务 | 务 | | | | | | |
|---|---|---|---|---|---|---|---|---|---|---|---|

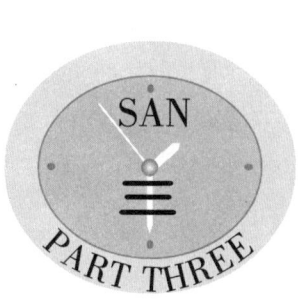

SAN

三

PART THREE

# 我来收拾吧
## Wǒ Lái Shōushi Ba

## Let me do the room

*Aozhou = Australia*
*Meizhou = America*
*Yazhou = Asia*
*Feizhou = Africa*
*Ouzhou = Europe*

*Wēiěrshì = Wales*
*Wēiěrshì yu = Welsh*
*Sūgélán = Scotland*
*Yīggélán = England*
*Běi Āiěrlán = Northern Ireland*

## 新 词 语 *New Words and Phrases*

| | | *Xiwanji* | *dishwasher* |
|---|---|---|---|
| 1. | 洗衣机 | xǐyījī | washing machine |
| 2. | 马桶 | mǎtǒng = horse bowl = | closet stool - the toilet - the toilet bowl |
| 3. | 电灯 | diàndēng | electric light |
| 4. | 家具 | jiāju | furniture |
| 5. | 沙发 | shāfā | sofa |
| 6. | 椅子 | yǐzi | chair |
| 7. | 柜子 | guìzi | cabinet |
| | 碗柜 | wǎnguì | cupboard |

*diandi = tv*
*dianglng = movie*
*ju = utensils*
*chuju = kitchen utensils*

*Xuli : to fix*

| | | |
|---|---|---|
| 衣柜 | yīguì | wardrobe |
| 书柜 | shūguì | bookcase |
| 鞋柜 | xiéguì | shoe case |
| 8. 付(钱) | fù(qián) | to pay (money) *jìng = gold* *xiànjīn = current gold = CASH* |
| 9. 打算 | dǎsuan | to plan (to do something) |
| 10. 理发 | lǐfà | haircut |
| 11. 困 | kùn | tired, sleepy |
| 12. 吵架 | chǎojià | to quarrel |
| 13. 谈 | tán | to talk, to speak about |
| 14. 郊区 | jiāoqū | suburbs |

*bu yiding* — *not definitely / it depends.*

*pìgu =* *bum, bottom*

*wénhuà* *culture*

*guo* *wok.*

*tǎolùn* — *to discuss*

*kèhu* — *client*

## 句型练习 *Sentence pattern drills*

一、看图,用"在+做某事+呢"和所给词语回答问题:

***Answer the questions as suggested by the pictures, using the pattern "zài + to do something + ne":***

> 在 + 做某事 + 呢
>
> zài + to do something + ne

— *Continuous present* —

*optional*

你 在 做 什么 呢?

Nǐ zài zuò shénme ne?

我 在 收拾 呢。

Wǒ zài shōushi ne.

(1)问:她 在做 什么呢?

　　Tā zài zuò shénme ne?

学生:＿＿＿＿＿＿＿＿＿。(做家务事 zuò jiāwùshì)

(2)问:他 在做 什么 呢?

　　Tā zài zuò shénme ne?

学生:＿＿＿＿＿＿＿＿＿。(修 xiū)

*fix*

*fixing the washing machine*

fánzi = house
fán = room

shuā = to brush

(3) 问：她 在 做 什么 呢？
　　　　Tā zài zuò shénme ne?

学生：＿＿＿＿＿＿＿＿＿＿。（洗 xǐ）

to wash

(4) 问：他 在 做 什么 呢？
　　　　Tā zài zuò shénme ne?

　　学生：＿＿＿＿＿＿＿＿＿＿。（擦 cā）

tái dēng = lamp

(5) 问：他们 在 做 什么 呢？
　　　　Tāmen zài zuò shénme ne?

学生：＿＿＿＿＿＿＿＿＿＿。（修 xiū）

## 二、用"来"完成对话，告诉对方你要做这件事：

**Complete the dialogues, using "lái", telling what you are going to do:**

某人 ＋lái 来( ＋做某事)
somebody ＋lái( ＋ to do something)

我 来 洗 碗。
Wǒ lái xǐ wǎn.

(1) 男：你 在 做 什么 呢？
　　　Nǐ zài zuò shénme ne?

　女：我 在 搬 家具。
　　　Wǒ zài bān jiāju.

学生：我 来 帮 你 搬。
　　　Wǒ lái bāng nǐ bān.

(2) 女：你 在 做 什么 呢？
　　　Nǐ zài zuò shénme ne?

　男：我 在 擦 椅子。
　　　Wǒ zài cā yǐzi.

学生：＿＿＿＿＿＿＿＿＿＿。

(3) 男：你在做 什么呢？

Nǐ zài zuò shénme ne?

女：沙发 坏了。我 想 找 人 修一下。

Shāfā huài le. Wǒ xiǎng zhǎo rén xiū yíxià.

学生：＿＿＿＿＿＿＿＿＿＿＿＿＿＿＿＿＿＿＿＿＿＿＿。

(4) 女：你在做 什么 呢？　　　　(5) 男：今天 我 请客,我 来 付钱。

Nǐ zài zuò shénme ne?　　　　　　Jīntiān wǒ qǐngkè, wǒ lái fùqián.

男：我 想 收拾 收拾 柜子。　　学生：＿＿＿＿＿＿＿＿＿＿＿＿＿＿＿。

Wǒ xiǎng shōushi – shōushi guìzi.

学生：＿＿＿＿＿＿＿＿＿＿＿＿＿＿＿＿＿＿＿。

三、用"先……,然后……"根据对话回答问题：
*Answer the following questions, using the pattern "xiān…, ránhòu…":*

先 洗 衣服,然后 擦 桌子、擦 地板。
Xiān xǐ yīfu, ránhòu cā zhuōzi、cā dìbǎn.

(1) 男：今天 你 打算 做 什么？

Jīntiān nǐ dǎsuan zuò shénme?

女：我 先 去 逛 商店, 然后 去 看 电影。

Wǒ xiān qù guàng shāngdiàn, ránhòu qù kàn diànyǐng.

男：今天 她 打算 做 什么？

Jīntiān tā dǎsuan zuò shénme?

学生：＿＿＿＿＿＿＿＿＿＿＿＿＿＿＿＿＿＿＿＿＿。

(2) 女：今天 你 想 做 什么？

Jīntiān nǐ xiǎng zuò shénme?

男：我 先 去 邮局,然后 去 理发。

Wǒ xiān qù yóujú, ránhòu qù lǐfà.

女：今天 他 想 做 什么？

Jīntiān tā xiǎng zuò shénme?

学生：＿＿＿＿＿＿＿＿＿＿＿＿＿＿＿＿＿＿＿＿＿。

44

(3) 男：这么 多 脏 衣服，我 怎么 洗？

　　　 Zhème duō zāng yīfu, wǒ zěnme xǐ?

　　 女：先 洗 浅 颜色 的，然后 洗 深 颜色 的。

　　　 Xiān xǐ qiǎn yánsè de, ránhòu xǐ shēn yánsè de.

　　 男：这么 多 脏 衣服，他 应该 怎么 洗？

　　　 Zhème duō zāng yīfu, tā yīnggāi zěnme xǐ?

　 学生：＿＿＿＿＿＿＿＿＿＿＿＿＿＿＿＿＿＿＿＿ 。

## 四、根据对话用"好好"回答问题：
**Answer the following questions, using "hǎohǎo":**

你 得 好好 休息。

Nǐ děi hǎohǎo xiūxi.

(1) 男：我 学 英语 学了 十 年 了，很 多 话 还 不 会 说。

　　　 Wǒ xué Yīngyǔ xuéle shí nián le, hěn duō huà hái bú huì shuō.

　　 女：你 好好 学了 吗？

　　　 Nǐ hǎohǎo xuéle ma?

　　 男：我 没 好好 学。

　　　 Wǒ méi hǎohǎo xué.

　　 问：他 好好 学 英语 了 吗？

　　　 Tā hǎohǎo xué Yīngyǔ le ma?

　 学生：＿＿＿＿＿＿＿＿＿＿＿＿＿＿＿＿ 。

(2) 女：我 太 困 了，我 想 好好 睡 一 觉。

　　　 Wǒ tài kùn le, wǒ xiǎng hǎohǎo shuì yí jiào.

　　 男：可是 工作 还 没 做完 呢。

　　　 Kěshì gōngzuò hái méi zuòwán ne.

　　 问：她 想 做 什么？

　　　 Tā xiǎng zuò shénme?

　 学生：＿＿＿＿＿＿＿＿＿＿＿＿＿＿＿＿＿ 。

(3) 男：小　王　跟　领导　吵架了。

*leader*

　　Xiǎo Wáng gēn lǐngdǎo chǎojià le.

女：他　为什么　不　跟　领导　好好　谈谈？

　　Tā wèishénme bù gēn lǐngdǎo hǎohǎo tántan?

问：小　王　应该　跟　谁　好好　谈谈？

　　Xiǎo Wáng yīnggāi gēn shéi hǎohǎo tántan?

学生：_____。

(4) 女：天天　工作，我　累死了。

　　Tiāntiān gōngzuò,wǒ lèi sǐ le.

男：周末　咱们　去　郊区　好好　玩儿　两天。

　　Zhōumò zánmen qù jiāoqū hǎohǎo wánr liǎng tiān.

女：好　主意。

*suburbs*

　　Hǎo zhǔyi.

问：周末　他们　要去　郊区　做　什么？

　　Zhōumò tāmen yào qù jiāoqū zuò shénme?

学生：_____。

## 综合练习 Comprehensive exercises

一、根据课文回答下边的问题，并根据问题的提示复述课文：

***Answer the following questions according to the text and give the text in your own words using the questions as clues:***

*Homework*

(1) 方父　回家的　时候，方母　在做　什么呢？

　　Fāngfù huíjiā de shíhou,Fāngmǔ zài zuò shénme ne?

　　_____。

(2) 方母　为什么　要　收拾　家？

　　Fāngmǔ wèishénme yào shōushi jiā?

　　_____。

(3) 方父　让　方母　做　什么？

　　Fāngfù ràng Fāngmǔ zuò shénme?

　　_____。

46

(4) 方母　让　方父　做　什么？

Fāngmǔ ràng Fāngfù zuò shénme?

_____ 。

(5) 吃完　晚饭　以后　谁　要　洗　碗？

Chīwán wǎnfàn yǐhòu shéi yào xǐ wǎn?

_____ 。

(6) 方　雪芹　想　让　爸爸　妈妈　做　什么？

Fāng Xuěqín xiǎng ràng bàba māma zuò shénme?

_____ 。

(7) 方母　为什么　不　愿意　请　保姆？

Fāngmǔ wèishénme bú yuànyì qǐng bǎomǔ?

_____ 。

(8) 方　雪芹　和　方父　觉得，请了　保姆　以后　方母可以　怎么样？

Fāng Xuěqín hé Fāngfù juéde, qǐng le bǎomǔ yǐhòu Fāngmǔ kěyǐ zěnmeyàng?

_____ 。

## 二、回答问题：

_Answer the following questions:_

(1) 你家里请　保姆　了　没有？

Nǐ jiā lǐ qǐng bǎomǔ le méiyǒu?

_____ 。

(2) 你　家里　的　家务事　谁　来　做？

Nǐ jiā lǐ de jiāwùshì shéi lái zuò?

_____ 。

(3) 你　家里　用的　东西　坏了　的　时候，谁　来　修理？

Nǐ jiā lǐ yòngde dōngxi huàile de shíhou, shéi lái xiūlǐ?

_____ 。

47

(4) 你 最 关心 的 问题 是 什么？

Nǐ zuì guānxīn de wèntí shì shénme?

_____。

(5) 你 经常 锻炼 身体 吗？

Nǐ jīngcháng duànliàn shēntǐ ma?

_____。

*man = slow*

*manpao = jogging*

(6) 你 星期 几 工作，星期 几 休息？

Nǐ xīngqī jǐ gōngzuò, xīngqī jǐ xiūxi?

_____。

*Cong A dao B = from A to B*

## 三、意念表达：（用本课学过的表达方式）

### *Express the notions, using the expressions learnt in this lesson:*

(1) 告诉来访的人你的老板正在开会，请他/她等一会儿：

Tell a visitor that your boss is having a meeting and ask him/her to wait for a while.

(2) 告诉你的朋友，你太累了，你想好好休息一下：

Tell your friend that you want to take a good rest because you are very tired.

(3) 和同事一起工作过了午饭时间，问他/她是不是饿了，建议一起去吃饭：

Ask your colleague whether he/she is hungry and suggest that you go and have lunch together as the normal lunch time passed while you were finishing the work at hand.

(4) 朋友请你帮忙，你告诉他/她你一定会帮他/她做好这件事：

Tell your friend, who has asked you to do him/her a favor, that you will certainly help him/her do the job well.

(5) 告诉家里人你的病不严重，吃一点儿药就可以好：

Tell your family that some medicine will cure you as you do not have a serious disease.

## 四、情景会话或表演：

### *Compose a dialogue on the following situation and act it:*

雇主和他／她请的保姆的第一次见面。

The first interview between a housemaid and her employer.

## 五、请你说:(至少用上五个本课学过的新词语)
### *Speak on the following topics, using at least 5 of the words learnt in this lesson:*

(1)在你们国家,一般人家请保姆的情况。

About the housemaid in your country.

(2)你们国家的人,一家人怎样分担家务劳动?

How do family members share housework in the country?

## 走马观花 *A Glimpse of Modern Chinese Culture*

### 各种各样的市场
### Various kinds of markets

今天我们去逛逛各种各样的市场。

Let's go and visit the different markets.

这里就是"Supermarket"。目前在中国的大城市里,大规模的超级市场越来越多。

Here is a supermarket. Recenlty the number of supermarkets have been increasing steadily in the major cities of China.

这是卖农产品的市场。在这儿,你可以买到你喜欢的蔬菜、水果、肉类乃至粮食等。

This is a farm produce market where you can buy vegetables, fruit, meat, cereals——whatever you like.

这个批发市场是经营服装的,也是一种批发和零售兼营的市场。

Now we have come to a wholesale clothing market. Actually it sells retail as well.

秀水市场是一个比较有名的经营服装的市场,尤以丝绸制品为多。在北京,因为它邻近使馆区,有很多外国人喜欢光顾这里。

This is a very famous clothing market called the Xiushui Market, and mainly it deals in silk wear. In Beijing many foreigners like to come here, as it is close to the area where embassies are located.

这里主要卖日常家庭用的小商品，比如，女孩用的头饰、家庭厨房和卫生间用的小物品、小孩玩的玩具等等。这里是批发兼零售的市场，因为价格相对低廉，很受欢迎。

This market deals in daily commodities such as head ornaments for girls, kitchen utensils, toiletries, toys, etc.. It is well patronized by customers because things are cheap here.

这里一看便知，是一个经营汽车的市场。近年来，中国人的生活水平大大提高了，买得起汽车的人越来越多，汽车交易市场的生意也越来越红火。

You may have readily recognized that this is a motor vehicle market. With the rise in living standards, more and more people can afford to buy private cars, so car sales are getting better and better.

这里是卖旧货、古玩的市场。

Here you have come to an antique market.

## 写 汉 字 *Writing Demonstration*

、 ゛ ⺌ 火 灯 灯

| 灯 | 灯 | 灯 | 灯 | 灯 | 灯 | | | | |
|---|---|---|---|---|---|---|---|---|---|

、 讠 讠 讠 讴 谈 谈 谈 谈

| 谈 | 谈 | 谈 | 谈 | 谈 | 谈 | | | | |
|---|---|---|---|---|---|---|---|---|---|

第二十三课

Dì - èrshísān Kè

# LESSON TWENTY-THREE

## 语 用 范 例 *Examples of Usage*

*yoann*

*yōu mò = humour*

1. 询问原因 *Asking for a reason*

小　　朋友，你　哭　什么？
Xiǎo　péngyou，nǐ　kū　shénme?
*little　friend，you　to cry　what*
Why are you crying, child?

2. 询问行为的方式 *Asking about the manner of an action*

你　是　怎么　来　　的？
Nǐ　shì　zěnme　lái　de?
*you　to be　how　to come（structural particle）*
How did you come?

——我　是　坐　　公共　汽车　来的。
——Wǒ　shì　zuò　gōnggòng qìchē lái de.
*I　to be　to sit　public bus　to come（structural particle）*
I came by bus.

### 3. 询问家庭住址 *Asking somebody's home address*

你　　　　家　　住　　在　　哪儿?
Nǐ　　　jiā　　zhù　zài　nǎr?
*you (possessive) home to live to be where*
Where is your home?

### 4. 询问在什么地方换车 *Asking where to change the bus*

请问,　　去　　复兴门　　在　哪儿　换　车?
Qǐngwèn,　qù　Fùxīngmén　zài　nǎr　huàn　chē?
*may to ask, to go to Fuxing Men to be where to change bus*
Excuse me, but could you tell me where I should change?

——在　人民　大学　下车,　先换　　320　路,再换
——Zài Rénmín Dàxué xià chē, Xiān huàn sān'èrlíng lù, zài huàn
1路　或者　4路。
yī lù huòzhě sì lù.
*to be People's University to get off bus, first to change 320 route, then to change 1 route or 4 route*
You get off at the People's University and change to No. 320 and then change to No. 1 or No. 4.

在　哪儿　换　1路?
Zài　nǎr　huàn　yī lù?
*to be where to change 1 route*
Where can I change to a No. 1?

——在　军事　博物馆　换　1路。
——Zài Jūnshì Bówùguǎn huàn yī lù.
*to be Military Museum to change 1 route*
Change to No. 1 at the Military Museum.

## 5. 询问车票的价钱 *Asking the price*

到　人民　大学　　多少　钱　一　　张　　票?
Dào Rénmín Dàxué duōshao qián yì zhāng piào?
*to People's University how much money one( measure word) ticket*
How much is a ticket to the People's University?

**YI
PART ONE**

# 你是怎么来的？
Nǐ Shì Zěnme Lái De?

## How did you come?

*āyí is normally an aunt who is younger than the mother whereas bomu is older same for shūshu*

### 新 词 语　*New Words and Phrases*

*xiǎo = to smile
dui (person) xiǎo = to smile at
xiǎo (person) = to laugh at
Xiǎohuà = joke*

| | | | |
|---|---|---|---|
| 1. 哭 | kū | to cry | |
| 2. 阿姨 | āyí | aunt | |
| 3. 糖 | táng | sugar; candy (noun) | |
| 4. 叔叔 | shūshu | uncle | |
| 5. 公共汽车 | gōnggòng qìchē | public bus | |
| 公共 | gōnggòng | public | |
| 6. 住 | zhù | to live | |
| 7. 大街 | dàjiē | boulevard | |
| 街 | jiē | street | |
| 8. 危险 | wēixiǎn | dangerous | |
| 9. 姑娘 | gūniang | girl | |
| 10. 出租(汽)车 | chūzū (qì)chē | taxi | |

*mouth, mouth dog*

*gonggong dianhua
public phone*

*tian = sweet (adj)
yan = salt
xian = salty
xian cai = pickled vegetables
hǎi = sea
{ zong tang = brown sugar
hong tang = red sugar }
Chinese call red*

复兴门　　　Fùxīngmén　　　a place where a city gate of the same name was
situated in Beijing

*(handwritten notes: fu / fuxi / lianxi = h revive (something) / = to revise / = practise)*

课　文　*Text*

今天的故事里,方雪芹和李文龙遇见了一个走丢了的小女孩,我们来看看他们怎么了解小女孩的情况和住址。

Today we'll tell you a story about Fang Xueqin and Li Wenlong who met a young girl who was lost in the street. Let us listen to them asking the girl to tell them what has happened and where she lives.

(路上,方雪芹和李文龙看到有小孩子在哭。)

(In the street, Fang Xueqin and Li Wenlong see a girl crying.)

| 方雪芹: | 小　朋友,你哭　什么?（从包里拿出糖）别哭,阿姨　给　你　糖。 |
| --- | --- |
| | Xiǎo péngyou,nǐ kū shénme?　　　　　Bié kū, ā yí gěi nǐ táng. |
| Fang Xueqin: | What are you crying for, child? (Taking out some candies from her bag) Stop crying. Here are some candies for you. |
| 小姑娘: | 我不吃,我要　找　妈妈…… |
| | Wǒ bù chī,wǒ yào zhǎo māma…… |
| Little girl: | I don't want any candy. I want to see my Mummy. |
| 李文龙: | 别哭,叔叔、阿姨帮　你　找　妈妈,好不　好? |
| | Bié kū,shūshu、āyí bāng nǐ zhǎo māma,hǎo bù hǎo? |
| Li Wenlong: | Don't cry. We will help you find your Mummy, O.K.? |
| | (小姑娘点点头。) |
| | (The girl nods.) |
| 李文龙: | 你是和　妈妈一起来的,是吗? |
| | Nǐ shì hé māma yìqǐ lái de,shì ma? |
| Li: | Did you come with your Mummy? |

*(handwritten note: zhòngyào = important)*

| | |
|---|---|
| 小姑娘： | 不是,我自己。 |
| | Bú shì, wǒ zìjǐ. |
| Little girl: | No, I came by myself. |
| 方、李： | 你是自己来的? |
| | Nǐ shì zìjǐ lái de? |
| Fang and Li: | You came by yourself? |
| | (小姑娘点点头。) |
| | (The girl nods again.) |
| 李文龙： | 你是怎么来的? |
| | Nǐ shì zěnme lái de? |
| Li: | How did you come? |
| 小姑娘： | (指指汽车)我是坐公共汽车来的。 |
| | Wǒ shì zuò gōnggòng qìchē lái de. |
| Little girl: | (Pointing at a bus) I came by bus. |
| 李文龙： | 你家住在哪儿? |
| | Nǐ jiā zhù zài nǎr? |
| Li: | Where do you live? |
| 小姑娘： | 复兴门南大街 168 号。 |
| | Fùxīngmén Nán Dàjiē yìbǎi liùshíbā hào. |
| Little girl: | I live at 168 Southern Fuxingmen Street. |
| 方雪芹： | 以后,不能一个人出来,这太危险了。走,阿姨、叔叔 |
| | Yǐhòu, bùnéng yí gè rén chūlai, zhè tài wēixiǎn le. Zǒu, āyí、shūshu |
| | 送你回家。 |
| | sòng nǐ huí jiā. |
| Fang: | It's dangerous to come out alone. Don't do it again in the future. Now we will take you back to your home. |

## 注 释 *Notes*

**1.** 称呼(七)　　Forms of address (7)

别 哭,阿姨 给 你 糖。

Bié kū, āyí gěi nǐ táng.

Stop crying, here are some candies for you.

别 哭, 叔叔、阿姨 帮 你 找 妈妈, 好 不 好?

Bié kū,shūshu、āyí bāng nǐ zhǎo māma,hǎo bù hǎo?

Don't cry. We'll help you find your Mummy. O. K. ?

　　方雪芹和李文龙在小女孩面前自称"阿姨"和"叔叔",这是中国人的习惯。一方面,中国人习惯把亲属词广泛用于非亲属关系中,以示亲切。也许大家还记得前边学过的"伯父、伯母"。另一方面,人们习惯在小孩面前,用小孩对自己的称呼来自称。例如:

Fang Xueqin and Li Wenlong call themselves"āyí" (aunt) and"shūshu" (uncle) as Chinese people customarily do. On the one hand, Chinese people use kinship terms for people who are not kin to show closeness like"bófù" and"bómǔ" which you learnt before. On the other hand, people customarily use the forms of address that children use on them. For example:

(1)方雪芹:我 介绍 一下,这 是 李 文龙, 这 是 我 爸爸、妈妈。

　　　　　Wǒ jièshào yíxià,zhè shì Lǐ Wénlóng,zhè shì wǒ bàba、māma.

　　　　　Let me introduce. This is Li Wenlong. My father. My mother.

　　李文龙:伯父、伯母 好!

　　　　　Bófù、bómǔ hǎo!

　　　　　How do you do, bófù (uncle) and bómǔ (aunt)!

(2) 孩子:叔叔、阿姨 再见!

　　　　Shūshu、āyí zàijiàn!

　　　　Bye-bye, shūshu (uncle) and āyí (aunt)!

　　主人:再见! 有空儿 来 叔叔、阿姨 家 玩儿!

　　　　Zàijiàn! Yǒukòngr lái shūshu、āyí jiā wánr!

　　　　Bye-bye! Come to shūshu and āyí's home again at any time when you are free.

## 2. "是……的"句型　The construction "shì…de"

你 是 和 妈妈 一起 来 的,是 吗?

Nǐ shì hé māma yìqǐ lái de,shì ma?

Did you come with your mummy?

"是……的"强调说明动作发生的方式、时间、地点、原因、目的、动作的发出者等,一般用于已经发生的事。"是"可以省略。例如:

The construction "shì...de" is used to emphasize the manner, time, place, reason, purpose or doer of an action which has taken place. "Shì" is optional. For example:

(1)甲:你(是)怎么 来 的?

Nǐ (shì) zěnme lái de?

How did you come?

乙:我 (是)坐飞机 来 的。

Wǒ (shì) zuò fēijī lái de.

I came by air.

(2)甲:你(是) 什么 时候来 北京 的?

Nǐ (shì) shénme shíhou lái Běijīng de?

When did you come?

乙:我 (是) 去年 来 北京 的。

Wǒ (shì) qùnián lái Běijīng de?

I came last year?

(3)甲:你(是) 从 哪儿来 的?

Nǐ (shì) cóng nǎr lái de?

Where have you come from?

乙:我 (是) 从 广州 来 的。

Wǒ (shì) cóng Guǎngzhōu lái de?

I have come from Guangzhou.

(4)甲:你 (是)来做 什么 的?

Nǐ (shì) lái zuò shénme de?

What have you come for?

乙:我 (是)来 学 汉语 的。

Wǒ (shì) lái xué Hànyǔ de。

I have come to study Chinese.

(5)甲:(是) 谁 去 接 你 的?

(Shì) Shéi qù jiē nǐ de?

Who met you (at the airport/station)?

乙:是我 朋友。

Shì wǒ péngyou.

My friend did.

*dì tiě = railway, iron*

**3.** "坐车"和"骑车"  The phrases "zuò chē" and "qí chē"

我 是 坐 公 共 汽 车 来 的。

Wǒ shì zuò gōnggòng qìchē lái de.

I came by bus.

在汉语里，小汽车、卡车、吉普车等各种机动车我们都称作"汽车"；在"坐车"这个短语里，"车"就是指汽车。"by bicycle"汉语说"骑车"或"骑自行车"。例如：

In Chinese, the word "qìchē" includes cars, trucks, jeeps, etc. The word "chē" in the phrase "zuò chē" means "qìchē". However, the phrase "qí chē", means "by bicycle". For example:

(1) 甲：你 是 坐 车 来 的 还是 骑 车 来 的？

　　　Nǐ shì zuò chē lái de háishi qí chē lái de?

　　　Did you come by bus or by bicycle?

乙：我 是 坐 车 来 的。

　　Wǒ shì zuò chē lái de.

　　I came by bus.

(2) 甲：你 是 坐 什么 车 来 的？

　　　Nǐ shì zuò shénme chē lái de?

　　　What kind of automobile did you take when you came?

乙：我 是 坐 出租车 来 的。

　　Wǒ shì zuò chūzūchē lái de.

　　I came by taxi.

 **4.** "动词＋在＋方位名词" The phrase "verb ＋ zài ＋ noun of locality"

> 你 家 住 在 哪儿？
>
> Nǐ jiā zhù zài nǎr?
>
> Where is your home?

表方位的"在＋方位名词"结构常常放在某些单音节动词如"住、坐、站、停、骑"等的后面，指示出生、产生、发生、居留或动作达到的处所。例如：

"Zài ＋ noun of locality" is often preceded by a one–syllable verb such as "zhù" (to live), "zuò" (to sit), "zhàn" (to stand), "tíng" (to stop), "qí" (to ride), etc. to refer to a place where one was born, where something has been produced, where something has happened, where one lives or where an action reaches. For example:

> 动词＋在＋（表地方的）名词
>
> Verb ＋ zài ＋ noun (of locality)

(1)甲：你家 住 在 哪儿？

　　Nǐ jiā zhù zài nǎr?

　　Where is your home?

乙：我家 住 在 那个大楼 西边。

　　Wǒ jiā zhù zài nèige dàlóu xībian.

　　It is to the west of that building.

(2)甲：你坐在 　前边 吧。

　　Nǐ zuò zài qiánbian ba.

　　Sit in the front.

乙：我 喜欢 坐 在 后边。

　　Wǒ xǐhuan zuò zài hòubian.

　　I like to sit in the back.

(3)甲：这儿 不 能 　停 车。

　　Zhèr bù néng tíng chē.

　　We can't park here.

乙：那 我们 停 在 哪儿？

　　Nà wǒmen tíng zài nǎr?

　　Where should we park, then?

甲：停 在 那边 吧。

　　Tíng zài nèibian ba.

　　We can park there.

**5. 地址的说法** Giving an address

复兴门 　南 大街 　 168 　号

Fùxīngmén Nán Dàjiē yìbǎi liùshíbā hào.

168 Southern Fuxingmen Street

在汉语里,地址的说法与英语正好相反,英语是从小到大,汉语是从大到小。写信封收信人地址的时候,应该这样写：

In Chinese an address is given in a way that is opposite to the English custom, i. e. in English, it starts from the small unit whereas in Chinese it starts from the bigger unit. The address of the receiver of a letter is written as follows:

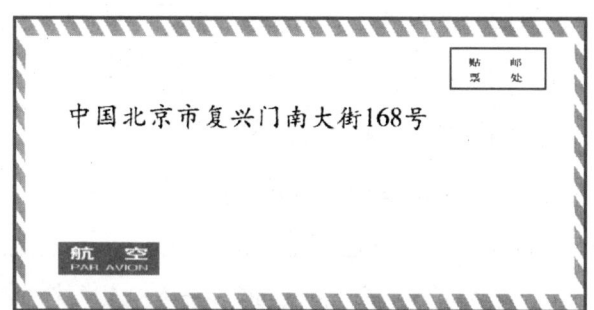

中国 　北京市 复兴门 　 南 　 大街 　 168 号

China Beijing Fuxingmen Southern Street 168 Number

#168 Southern Fuxingmen Street, Beijing, China

一、在图上标出下边街道的位置：
**Mark the following streets in the map.**

复兴门南大街　Fùxīngmén Nán Dàjiē

复兴门北大街　Fùxīngmén Běi Dàjiē

四川北路　　　Sìchuān Běi Lù

四川南路　　　Sìchuān Nán Lù

东长安街　　　Dōng Cháng'ān Jiē

西长安街　　　Xī Cháng'ān Jiē

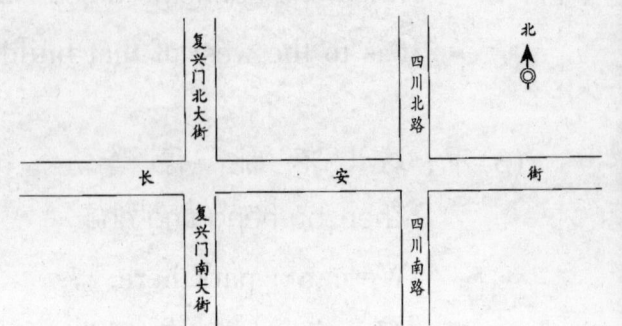

二、翻译下边的句子,注意加线词语的意思和用法,并模仿造句：
**Translate the following sentences, using the underlined words to make sentences:**

(1)甲：他们 笑得 那么厉害,他们 <u>笑</u> <u>什么</u>呢?

　　　Tāmen xiào de nàme lìhai, tāmen <u>xiào shénme</u> ne?

　　　_____?

　　乙：我也不 知道。

　　　Wǒ yě bù zhīdao.

　　　_____

　　　_____

(2) 我喜欢 <u>一个人</u> 出去玩儿。

　　Wǒ xǐhuan <u>yí gè rén</u> chūqu wánr.

　　_____

　　_____

(3) 甲：我来 帮你。

　　　Wǒ lái bāng nǐ.

　　　_____

　　乙：不 用,我 <u>一个人</u> 就 够了。

　　　Búyòng, wǒ <u>yí gè rén</u> jiù gòu le.

　　　_____

　　　_____

(4)甲：谁 陪 你 去 买 东西?

Shéi péi nǐ qù mǎi dōngxi?

_____

乙：没有 人 陪 我,我一个人去。

Méiyǒu rén péi wǒ,wǒ yí gè rén qù.

_____

_____

三、用正确的语气、语调说下边的句子：

*Read aloud the following sentences with the appropriate tones and intonations:*

(1) 小 朋 友,你哭 什么?

Xiǎo péngyou,nǐ kū shénme?

(2) 别 哭，叔叔、阿姨 帮 你 找 妈妈, 好 不 好?

Bié kū,shūshu、āyí bāng nǐ zhǎo māma,hǎo bù hǎo?

(3) 你 是 和 妈妈 一起 来 的,是 吗?

Nǐ shì hé māma yìqǐ lái de,shì ma?

(4) 我 是 自己 来 的。

Wǒ shì zìjǐ lái de.

(5) 你 是 怎么 来 的?

Nǐ shì zěnme lái de?

(6) 我 是 坐 公共 汽车 来 的。

Wǒ shì zuò gōnggòng qìchē lái de.

(7) 你 家 住 在 哪儿?

Nǐ jiā zhù zài nǎr?

(8) 我 家 住 在 复兴门 南 大街 168 号。

Wǒ jiā zhù zài Fùxīngmén Nán Dàjiē yìbǎi liùshíbā hào.

(9) 以后 不能一个人 出来, 这太 危险了

Yǐhòu, bùnéng yí gè rén chūlai, zhè tài wēixiǎn le.

## 写汉字 *Writing Demonstration*

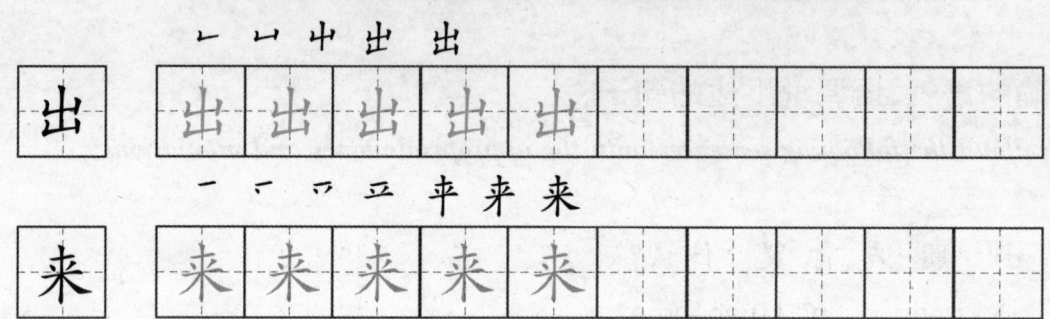

出　　ノ　山　屮　出　出

出　出　出　出　出

来　一　ｒ　ㅁ　ㅛ　平　来　来

来　来　来　来　来

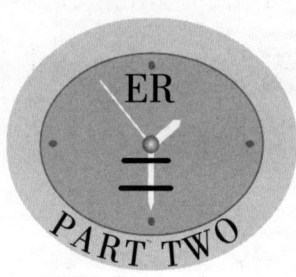

ER

二

PART TWO

# 332 路车站在哪儿?

332 Lù Chēzhàn Zài Nǎr?

## Where is the stop for Bus No. 332?

## 新 词 语 *New Words and Phrases*

| | | |
|---|---|---|
| 1. 路 | lù | route, bus line number |
| 2. 车站 | chēzhàn | bus stop, railway station |
| 站 | zhàn | station; stand |
| 3. 十字 | shízì | cross |
| 4. 换 | huàn | to change |
| 5. 上(车) | shàng(chē) | to get on (the bus) |
| 6. 售票员 | shòupiàoyuán | the conductor |
| 7. 下(车) | xià(chē) | to get off (the bus) |

| 8. 或者 | huòzhě | or (used in a statement) |
| 9. 女青年 | nǚ qīngnián | young woman |
| 青年 | qīngnián | young man |

*dìtiě*          *tube*

## 专　名　*Proper names*

| 1. 中国人民大学 | Zhōngguó Rénmín Dàxué | the Chinese People's University |
| 人民 | rénmín | people |
| 大学 | dàxué | university |
| 2. 军事博物馆 | Jūnshì Bówùguǎn | the Military Museum, a major museum in Beijing, situated in Fuxing road in the western suburb of the city |
| 博物馆 | bówùguǎn | museum |

## 课　文　*Text*

方雪芹和李文龙开始帮小女孩找家，他们如何打听车站在哪儿、怎么换车，我们一起来看看。

Fang Xueqin and Li Wenlong set out to help the girl find her home. Now let's listen to them asking where the bus stop is and where to change.

（方雪芹和李文龙带着小姑娘向人询问）

(Fang Xueqin and Li Wenlong, escorting the girl, ask a passer-by.)

| 李文龙： | 请问，　332　路　车站　在　哪儿？ |
| | Qǐngwèn, sānsān'èr lù chēzhàn zài nǎr? |
| Li Wenlong: | Excuse me, could you tell me where the stop for bus No. 332 is? |

| 路 人： | 往 前 走，到 十字 路口 往 左 拐。 |
|---|---|
| | Wǎng qián zǒu，dào shízì lùkǒu wǎng zuǒ guǎi. |
| Passer-by: | Go straight ahead and turn left at the crossroads. |

you=right

（方雪芹和李文龙带着孩子在看332路汽车的站牌）

(They read the sign for Bus No. 332 when they find the stop. )

| 方雪芹： | 咱 们 在 哪儿 换 车？ |
|---|---|
| | Zánmen zài nǎr huàn chē? |
| Fang Xueqin: | Where shall we change? |
| 李文龙： | 我 也 不 知道， 上 车 以后 问 售票员 吧。 |
| | Wǒ yě bù zhīdao，shàng chē yǐhòu wèn shòupiàoyuán ba. |
| Li: | I don't know either. We can ask the conductor on the bus. |
| 小姑娘： | 叔叔，咱们 去 问 那 位 阿姨 吧。 |
| | Shūshu，zánmen qù wèn nèi wèi āyí ba. |
| Girl: | Uncle, we can ask that aunt. |
| 李文龙： | 好。 |
| | Hǎo. |
| Li: | You are right. |

（领着小姑娘，和方一起走向女青年）

(They go up to the young woman. )

| 方雪芹： | 小姐，请问，去 复兴 门 在 哪儿 换 车？ |
|---|---|
| | Xiǎojiě. qǐngwèn，qù Fùxīngmén zài nǎr huàn chē? |
| Fang: | Excuse me, Miss, but could you tell us where we should change to go to Fuxingmen? |
| 女青年： | 在人民大学下车，(指着身后的牌子)先换320路,再换1路或者4路。 |
| | Zài Rénmín Dàxué xià chē，xiān huàn sān'èrlíng lù，zài huàn yī lù huòzhě sì lù. |
| Young woman: | (Pointing the sign behind her) Change to Bus No. 320 at the People's University stop, then change to No. 1 or 4. |
| 方雪芹： | 在 哪儿 换 1路？ |
| | Zài nǎr huàn yī lù? |
| Fang: | Where should we change if we take a No. 1bus? |

*(handwritten top margin)* Kou = mouth
menkou = doorway

*(handwritten right margin)* dui [something] you xingqu = to have interest in something.

| | |
|---|---|
| 女青年： | 在 军事 博物馆 换 1路。 |
| | Zài Jūnshì Bówùguǎn huàn yī lù. |
| Young woman: | At the Military Museum. |
| 小姑娘： | 叔叔、阿姨，汽车 来了！ |
| | Shūshu、āyí, qìchē lái le! |
| Girl: | Uncle! Aunt! Here is the bus! |
| 方、李： | （对女青年）谢谢你。 |
| | Xièxie nǐ. |
| Fang and Li: | (To the young woman) Thank you. |

（这是一辆无人售票车。方、李一行上了车）

(The bus is one without a conductor. Fang, Li and the girl get on board.)

| | |
|---|---|
| 方雪芹： | （问司机）师傅，到 人民 大学 多少 钱 一 张 票？ |
| | Shīfu, dào Rénmín Dàxué duōshǎo qián yì zhāng piào? |
| Fang: | (Asking the driver) How much is a ticket to the People's University? |
| 司 机： | 一块。 |
| | Yí kuài. |
| Driver: | One yuan. |
| 方雪芹： | 我 买 两 张。 |
| | Wǒ mǎi liǎng zhāng. |
| Fang: | Two please. |

## 注 释 Notes

*(handwritten right margin)* dingzi lukou = T junction

 **1.** 十字路口 Crossroads

到 十字路口 往 左 拐。

Dào shízì lùkǒu wǎng zuǒ guǎi.

Turn to left at the crossroads.

"Crossroads"为什么叫"十字路口"呢？这是因为"十字路口"的形状和汉语里的"十"字一

65

样。同样道理,"T – shaped road junction"叫"丁字路口",因为其形状像"丁"字,丁璐璐的"丁"。

Why is the Chinese word for "crossroads" is "shízì lùkǒu"? Because the shape of the crossroads is like the Chinese character "十" (shí). Similarly a T-shaped road junction is called "dīngzì lùkǒu" as its shape is like the character 丁 (dīng) in Chinese.

**2.** "先……,再……"和"先……,然后……"    The patterns "xiān..., zài..." and "xiān..., ránhòu..."

> 先 换    320 路,再 换  1 路 或者 4 路。
>
> Xiān huàn sān'èrlíng lù, zài huàn yī lù huòzhě sì lù.
>
> First you change to No. 320, then change to No. 1 or 4.

"先……,再……"只能用于尚未发生的事。以前我们学过的"先……,然后……",既可用于尚未发生的事,也可用于已经发生的事。例如:

The pattern "xiān..., zài..." is used exclusively with something that has not yet taken place, and is similar to the pattern "xiān..., ránhòu..." which we learnt before. But they are different in that the latter can also be used with something which has already taken place. For example:

(1) 先 吃饭,再 吃 药。

Xiān chī fàn, zài chī yào.

First you have your dinner, then you take the medicine.

(2) 先 给他 打 个 电话, 再去 他家。

Xiān gěi tā dǎ gè diànhuà, zài qù tā jiā.

First you give him a call, then you go to his home.

(3) 我 打算 先去  上海, 然后 去   广州。

Wǒ dǎsuan xiān qù Shànghǎi, ránhòu qù Guǎngzhōu.

I plan to go to Shanghai first and then to Guangzhou.

(4) 上 个 月 我 先 去了   上海, 然后 去了   广州。

Shàng gè yuè wǒ xiān qùle Shànghǎi, ránhòu qù le Guǎngzhōu.

Last month, I went to Shanghai first, then I went to Guangzhou.

**3.** "或者"和"还是"    "Huòzhě" and "háishi"

66

再 换 1 路 或者 4 路。

Zài huàn yī lù huòzhě sì lù.

Then you change to a No. 1 or 4.

"或者"与"你喝茶还是喝咖啡？"中的"还是"英语的意思相同,但是汉语的用法不同,"还是"用于选择疑问句中,而"或者"只用于陈述句中。例如:

"huòzhě" and "háishi" (as in the question "Nǐ hē chá háishi hē kāfēi?") mean the same in English. But they are used differently in Chinese, i. e., "háishi" is used in an alternative question while "huòzhě" is used in a statement. For example:

(1) 甲: 送 给 她 花儿 还是 香水儿?

Sòng gěi tā huār háishi xiāngshuǐr?

Do you give her flowers or perfume?

乙: 送 给 她 一瓶 香水儿 吧。

Sòng gěi tā yì píng xiāngshuǐr ba.

I give her a bottle of perfume.

(2) 甲: 送 给 她 什么 礼物 好 呢?

Sòng gěi tā shénme lǐwù hǎo ne?

What makes a good present for her?

乙: 送 花儿 或者 香水儿 都 行。

Sòng huār huòzhě xiāngshuǐr dōu xíng.

Either flowers or perfume is good.

(3) 甲: 你 喜欢 住 在 南方 还是 北方?

Nǐ xǐhuan zhù zài nánfāng háishi běifāng?

Do you like to live in the South or in the North?

乙: 我 喜欢 住 在 北方。

Wǒ xǐhuan zhù zài běifāng.

I like to live in the North.

(4) 甲: 你 打算 什么 时候 去?

Nǐ dǎsuan shénme shíhou qù?

When do you plan to go?

67

乙：我 打算 这个 周末 或者 下 个 周末 去。

Wǒ dǎsuan zhèige zhōumò huòzhě xià ge zhōumò qù.

I plan to go this weekend or next.

**4.** 公共汽车儿童购票规定　A rule about buying tickets for children on board the bus

我买 两 张。

Wǒ mǎi liǎng zhāng.

I will buy two (tickets).

在中国，1.10 米以下的儿童乘坐公共汽车时，可以免购车票；1.10 米以上的儿童，则需和成年人一样购票。所以在这儿，方雪芹只买了两张票，她没有为小姑娘买车票。

In China, children under 110 cm in height are free to travel by bus whereas those above 110 cm. must buy tickets as adults. So in the text, Fang Xueqin only bought two tickets, and didn't buy one for the girl.

## 练 习　*Exercises*

一、记住下边的词语搭配，并用它们分别造句：

*Learn the following collocations by heart and make sentences with them:*

| | | |
|---|---|---|
| 换车 | huàn chē | _____。 |
| 换钱 | huàn qián | _____。 |
| 换工作 | huàn gōngzuò | _____。 |
| 换学校 | huàn xuéxiào | _____。 |

二、选择所给的词语完成下边句子：

*Choose one word from those given to complete the following sentences:*

(1)甲：你家住 在哪儿，复兴门 南 大街 _____ 复兴门北大街？（或者/还是）

Nǐ jiā zhù zài nǎr, Fùxīngmén nán dàjiē _____ Fùxīngmén běi dàjiē?（huòzhě/háishi）

乙：我 家 住 在 复兴门 南大街。

Wǒ jiā zhù zài Fùxīngmén nán dàjiē.

68

(2) 甲: 周末 你 喜欢 上 哪儿?

Zhōumò nǐ xǐhuan shàng nǎr?

乙: 我 总是 在家 呆着, 看 电视 _____ 听 音乐。(或者/还是)

Wǒ zǒngshì zài jiā dāizhe, kàn diànshì_____ tīng yīnyuè.（huòzhě/háishi）

(3) 甲: 昨天 你是 什么 时候 去 的 书 店?

Zuótiān nǐ shì shénme shíhou qù de shūdiàn?

乙: 我 ___ 去电影院买了两张电影票，___ 去的书店。(先……再……/先……然后……)

Wǒ___ qù diànyǐngyuàn mǎile liǎng zhāng diànyǐngpiào, ___ qù de shūdiàn.
（xiān…zài… / xiān…ránhòu…）

## 三、用正确的语气、语调说下边的句子:

***Read aloud the following sentences with the appropriate tones and intonations:***

(1) 请 问, 332 路 车站 在 哪儿?

Qǐngwèn, sānsān'èr lù chēzhàn zài nǎr?

(2) 往 前 走, 到十字路口 往 左 拐。

Wǎng qián zǒu, dào shízì lùkǒu wǎng zuǒ guǎi.

(3) 咱们 去 问 那位 阿姨 吧。

Zánmen qù wèn nèi wèi āyí ba.

(4) 请问, 去 复兴门 在 哪儿 换 车?

Qǐngwèn, qù Fùxīngmén zài nǎr huàn chē?

(5) 在 人民 大学下车, 先 换 320 路, 再 换 1路 或者4路。

Zài Rénmín Dàxué xià chē, xiān huàn sān'èrlíng lù, zài huàn yī lù huòzhě sì lù.

(6) 在 哪儿 换 1路?

Zài nǎr huàn yī lù?

(7) 在 军事 博物馆 换 1路。

Zài Jūnshì Bówùguǎn huàn yī lù.

(8) 师傅,到 人民 大学 多少 钱 一 张 票?
Shīfu, dào Rénmín Dàxué duōshao qián yì zhāng piào?

丶 丶 丆 丬 丬 丬 乸 乸 政 政 路 路

路 路 路 路 路 路

一 厂 冂 冂 两 两 西 西 覀 票 票 票

票 票 票 票 票

_ meigan _ not as _ as
_ bi _ (better) than
_ he _ comparison

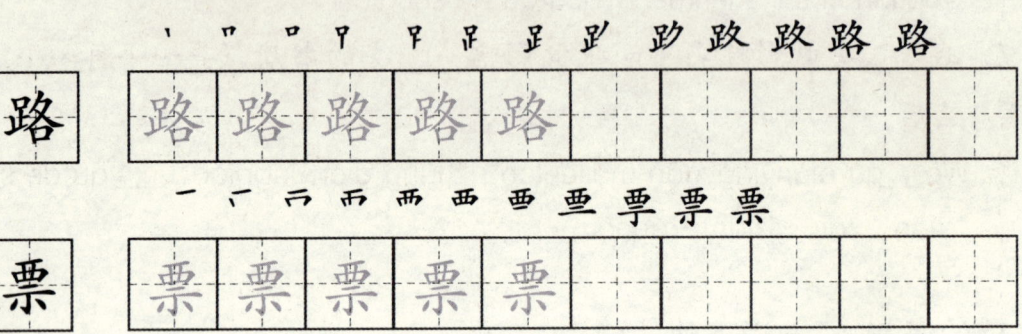

# 自己开车去
Zìjǐ Kāichē Qù

## I drive my own car to go there

Xia = under    xiablan : underneath
shang = over   shangbian : on top of

bāo = bag
bāozi = buns

| | | | |
|---|---|---|---|
| 1. | 放 | fàng | to put, to place |
| 2. | 抽屉 | chōuti | drawer |
| 3. | 幅 | fú  *guìzi* | a measure word for pictures  *cupboard* |
| 4. | 挂 | guà  *huàr* | to hang (up)  *painting* |
| 5. | 照片儿 | zhàopiānr  *zhào zhào piānr* | photo  *to take a photo* |
| 6. | 墙 | qiáng | wall |
| 7. | 飞机 | fēijī  *fēijī chǎng* | airplane  *airport* |
| 8. | 火车 | huǒchē | train |

xisilóu                        Heathrow

70

*fāngbiàn = convenient*

*yunchuan = seasickness*

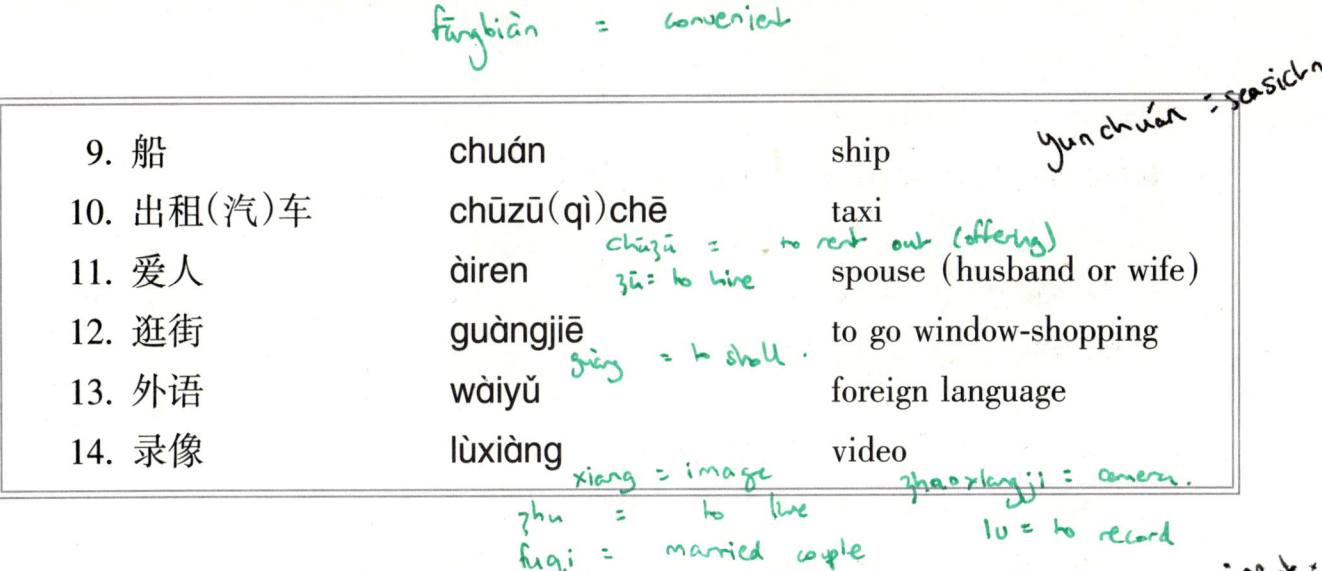

| 9. 船 | chuán | ship |
|---|---|---|
| 10. 出租(汽)车 | chūzū(qì)chē | taxi |
| 11. 爱人 | àiren | spouse (husband or wife) |
| 12. 逛街 | guàngjiē | to go window-shopping |
| 13. 外语 | wàiyǔ | foreign language |
| 14. 录像 | lùxiàng | video |

*chūzū = to rent out (offering)*
*zū: to hire*

*guàng = to stroll.*

*xiang = image*    *zhaoxiangji = camera.*
*zhu = to live*    *lu = to record*
*fuqi = married couple*
*feijichang = airport.*

## 专　名　*Proper name*

*aihao = hobby*

| 加州 | Jiāzhōu | California |
|---|---|---|

*Jiālǐfúníya*

## 句 型 练 习 *Sentence pattern drills*

一、根据对话用"动词＋在＋方位名词"和所给的词语回答问题：

*Answer the following questions on the dialogues, using the phrase "verb + zài + noun of locality" and the given words:*

你 家 住 在 哪儿?
Nǐ jiā zhù zài nǎr?

(1) 男：桌子 放 在 哪儿?
　　Zhuōzi fàng zài nǎr?
学生：zhuōzi fang。（窗户 旁边）
zai ch. pang. （chuānghu pángbiān）
*window*

(2) 男：这些 磁带 放在 哪儿?
　　Zhèixiē cídài fàng zài nǎr?
学生：＿＿＿＿＿＿。（抽屉里）
＿＿＿＿＿＿。（chōuti li）

(3) 女：这 幅 画儿 挂 在 哪儿?
　　Zhèi fú huàr guà zài nǎr?
学生：＿＿＿＿＿＿。（门上）
＿＿＿＿＿＿。（mén shang）

(4) 女：照 片 也 挂 在 门 上 吗?
　　Zhàopiānr yě guà zài mén shang ma?
学生：＿＿＿＿＿＿。（不）
＿＿＿＿＿＿。（bù）

71

二、根据对话回答问题：

**Answer the following questions on the dialogues:**

> 不 能 一个人 出来。
> Bù néng yí gè rén chūlai.

(1) 女：你 还 没 从 家里 出来？
　　　　Nǐ hái méi cóng jiā li chūlai?

　　男：我 现在 就 出去。
　　　　Wǒ xiànzài jiù chūqù.

　　问：(箭头指向屋外的说话人)他 从 家里 出来 了 吗？
　　　　　　　　　　　　　　　　　Tā cóng jiā li chūlai le ma?

　　学生：＿＿＿＿＿＿＿＿＿＿＿＿＿＿＿＿＿＿。

(2) 男：你 快 点儿 进来！
　　　　Nǐ kuài diǎnr jìnlai!

　　女：我 不 想 进去。
　　　　Wǒ bù xiǎng jìnqu.

　　问：(箭头从说话人指向屋内)她 想 进去 吗？
　　　　　　　　　　　　　　　Tā xiǎng jìnqu ma?

　　学生：＿＿＿＿＿＿＿＿＿＿＿＿＿＿＿＿。

(3) 男：(在楼下)我 上去 吧。
　　　　Wǒ shàngqu ba.

　　女：(在楼上)你 不 用 上来，我 下去。
　　　　Nǐ bú yòng shànglai, wǒ xiàqu.

　　问：(箭头从楼上指向楼下说话人)她 下来 了 吗？
　　　　　　　　　　　　　　　　　Tā xiàlai le ma?

　　学生：＿＿＿＿＿＿＿＿＿＿＿＿＿＿＿＿＿。

三、根据对话用"是……的"回答问题：

**Answer the following questions on the dialogues, using the construction "shì...de":**

你 是 怎么 来 的?

Nǐ shì zěnme lái de?

我 (是) 坐 公共 汽车 来 的。

Wǒ (shì) zuò gōnggòng qìchē lái de.

(1) 女: 你 是 坐 火车 来 的 吗?

　　　 Nǐ shì zuò huǒchē lái de ma?

　　男: 不 是,我 是 坐 飞机 来 的。

　　　 Bú shì,wǒ shì zuò fēijī lái de.

　　问: 他 是 怎么 来 的?

　　　 Tā shì zěnme lái de?

学生:＿＿＿＿＿＿＿＿＿＿＿＿＿＿＿。

(2) 女: 上次 你 是 怎么 去 日本 的?

　　　 Shàngcì nǐ shì zěnme qù Rìběn de?

　　男: 我 是 坐 船 去 的。

　　　 Wǒ shì zuò chuán qù de?

　　问: 上次 他 是 怎么 去 日本 的?

　　　 Shàngcì tā shì zěnme qù Rìběn de?

学生:＿＿＿＿＿＿＿＿＿＿＿＿＿＿＿。

(3) 男: 你 是 怎么 回来 的?

　　　 Nǐ shì zěnme huílai de?

　　女: 我 是 坐 出租车 回来 的。

　　　 Wǒ shì zuò chūzūchē huílai de?

　　问: 她 是 怎么 回来 的?

　　　 Tā shì zěnme huílai de?

学生:＿＿＿＿＿＿＿＿＿＿＿＿＿＿＿。

四、用"是……的"和所给的词语完成对话:

**Complete the following dialogues using the construction "shì…de" and the given words:**

你 是 和 妈妈 一起 来 的,是 不 是?

Nǐ shì hé māma yìqǐ lái de,shì bú shì?

你 是 自己 来 的?

Nǐ shì zìjǐ lái de?

(1) 女: 你 是 什么 时候 来 的?

　　　 Nǐ shì shénme shíhou lái de?

　　学生:＿＿＿＿＿＿＿＿＿＿＿＿＿。(上个月)

　　　　＿＿＿＿＿＿＿＿＿＿＿＿＿。(shàng ge yuè)

(2) 女：你 是 从 哪儿 来 的？

Nǐ shì cóng nǎr lái de?

学生：_____。（美国加州）

_____.（Měiguó Jiāzhōu）

(3) 女：你 是 一个 人 来 的 吗？

Nǐ shì yí gè rén lái de ma?

学生：_____。（我和我爱人一起）

_____.（wǒ hé wǒ àiren yìqǐ）

(4) 男：这 本 书 是 在 哪儿 买 的？

Zhèi běn shū shì zài nǎr mǎi de?

学生：_____。（学校的书店）

_____.（xuéxiào de shūdiàn）

五、用"或者"和所给的词语完成对话：

**Complete the following dialogues using "*huòzhě*" and the given words:**

> 再 换 1路 或者 4路。
>
> Zài huàn yī lù huòzhě sì lù.

(1) 女：我 什么 时候 来？

Wǒ shénme shíhou lái?

学生：_____。（星期二、星期四）

_____.（xīngqǐ'èr、xīngqīsì）

(2) 男：这个 周末 你 想 做 什么？

Zhèige zhōumò nǐ xiǎng zuò shénme?

学生：_____。（看电影、逛街）

_____.（kàn diànyǐng、guàngjiē）

(3) 女：你 喜欢 怎么 学 外语？

Nǐ xǐhuan zěnme xué wàiyǔ?

学生：_____。（听磁带、看录像）

_____.（tīng cídài、kàn lùxiàng）

## 综合练习 *Comprehensive exercises*

一、根据课文回答下边的问题，并根据问题的提示复述课文：

*Answer the following questions according to the text and give the text in your own words using the questions as clues:*

(1) 方 雪芹 和 李 文龙 看见 她 的 时候，小 女孩儿 在 做 什么 呢？
　Fāng Xuěqín hé Lǐ Wénlóng kànjiàn tā de shíhou, xiǎonǚháir zài zuò shénme ne?

　_____。

(2) 小 女孩儿 为 什么 哭？
　Xiǎonǚháir wèishénme kū?

　_____。

(3) 李 文龙 告诉 小 女孩儿 什么？
　Lǐ Wénlóng gàosu xiǎonǚháir shénme?

　_____。

(4) 小 女孩儿 是 和 她 妈妈 一起 来 的 吗？
　Xiǎonǚháir shì hé tā māma yìqǐ lái de ma?

　_____。

(5) 小 女孩儿 是 怎么 来 的？
　Xiǎonǚháir shì zěnme lái de?

　_____。

(6) 小 女孩儿 的 家 住 在 哪儿？
　Xiǎonǚháir de jiā zhù zài nǎr?

　_____。

(7) 方 雪芹、李 文龙 和 小 女孩儿 坐 的 是 多少 路车？
　Fāng Xuěqín、Lǐ Wénlóng hé xiǎonǚháir zuò de shì duōshao lù chē?

　_____。

(8) 他们 应该 在 哪儿 换 320 路？ 在 哪儿 换 1路？
　Tāmen yīnggāi zài nǎr huàn sān'èrlíng lù? Zài nǎr huàn yī lù?

　_____。

(9) 到 人民 大学 多少 钱 一 张 票？
　Dào Rénmín Dàxué duōshao qián yì zhāng piào?

　_____。

二、回答问题：

*Answer the following questions*:

(1) 你 经常 坐 什么 车去 上班／ 上课?
Nǐ jīngcháng zuò shénme chē qù shàngbān/shàngkè?

_____。

(2) 你今天 是 怎么 来 的?
Nǐ jīntiān shì zěnme lái de?

_____。

(3) 你 家 住 在 哪儿?
Nǐ jiā zhù zài nǎr?

_____。

(4) 昨天 晚上 你是几点 睡 的? 今天 早上 是 几点 起 的?
Zuótiān wǎnshang nǐ shì jǐ diǎn shuì de? Jīntiān zǎoshang shì jǐ diǎn qǐ de?

_____。

(5) 你 是 怎么 学 汉语 的?
Nǐ shì zěnme xué Hànyǔ de?

_____。

(6) 你 常 去 参观 博物馆 吗?
Nǐ cháng qù cānguān bówùguǎn ma?

_____。

三、意念表达:（用本课学过的表达方式）

*Express the following notions, using the expressions learnt in this lesson*:

(1)你想知道对方是从哪儿来的:

You want to know where the person you speak to has come from:

(2)你想知道某人住在哪儿:

You want to know where somebody's home is:

(3)称呼你父母的朋友(他们是一对夫妇,比你父母的年纪小):

Address your parents' friends (Suppose they are a couple younger than your parents):

(4)你想知道从人民大学到军事博物馆怎么坐车:

You want to know how to get to the Military Museum from the People's University by bus:

76

(5)你想知道从人民大学到军事博物馆的车票多少钱一张：

You want to know how much a ticket is for the Military Museum from the People's University：

## 四、情景会话或表演：
*Compose a dialogue on the following situation and act it:*

一次招聘人才的面试。

An interview for employment

## 五、请你说：（至少用上五个本课学过的新词语）
*Speak on the following topics,  using at least 5 of the words learnt in this lesson:*

(1)请你介绍你们国家公共交通的一些情况。

Say something about public communications in your country.

(2)请你介绍一位你喜欢的文艺明星。

Say something about a musician or a film star you like best.

## 六、小辩论：
*A debate:*

全班同学分成两组，一组作为正方，另一组作为反方，就下边的观点展开辩论。

The class is divided into two groups: one is the positive group and the other the negative group. The two groups argue on the following topic:

辩论题：丈夫应该多做家务事。

Topic: The husband should do more housework

走马观花 *A Glimpse of Modern Chinese Culture*

### 城市交通
### Traffic in the city

近几年，中国的城市交通得到了迅速的发展。

During the last few years transport has developed rapidly in Chinese cities.

公共汽车仍是城市交通的主力，它们的运营线路正在逐步扩展，在很多城市，公共汽车已从城区扩展到了郊区。

Public buses are still the major means of transport in the city. In many cities bus lines have been gradually growing and extending to suburbs from the city proper.

公共汽车的车型也由过去单一车型发展成为多种目的服务的多种车型。"公交空调"因其装有空调，可以为人们抵挡夏天的炎热和冬季的严寒，一问世就受到人们的青睐。

New bus services to meet different needs have been added to the bus service which once gave no choice. As soon as they started running, air conditioned buses were welcomed by passengers, especially in hot and cold seasons.

除国营的公共汽车以外，各种民营的或合营的交通形式作为补充也迅速地发展着。"小公共汽车"因为可以"招手上车，就近下车"，受到人们的普遍欢迎。

In addition to the state – owned bus services, various privately – owned and joint state – private bus services have developed rapidly. The minibuses are popular as they stop to pick you up when you wave to them and stop at places close to your destination.

"地铁"速度快，运载量大，可以迅速、准时地到达目的地。这是地面公共交通所无法比拟的。所以现在除了北京、上海、广州等几个城市已经开通了地铁以外，其他一些大城市也正在酝酿着地铁建设的问题。

The above ground public transport service is not comparable to the underground railway service as the latter is fast and punctual and has a great capacity. Other cities beside Beijing, such as Shanghai and Guangzhou, have built underground railways and they are being planned in other major cities.

## 写汉字 *Writing Demonstration*

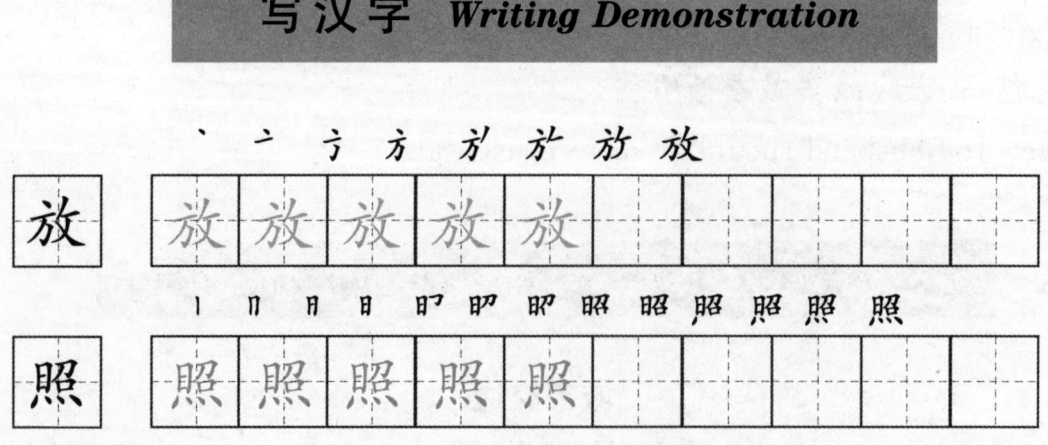

第二十四课
Dì - èrshísì   Kè

# LESSON TWENTY-FOUR

## 语 用 范 例 *Examples of Usage*

1. 询问得了什么病　*Asking what disease somebody has caught*

（老　赵　的　孩子）得了　什么　病?
(Lǎo　Zhào de　háizi) Dé le　shénme　bìng?
[ *Old　Zhao　（structural　particle）　child]　to get*
*（aspectual suffix）　what　disease*
What disease has he (Old Zhao's child) caught?

2. 请人帮忙　*Asking  for a favor*

你　帮　我　复印　一下　这些　文件，好　吗?
Nǐ　bāng　wǒ　fùyìn　yíxià　zhèxiē　wénjiàn, hǎo ma?
*you  to help  me  to photocopy　（verbal measure word）*
*these  documents,  all right （interrogative particle）*
Can you copy these documents for me?

3. 表达谢意　*Expressing  gratitude*

多　谢　了!
Duō　xiè　le!
*much  to thank （modal particle）*
Many thanks!

## 4. 突然想起什么事 *When something suddenly occurs to someone.*

哦，对了，再 帮 我 发一份 传真。
Ò, duì le, zài bāng wǒ fā yí fèn chuánzhēn.

*oh, yes（modal particle），again to help me to send one*
*（measure word） fax*

Oh, one more thing. Please send this fax for me.

## 5. 谦虚地回答称赞 *Responding modestly to praise*

你 打字 打得 真 快。
Nǐ dǎzì dǎde zhēn kuài.

*you to typewrite words to typewrite*
*（structural particle） really fast*

You can typewrite really fast.

——哪儿 啊。
—— Nǎr a.

*not really （modal particle）*

I'm flattered.

## 6. 婉转地拒绝 *Declining*

真 不巧， 中午 我要去见一个客户,这 是 一个
Zhēn bù qiǎo, zhōngwǔ wǒ yào qù jiàn yí gè kèhù, zhè shì yí gè
非常 重要的 客户。
fēicháng zhòngyào de kèhù.

*really not coincidental, noon time I will to go to to meet one*
*（measure word） customer, this to be one （measure word） very*
*important （structural particle） customer*

Sorry, but I have got to meet a very important customer at noon.

## 7. 表示改变约会日期　*Changing the date of an appointment*

那　我　改天　再　请　你。
Nà wǒ gǎitiān zài qǐng nǐ.
*that I to change day again to invite you*
In that case, I'll invite you some other day.

YI
PART ONE

# 帮我复印一下
Bāng Wǒ Fùyìn Yíxià

## Help me with the photocopying

新 词 语　*New Words and Phrases*

| 1. 文件 | wénjiàn | document |
|---|---|---|
| 2. 请假 | qǐngjià | to ask for leave |
| 　　跟……请假 | gēn…qǐngjià | to ask for leave from. . . |
| 3. 得(病) | dé(bìng) | to be sick; to pick up a disease |
| 4. 清楚 | qīngchu | clear |
| 5. 会谈 | huìtán | talks; to hold talks |
| 6. 要是 | yàoshi | if; suppose |
| 7. 复印 | fùyìn | to photocopy *(verb)　fùyìjiàn = photocopy (noun).* |
| 8. 对了,…… | duìle,… | right; an expression used when the speaker suddenly thinks of something |
| 9. 发 | fā | to send (a letter, telegraph, etc.) |
| 　　发传真 | fāchuánzhēn | to send a fax |

| 发信 | fāxìn | to send a letter |
| 10. 传真 | chuánzhēn | fax |

## 课 文 *Text*

在办公室里,杨丽告诉方雪芹老赵请假了,这下可够方雪芹忙的了。怎么办呢?我们来看看今天的故事。

In the office, Yang Li tells Fang Xueqin that Old Zhao has asked for leave. Fang Xueqin must do much more additional work. Can she manage that? Let's look at what's happening today.

(方雪芹办公室,方雪芹正忙得不亦乐乎,杨丽走进来)

(Fang Xueqin's office. Fang is terribly busy at work when Yang Li enters.)

| 杨 丽: | 雪芹, 这是你要的 文件。 |
| | Xuěqín, zhè shì nǐ yào de wénjiàn. |
| Yang: | Xueqin, here are the documents you need. |
| 方雪芹: | 好,谢谢。 |
| | Hǎo, xièxie. |
| Fang: | Oh, thank you. |
| 杨 丽: | 老 赵 的孩子 病了,他 请了 两 天 假。 |
| | Lǎo Zhào de háizi bìng le, tā qǐng le liǎng tiān jià. |
| Yang: | Old Zhao has asked for leave because his child is sick. |
| 方雪芹: | 得了 什么 病? |
| | Dé le shénme bìng? |
| Fang: | What's the matter with the child? |
| 杨 丽: | 不 太 清 楚。 |
| | Bú tài qīngchu. |
| Yang: | I am not sure. |
| 方雪芹: | 后天 的会谈 我 得 自己 准备 了。 |
| | Hòutiān de huìtán wǒ děi zìjǐ zhǔnbèi le. |
| Fang: | Then I must prepare the talks for the day after tomorrow myself. |

杨 丽： 需要 我 帮 忙 吗?

Xūyào wǒ bāngmáng ma?

Yang: Can I help you?

方雪芹： 要是你 能 帮 忙， 当然 好啦。

Yàoshi nǐ néng bāngmáng, dāngrán hǎo la.

Fang: That will certainly be fine if you can give me a hand.

杨 丽： 需要 我 做 什么?

Xūyào wǒ zuò shénme?

Yang: What do you need me to do?

方雪芹： 你 帮 我 复印 一下 这些 文件， 好 吗?

Nǐ bāng wǒ fùyìn yíxià zhèxiē wénjiàn, hǎo ma?

Fang: Will you please photocopy these documents for me?

杨 丽： 好，复印 多少 份?

Hǎo, fùyìn duōshao fèn?

Yang: Sure. How many copies do you need?

方雪芹： 十五份。(给杨丽文件)多谢了!

Shíwǔ fèn.                Duō xiè le!

Fang: Fifteen copies. (Handing the documents over) Thank you!

杨 丽： 不用 客气,我 很 愿意 帮忙。

Búyòng kèqi, wǒ hěn yuànyì bāngmáng.

Yang: You're welcome. I am pleased to do it.

方雪芹： 哦,对了,再 帮 我 发 一份 传真。

Ò, duì le, zài bāng wǒ fā yí fèn chuánzhēn.

Fang: Yes, one more thing. Please send a fax for me.

杨 丽： 好 的,没问题。

Hǎo de, méi wèntí.

Yang: All right, no problem.

## 注 释 Notes

1. 表示条件或假设的"要是"　 "Yàoshi" indicating a condition or supposition

要是 你 能　帮忙，当然　好啦。

Yàoshi nǐ néng bāngmáng, dāngrán hǎo la.

That will certainly be fine if you can give me a hand.

"要是……"表示假设或条件等。它的后边常常有"就……"相呼应。常用于口语中。

"Yàoshi", indicating condition or supposition in spoken Chinese, is followed by a clause in which "jiù" is used in coordination.

(1)甲：要是 你 有 很　多钱，你　想做　什么？

　　　　Yàoshi nǐ yǒu hěn duō qián, nǐ xiǎng zuò shénme?

　　　　If you have a lot of money, what do you do with it?

乙：要是 我 有 很　多 钱，我　就去　外国　玩儿。

　　　Yàoshi wǒ yǒu hěn duō qián, wǒ jiù qù wàiguó wánr.

　　　If I had a lot of money, I would go travelling abroad.

(2)甲：要是 你 很　忙，那 我　就　先　回去了。

　　　　Yàoshi nǐ hěn máng, nà wǒ jiù xiān huíqu le.

　　　　If you are very busy, I will leave.

乙：你 等　我 一会儿，我　马上　就　干完。

　　　Nǐ děng wǒ yíhuìr, wǒ mǎshàng jiù gànwán.

　　　You just wait for me for a while. I will finish my work in a short while.

(3)甲：要是 你 不　能来，你就给我打　电话。

　　　　Yàoshi nǐ bù néng lái, nǐ jiù gěi wǒ dǎ diànhuà.

　　　　If you can't come, please give me a call.

乙：好。要是 我 不　能　来，我 一定 告诉你。

　　　Hǎo, yàoshi wǒ bù néng lái, wǒ yídìng gàosu nǐ.

　　　All right. I will let you know, if I can't come.

**2.** 表示突然想起什么　When something suddenly occurs to someone.

哦，对了，再　帮 我 发 一份　传真。

Ò, duì le, zài bāng wǒ fā yí fèn chuánzhēn.

Yes, one more thing. Please send a fax for me.

84

在口语中,如果突然想起了一件事,我们常常说"对了",然后再说这件事。例如:

In spoken Chinese, we often say "duì le" when we suddenly remember something before saying what it is. For example:

(1) 甲:你 妈妈 什么 时候 来 北京?

Nǐ māma shénme shíhou lái Běijīng?

When is your mother coming to Beijing?

乙:周末。对了,周末 我 不 能 去 你 家 了。

Zhōumò. Duì le, zhōumò wǒ bù néng qù nǐ jiā le.

This weekend. Oh, I can't go to your home, then.

(2) 甲:明天 我 要 去 医院。对了,你 别 忘了 帮 我 请假。

Míngtiān wǒ yào qù yīyuàn. Duì le, nǐ bié wàngle bāng wǒ qǐngjià.

Tomorrow I am going to the hospital. Well, be sure to ask for leave for me.

乙:好的。没问题。

Hǎode. Méi wèntí.

Sure. No problem.

(3) 甲:您还 要 别的 东西 吗?

Nín hái yào biéde dōngxi ma?

Do you need anything else?

乙:对了,我 还 要 一 双 袜子。 一共 多少 钱?

Duì le, wǒ hái yào yì shuāng wàzi. Yígòng duōshao qián?

Yes, I want a pair of socks. How much is it altogether.

## 练 习 *Exercises*

一、记住下边的词语搭配,并用它们分别造句:

*Learn the following collocations and make sentences with them:*

一份报纸 yí fèn bàozhǐ     _____。

一份文件 yí fèn wénjiàn     _____。

一份饭   yí fèn fàn     _____。

一份礼物 yí fèn lǐwù     _____。

二、请你根据所给的词语说完甲的话：

**Complete the part of A, using the given words**

*not well..*

(1) 甲：我 不 舒服，＿＿＿＿＿＿＿＿＿＿＿＿＿＿。（请假）

Wǒ bù shūfu，＿＿＿＿＿＿＿＿＿＿＿＿＿。（qǐngjià）

*to ask for leave.*

乙：你 想 请 几 天 假？

Nǐ xiǎng qǐng jǐ tiān jià？

甲：＿＿＿＿＿＿＿＿＿＿＿＿＿＿＿＿＿＿＿。

(2) 甲：我 明天 有事，＿＿＿＿＿＿＿＿＿＿＿。（上班）

Wǒ míngtiān yǒu shì，＿＿＿＿＿＿＿＿＿＿。（shàngbān）

乙：你 跟 经理 请假 了 吗？

Nǐ gēn jīnglǐ qǐngjià le ma？

甲：＿＿＿＿＿＿＿＿＿＿＿＿。（已经）

＿＿＿＿＿＿＿＿＿＿＿＿＿。（yǐjīng）

(3) 甲：大夫，＿＿＿＿＿＿＿＿＿＿＿？（我妈妈）

Dàifu，＿＿＿＿＿＿＿＿＿＿＿。（wǒ māma）

乙：她 得了 急性 肠炎。

tā dé le jíxìng chángyán。

(4) 甲：我们 办公室 的人＿＿＿＿＿＿＿＿＿＿。（感冒）

Wǒmen bàngōngshì de rén＿＿＿＿＿＿＿＿＿＿。（gǎnmào）

乙：你 呢？

Nǐ ne？

甲：我 很 好，没 问题。

Wǒ hěn hǎo，méi wèntí。

(5) 甲：你 的 字＿＿＿＿＿＿＿＿＿＿＿＿＿＿＿。（清楚）

Nǐ de zì＿＿＿＿＿＿＿＿＿＿＿＿＿＿。（qīngchu）

乙：是 吗？

Shì ma？

甲：嗯，我 看 不 清楚。

Ng，wǒ kàn bù qīngchu。

(6) 甲：这个 词 _____ ，请你给我 讲讲。（清楚）

　　　Zhèige cí_____ ，qǐng nǐ gěi wǒ jiǎngjiang.（qīngchu）

　　乙：我也不太 清楚。

　　　Wǒ yě bú tài qīngchu.

三、用正确的语气、语调说下边的句子：

**Read aloud the following sentences with the appropriate tones and intonations:**

(1) 老 赵 请了 两 天假。

　　Lǎo Zhào qǐngle liǎng tiān jià.

(2) 他 得了 什么 病？

　　Tā déle shénme bìng?

(3) 不太 清楚。

　　Bú tài qīngchu.

(4) 后天 的 会谈我 得自己准备了。

　　Hòutiān de huìtán wǒ děi zìjǐ zhǔnbèi le.

(5) 要是 你 能 帮 忙，那 当然 好啦。

　　Yàoshi nǐ néng bāngmáng，nà dāngrán hǎo la.

(6) 你 帮 我 复印 一下 这些 文件，好吗？

　　Nǐ bāng wǒ fùyìn yíxià zhèxiē wénjiàn，hǎoma?

(7) 这些 文件 复印 多少 份？

　　Zhèxiē wénjiàn fùyìn duōshao fèn?

(8) 对了，再 帮 我 发一份 传真。

　　Duì le，zài bāng wǒ fā yí fèn chuánzhēn.

(9) 多 谢了！

　　Duō xiè le!

(10) 不用 客气，我 很 愿意 帮 忙。

　　Búyòng kèqi，wǒ hěn yuànyì bāngmáng.

写汉字 **Writing Demonstration**

丿 ㇒ ㇒ 亇 彳 𠂢 复 复

复 | 复 | 复 | 复 | 复 | 复 | | | | |

丿 ㇄ 丘 印 印

印 | 印 | 印 | 印 | 印 | 印 | | | | |

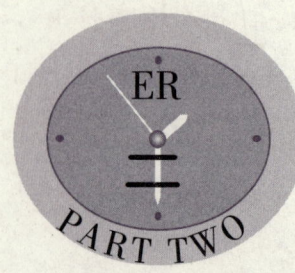

ER

PART TWO

# 那我改天再请你
Nà Wǒ Gǎitiān Zài Qǐng Nǐ

## In that case, I will invite you some other day

| | | |
|---|---|---|
| 1. 打(字) | dǎ(zì) | to type |
| 2. 合同 | hétong | contract |
| 3. 哪儿啊 | nǎr a | where; an expression used as a modest response to praise |
| 4. 不巧 | bù qiǎo | ~~not coincidental~~ unfortunately (eg have a prior appointment). |
| 5. 客户 | kèhù | client (person or company) |
| 6. 非常 | fēicháng | very |
| 7. 重要 | zhòngyào | important |
| 8. 改天 | gǎitiān | some other day |
| 改 | gǎi | to change |
| 9. ……之间 | …zhījiān | between; among |
| 10. 互相 | hùxiāng | each other; mutually |
| 11. 帮助 | bāngzhù | to help |

## 课 文 *Text*

方雪芹称赞了杨丽的打字速度,杨丽是怎么回答的? 杨丽邀请方雪芹一起吃饭,方雪芹正好不能去,她是怎么说的?

What docs Yang Li say when Fang Xueqin praises her for her fast typewriting and how does Fang Xueqin decline Yang Li's invitation to dinner?

(杨丽复印完回到办公室)

(Having finished photocopying, Yang Li comes back to the office.)

杨 丽： （杨丽指指方雪芹正在打字的稿子）你 在 打  什么 呢?

                                                       Nǐ zài dǎ shénme ne?

Yang: （Pointing at the manuscript Fang Xueqin is typing）What are you typing?

方雪芹： 打 一 份 合同。

        Dǎ yí fèn hétong.

Fang: It's a contract.

杨 丽： 你 今天 这么  忙，我 来 帮 你 打。

        Nǐ jīntiān zhème máng, wǒ lái bāng nǐ dǎ.

Yang: Let me do it for you, as you are so busy today.

方雪芹： 那就 多谢 了。

        Nà jiù duō xiè le.

Yang: Thank you awfully.

（杨丽开始打，方在一边整理文件）

（Yang starts typing while Fang begins putting some documents in order.）

方雪芹： 你 打字 打得 真  快。

        Nǐ  dǎzì dǎde zhēn kuài.

Fang: You can type really fast.

杨 丽： 哪儿啊。中午 一起 去 吃饭 吧，今 天 我 请客。

         Nǎr a. Zhōngwǔ  yìqǐ  qù chī fàn ba, jīntiān wǒ qǐngkè.

Yang: Not really. By the way, shall we have lunch together? I will be the host today.

方雪芹： 真 不 巧，中午 我 要 去 见 一个 客户，这 是 一个 非常

       Zhēn bù qiǎo, zhōngwǔ wǒ yào qù jiàn yí gè kèhù, zhè shì yí gè fēicháng

        重 要 的 客户。

        zhòngyào de  kèhù.

Fang: Sorry, but I have got to meet a very important client at noon.

杨 丽： 那我 改天 再 请 你。

        Nà wǒ gǎitiān zài qǐng nǐ.

Yang: Then I'll invite you again some other day.

方雪芹： 改天 我 请 你 吧，你 今天  帮 我 大  忙 了。

       Gǎitiān wǒ qǐng nǐ  ba, nǐ  jīntiān bāng wǒ  dà máng le.

Fang: I'll be the host. You have helped me a lot today.

| 杨　丽： | 同事之间，互相　帮助　是　应该　的。 |
| --- | --- |
| | Tóngshì zhījiān, hùxiāng bāngzhù shì yīnggāi de. |
| Yang: | Colleagues should help each other. |

## 注　释 *Notes*

 **1.** 谦虚地回答称赞　Responding modestly to praise

哪儿 啊。

Nǎr a.

Not really

　　"哪儿啊"在这儿不是问"在哪儿"，而是客气地否定，多用于回答别人的感谢或称赞。在别人称赞的时候，中国人通常说"哪儿啊"或"哪里哪里"表示谦虚。例如：

　　"Nǎr a" here means a polite negation, and not "where". It is used in responding to gratitude or praise to show modesty. We also say "nǎli, nǎli". For example:

(1) 甲：你 今天 真　漂亮！

　　　Nǐ jīntiān zhēn piàoliang!

　　　You look very beautiful today!

　　乙：哪儿啊。

　　　Nǎr a.

　　　I feel flattered.

(2) 甲：你的 英语 真　好！

　　　Nǐ de Yīngyǔ zhēn hǎo!

　　　You speak very good English!

　　乙：哪儿 啊。说 得 还 不 好。

　　　Nǎr a.　Shuōde hái bù hǎo.

　　　Not really. I can't speak it very well.

(3) 甲：你 的 女儿 真　聪 明。

　　　Nǐ de nǚ'ér zhēn cōngming.

　　　What a cute girl your daughter is.

　　乙：哪里 哪里。

　　　Nǎlǐ nǎlǐ.

　　　You have praised her too much.

90

**2.** 不巧　The expression "bù qiǎo"

> 真 不 巧， 中 午 我 要 去 见 一 个 客 户。
> Zhēn bù qiǎo, zhōngwǔ wǒ yào qù jiàn yí gè kèhù.
> As luck would have it, I have got to meet a client at noon.

"不巧"是说时间、机会、条件等不凑巧。相当于英语"unfortunately, as luck would have it"。

"Bù qiǎo" means it's not the right time, opportunity, or the circumstances are not right to do something.

(1) 甲：老　王　在　家　吗？

　　　Lǎo Wáng zài jiā ma?

　　　Is Old Wang in?

　　乙：真　不　巧，他　不　在　家。

　　　Zhēn bù qiǎo, tā bú zài jiā.

　　　No, he is not. You haven't come at the right time.

(2) 甲：你买　电　影　票　了　吗？

　　　Nǐ mǎi diànyǐngpiào le ma?

　　　Have you bought the ticket for the movie?

　　乙：真　不　巧，我　去　的　时　候　票　已　经　卖　完　了。

　　　Zhēn bù qiǎo, wǒ qù de shíhou piào yǐjīng mài wán le.

　　　As luck would have it, all the tickets were sold out when I got there.

**3.** "再"和"又"　The adverbs "zài" and "yòu"

> 那 我 改 天 再 请 你。
> Nà wǒ gǎitiān zài qǐng nǐ.
> Then I'll invite you again some other day.

"再"和"又"在英语中都是"again"，但是在汉语中，"再"常用于未实现的动作，"又"用于已经实现的动作。例如：

Both "zài" and "yòu" mean "again" in English but they are different in Chinese in the fact that "zài"is used with an action which will take place in the future while"yòu"is used with one that has already been completed.  For example:

(1) 请 再 给 我 一 杯 橙汁儿。

Qǐng zài gěi wǒ yì bēi chéngzhīr.

Please give me another cup of orange juice.

(2) 他 又 喝 了 一 瓶 啤酒。不 能 让 他 再 喝 了。

Tā yòu hē le yì píng píjiǔ.  Bù néng ràng tā zài hē le.

He has drunk another bottle of beer.  Don't give him any more.

(3) 甲：这儿 真 好 玩儿。

Zhèr zhēn hǎo wánr.

It's a delightful place here.

乙：欢迎 你 明年 夏天 再来 玩儿。

Huānyíng nǐ míngnián xiàtiān zài lái wánr.

You are welcome to come again next summer.

甲：好 的。谢谢!

Hǎo de. Xièxie!

Certainly.  Thank you for inviting me.

(4) 甲：上 个 星期他 又去 昆明 了。

Shàng gè xīngqī tā yòu qù Kūnmíng le.

He went to Kunming again last week.

乙：那 这 个 月他 已经 去了 三 次 昆明 了。

Nà zhèige yuè tā yǐjīng qùle sān cì Kūnmíng le.

Then he has been to Kunming three times this month.

## 练 习　*Exercises*

一、记住下边的词语搭配,并用它们分别造句:
*Learn the following collocations by heart and make sentences with them:*

(1)……之间

92

同学之间　　　tóngxué zhījiān

_____ 。

朋友之间　　　péngyou zhījiān

_____ 。

老师和学生之间　lǎoshī hé xuésheng zhījiān

_____ 。

人和人之间　　　rén hé rén zhījiān

_____ 。

国家和国家之间　guójiā hé guójiā zhījiān

_____ 。

　　（2）互相……

互相帮助　hùxiāng bāngzhù　　_____ 。

互相关心　hùxiāng guānxīn　　_____ 。

互相学习　hùxiāng xuéxí　　_____ 。

互相介绍　hùxiāng jièshào　　_____ 。

# 二、用所给的词语完成乙的话：

**Complete the part of B in the following dialogues, using the given words:**

（1）甲：她在做什么呢？

　　　　Tā zài zuò shénme ne?

　　乙：_____ 。（打字　dǎzì）

（2）甲：她在打什么呢？

　　　　Tā zài dǎ shénme ne?

　　乙：_____ 。（文件　wénjiàn）

（3）甲：爸爸，下午你带我去游泳吧。

　　　　Bàba, xiàwǔ nǐ dài wǒ qù yóuyǒng ba.

　　乙：_____ 。（改天　gǎitiān）

　　甲：你怎么又没空？

　　　　Nǐ zěnme yòu méi kòng?

(4) 甲：对不起，今天我 很 忙。

Duìbuqǐ, jīntiān wǒ hěn máng.

乙：＿＿＿＿＿＿＿＿＿＿＿＿＿＿＿。（改天 gǎitiān）

## 三、用正确的语气、语调说下边的句子：

**Read aloud the following sentences with the appropriate tones and intonations:**

(1) 你 在 打 什么 呢？

Nǐ zài dǎ shénme ne?

(2) 我 在 打一份 合同。

Wǒ zài dǎ yí fèn hétong.

(3) 你 打字 打 得 真 快。

Nǐ dǎzì dǎ de zhēn kuài.

(4) 哪儿啊。

Nǎr a.

(5) 中午 一起去 吃饭 吧，今天我 请客。

Zhōngwǔ yìqǐ qù chīfàn ba, jīntiān wǒ qǐngkè.

(6) 真 不 巧，中 午 我要 去见一个 非常 重要 的客户。

Zhēn bù qiǎo, zhōngwǔ wǒ yào qù jiàn yí gè fēicháng zhòngyào de kèhù.

(7) 那我 改天再 请 你。

Nà wǒ gǎitiān zài qǐng nǐ.

(8) 你 今天 帮 我大 忙 了。

Nǐ jīntiān bāng wǒ dà máng le.

(9) 同事 之间，互相 帮助 是 应该 的。

Tóngshì zhījiān, hùxiāng bāngzhù shì yīnggāi de.

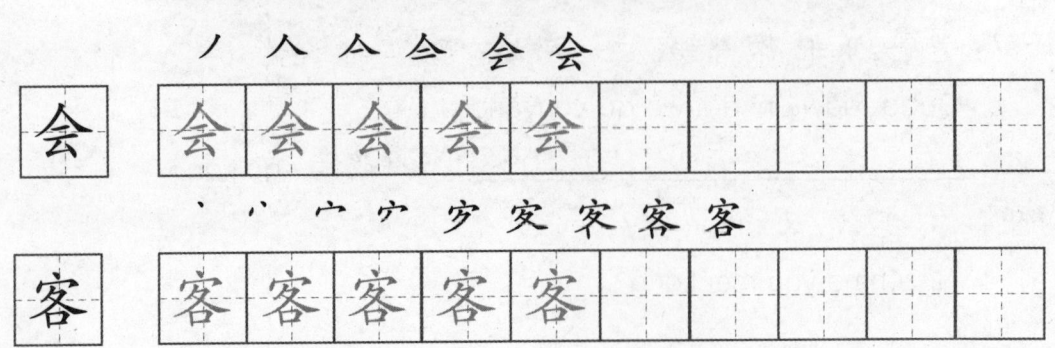

写 汉 字 *Writing Demonstration*

丿 人 스 今 会 会

会 | 会 | 会 | 会 | 会 | 会

丶 丶 宀 宀 宓 安 宓 客 客

客 | 客 | 客 | 客 | 客 | 客

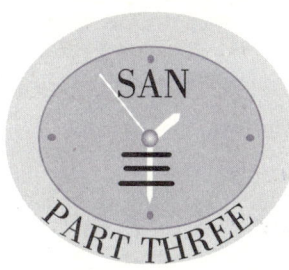

# 真不巧，我爸爸刚走

### Zhēn Bù Qiǎo, Wǒ Bàba Gāng Zǒu

## Unfortunately my Dad has just left

## 新 词 语 *New Words and Phrases*

| | | | |
|---|---|---|---|
| 1. | 文章 | wénzhāng | article, essay |
| 2. | 努力 | nǔlì | diligent |
| 3. | 出差 | chūchāi | to go on a business trip; to go on official business |
| 4. | 刚 | gāng | just; just now |
| 5. | 音乐会 | yīnyuèhuì | concert |
| 6. | 刮(大)风 | guā (dà)fēng | to blow hard |
| 7. | 介意 | jièyì | to mind |
| 8. | 按时 | ànshí | in time |
| 9. | 了解 | liǎojiě | to understand |
| 10. | 夫妻 | fūqī | husband and wife; married couple |
| 11. | 照顾 | zhàogù | to take care of. . . ; to look after. . . |
| 12. | 认为 | rènwéi | to think; it's one's opinion that. . . |
| 13. | 联系 | liánxì | to contact (n or v) |
| 14. | 猜 | cāi | to guess |

## 句 型 练 习 *Sentence pattern drills*

一、用"哪儿啊"和所给的词语完成对话：

***Complete the following dialogues, using "nǎr a" and the given words:***

甲：你打字打得 真 快。

　　Nǐ dǎzì dǎde zhēn kuài.

乙：哪儿 啊。

　　Nǎr a.

(1) 男：你的 汉语 真 好。
　　　Nǐ de Hànyǔ zhēn hǎo.

学生：_____。（不太流利　bú tài liúlì）

*fluent.*

(2) 女：你的 文章 写得 真 好。
　　　Nǐ de wénzhāng xiě de zhēn hǎo.

学生：_____。（不好　bù hǎo）

(3) 男：听说 你的孩子 学习 很 努力。
　　　Tīngshuō nǐ de háizi xuéxí hěn nǔlì.

学生：_____。（天天玩儿　tiāntiān wánr）

(4) 女：今天 你 帮 我 大 忙 了，真 是 太 谢谢 你 了。
　　　Jīntiān nǐ bāng wǒ dà máng le, zhēn shì tài xièxie nǐ le.

学生：_____。（朋友之间　péngyou zhījiān）

## 二、用"真不巧"和所给的词语完成对话：
**Complete the following dialogues, using "zhēn bù qiǎo" and the given words:**

> 甲： 中午 一起 去 吃 饭 吧，今天 我 请客。
> 　　 Zhōngwǔ yìqǐ qù chī fàn ba, jīntiān wǒ qǐngkè.
> 乙：真 不 巧。 中午 我 要 去 见 一个 客户。
> 　　 Zhēn bù qiǎo, zhōngwǔ wǒ yào qù jiàn yí gè kèhù.

(1) 男：上个周末我去你家看你，你不在。

学生：_____。（出差　chūchāi）

(2) 男：今天晚上的音乐会很不错，一起去听听吧。

学生：_____。（没空　méi kòng）

(3) 男：请问你爸爸在家吗？

学生：_____。（刚走　gāng zǒu）

（4）男：我可以用一下你的自行车吗？

学生：＿＿＿＿＿＿＿＿＿＿＿＿＿＿＿。（坏　huài）

## 三、用"要是……"和所给的词语完成对话：
*Complete the following dialogues, using "yàoshi" and the given words:*

要是你能　帮忙，　当然　好啦。
Yàoshi nǐ néng bāngmáng, dāngrán hǎo la.

（1）男：明天要是刮大风，你还去不去？

学生：＿＿＿＿＿＿＿＿＿＿＿＿＿。（改天　gǎitiān）

（2）男：我抽支烟你介意吗？

学生：＿＿＿＿＿＿＿＿＿＿＿＿。（不介意　bú jièyì）

（3）女：你明天能按时来吗？

学生：＿＿＿＿＿＿＿＿＿＿＿＿。（打电话　dǎ diànhuà）

（4）男：你这么相信他。你了解他吗？

女：我对他还不太了解。

学生：＿＿＿＿＿＿＿＿＿＿＿＿。（随便相信　suíbiàn xiāngxìn）

## 四、根据对话用"……之间"完成下边句子：
*Complete the following sentences according to the dialogues, using "...zhījiān":*

同事　之间，互相　帮助　是应该　的。
Tóngshì zhījiān, hùxiāng bāngzhù shì yīnggāi de.

（1）男：朋友　之间　需要　经常　联系。
　　　Péngyou zhījiān xūyào jīngcháng liánxì.

女：对，你　应该　经常　跟　我联系。
　　Duì, nǐ yīnggāi jīngcháng gēn wǒ liánxì.

学生：朋友　之间＿＿＿＿＿＿＿＿＿。
　　　Péngyou zhījiān＿＿＿＿＿＿＿＿＿。

(2) 女：丈夫　应该　多　关心、照顾 妻子。
　　　　Zhàngfu yīnggāi duō guānxīn、zhàogù qīzi.

　　男：我 认为 夫妻之间　应该 互相　关心、互相　照顾。
　　　　Wǒ rènwéi fūqī zhījiān yīnggāi hùxiāng guānxīn、hùxiāng zhàogù.

　　学生：他 认为 ＿＿＿＿＿＿＿＿＿＿＿＿＿＿＿＿。
　　　　　Tā rènwéi＿＿＿＿＿＿＿＿＿＿＿＿＿＿＿＿。

(3) 男：你 猜他有 多 大？
　　　　Nǐ cāi tā yǒu duō dà?

　　女：我 觉得他在 40 到　45　岁之间。
　　　　Wǒ juéde tā zài sìshí dào sìshíwǔ suì zhījiān.

　　学生：她觉得 ＿＿＿＿＿＿＿＿＿＿＿＿＿。
　　　　　Tā juéde＿＿＿＿＿＿＿＿＿＿＿＿＿＿。

(4) 孩：爸爸，苏州 在 哪儿？
　　　　Bàba，Sūzhōu zài nǎr?

　　男：苏州 在 南京 和　上海 之间。
　　　　Sūzhōu zài Nánjīng hé Shànghǎi zhījiān.

　　学生：苏州 ＿＿＿＿＿＿＿＿＿＿＿＿＿＿。
　　　　　Sūzhōu＿＿＿＿＿＿＿＿＿＿＿＿＿＿。

## 综 合 练 习 Comprehensive exercises

一、根据课文回答下边的问题，并根据问题的提示复述课文：

*Answer the following questions according to the text and give the text in your own words using the questions as clues:*

(1) 为什么　方 雪芹 得自己 准备 后天 的 会谈？
Wèishénme Fāng Xuěqín děi zìjǐ zhǔnbèi hòutiān de huìtán?

＿＿＿＿＿＿＿＿＿＿＿＿＿＿＿＿＿＿？

(2) 老 赵　为什么 请假？
Lǎo Zhào wèishénme qǐngjià?

＿＿＿＿＿＿＿＿＿＿＿＿＿＿＿＿？

(3) 杨丽 愿意帮 方 雪芹的 忙 吗？

Yáng Lì yuànyì bāng Fāng Xuěqín de máng ma?

_____?

(4) 方 雪芹 请 杨丽 帮 她做 什么？

Fāng Xuěqín qǐng YángLì bāng tā zuò shénme?

_____?

(5) 杨丽 打字 打得 怎么样？

Yáng Lì dǎzì dǎde zěnmeyàng?

_____?

(6) 杨丽 请 方 雪芹一起吃 午饭，方 雪芹 能去 吗？

Yáng Lì qǐng Fāng Xuěqín yìqǐ chī wǔfàn, Fāng Xuěqín néng qù ma?

_____?

## 二、回答问题：

**Answer the following questions:**

(1) 你 了解 中国 了解 得 多 吗？

Nǐ liǎojiě Zhōngguó liǎojiě de duō ma?

_____?

(2) 同事 之间 应该 互相 帮助，你 认为是 这样 吗？

Tóngshì zhījiān yīnggāi hùxiāng bāngzhù, nǐ rènwéi shì zhèyàng ma?

_____ mutually _____ to believe _____ to be like ?

(3) 你和你的 朋友 之间 经常 联系 吗？

Nǐ hé nǐ de péngyou zhījiān jīngcháng liánxì ma?

_____?

(4) 你和你的 朋友 说好了 见面 的 时间，但是 他/她来晚了，你介意吗？

Nǐ hé nǐ de péngyou shuōhǎo le jiànmiàn de shíjiān, dànshì tā/tā lái wǎn le, nǐ jièyì ma?

_____?

(5) 你 打字 打 得　怎么样?

Nǐ dǎzì dǎ de zěnmeyàng?

_to type_

_____?

(6) 你 对 父母 照顾 得 多 吗?

Nǐ duì fùmǔ zhàogù de duō ma?

_____?

## 三、意念表达:(用本课学过的表达方式)

**_Express the following notions, using the expressions learnt in this lesson:_**

(1) 你家里有事需要你做,你对领导说你想请一天假:

Tell your leader that you want to have a day off, because you have something to do at home:

(2) 关心地问问你的同事,他/她的孩子得了什么病,严重不严重:

You are concerned about a colleague's child and you ask him/her what disease the child has and ask whether it is serious:

(3) 邀请朋友一起吃饭,告诉他/她你付钱:

Invite your friend to dinner and tell him/her that you will pay:

(4) 很客气地请修理铺的修理工帮你修理一下汽车:

Politely ask the worker in the garage to have your car repaired:

(5) 你想找朋友聊天,看到他很忙,你不想打搅他/她,告诉他/她你换个时间再来:

You intended to have a chat with your friend, but you changed mind when you find that he/she is very busy. You tell him/her that you will come some other time:

## 四、情景会话或表演:

**_Compose a dialogue on the following situation and act it:_**

向领导/老师请假。

100

*Speak on the following topics, using at least 5 of the words or phrases you have learnt in this lesson:*

(1) 说一说你最忙的一天。

One of your busy days.

(2) 对于中国人谦虚礼让的习惯你知道哪些？请你讲讲这些习惯或者它们的故事。

What do you know about modesty and courtesy? Tell the class or tell a story about them.

## 走马观花 *A Glimpse of Modern Chinese Culture*

### 饭店和宾馆
### Hotels

今天我们去看看在外旅行住的地方。

Today let's see some places where we could stay when we make a trip.

怎么这里的 Hotel 竟是"饭店"？"书店"是买书的地方，"花店"是买花的地方，那么"饭店"应该是吃饭的地方啊，怎么是住的地方呢？但是，在汉语里，"饭店"、"大饭店"确实都和"饭馆"大不一样，不是专门吃饭的地方——restaurant，而是以住宿为主的地方——hotel；

Why is it that the Chinese for "hotel" is "fàndiàn"? "Fàndiàn" ought to mean a place to have meals, just as "shūdiàn" is where you buy books and "huādiàn" is where you buy flowers. "Fàndiàn" (hotel) and "dà fàndiàn" (grand hotel) are places where you can get accommodation and are, as a matter of fact, quite different from "fànguǎn" (restaurant).

还有这"酒店"、"大酒店"，也都和"酒馆"不同，而和"饭店"一样，是 hotel。

Other names for hotels are "jiǔdiàn" and "dà jiǔdiàn" which are different from "jiǔguǎn" (pub).

如果说"饭店""酒店"是规模大、设备齐全、装潢华丽的 hotel 的话，那么一般的提供旅客住宿的地方则叫"旅馆"或"宾馆"。"宾馆"比起"旅馆"来，规模、设备都要大一些、好一些。但是有的 hotel 也叫"宾馆"。

Besides "fàndiàn" and "jiǔdiàn", which are comparatively large, well-equipped and sumptuously decorated, there are inns, which are called "lǚguǎn" or the larger and better "bīnguǎn". Some "bīnguǎn" are actually like hotels.

比如很多外国朋友都熟悉的"友谊宾馆"（Friendship Hotel）、"和平宾馆"、"白云宾馆"也都是hotel。至于这些饭店、宾馆的等级，那是按国际上通行的星级标准评定的。

"Bīnguǎn" like "Yǒuyì Bīnguǎn", "Hépíng Bīnguǎn", "Báiyún Bīnguǎn", etc., are familiar to many foreign visitors, and they are hotels. They are graded according to international standards with stars.

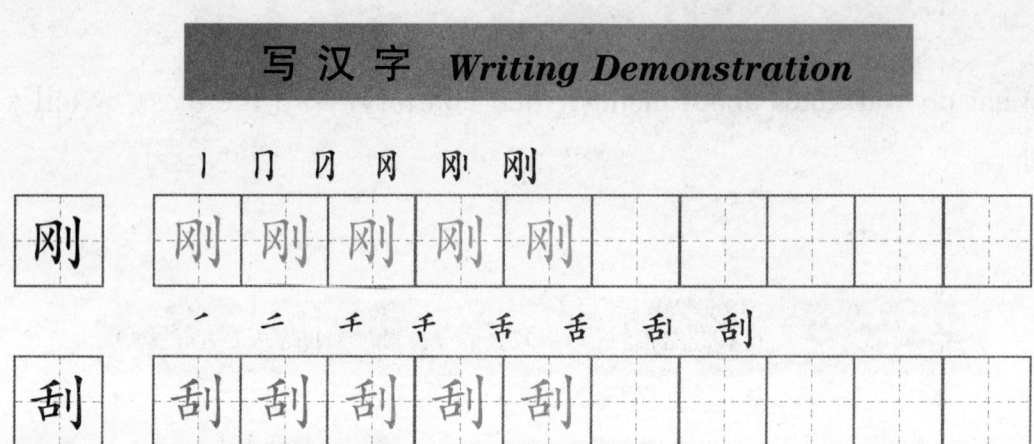

写汉字 *Writing Demonstration*

| 丨 | 冂 | 刀 | 冈 | 刚 | 刚 |

| 刚 | 刚 | 刚 | 刚 | 刚 | 刚 | | | | | |

| 一 | 二 | 千 | 千 | 舌 | 舌 | 刮 | 刮 |

| 刮 | 刮 | 刮 | 刮 | 刮 | 刮 | | | | | |

**第二十五课**
Dì - èrshíwǔ   Kè

# LESSON TWENTY-FIVE

## 语 用 范 例  *Examples of Usage*

1. 在邮局表达要寄什么、寄到哪儿  *Saying what you want to post in the post office and where to*

寄　一　个　　　　包裹，　寄到　法国。
Jì　yí　gè　　　　bāoguǒ,　jì dào　Fǎguó.
*to post one ( measure word ) parcel,  to post to France*
I want to post a parcel to France.

2. 在邮局表达寄什么东西、寄给谁  *Saying what you want to post in the post office and to whom*

寄　几　本　　书 和一些　中药,寄给我儿子。
Jì　jǐ　běn　　shū hé yìxiē zhōngyào, jì gěi wǒ érzi.
*to post several ( measure word ) book  and  some  traditional Chinese medicine,  to post  to  my son*
I want to post some books and traditional Chinese medicine to my son.

**3. 询问包裹寄到某地需要多长时间**  *Asking how long it takes a parcel to arrive in a certain place.*

请问，　　包裹　寄到　法国　需要　多长　时间？
Qǐngwèn, bāoguǒ jì dào Fǎguó xūyào duō cháng shíjiān?
*may to ask, parcel to post to France to need how long time*
Excuse me, but could you tell me how long it will take the parcel to arrive in France?

**4. 概数的表达**  *Giving an approximate number*

十天　　左右。
Shí tiān zuǒyòu.
*ten day about*
About ten days.

**5. 请对方声音大一点儿**  *Asking somebody to speak louder*

你　声音　大一点儿，我　耳朵　不　好。
Nǐ shēngyīn dà yìdiǎnr, wǒ ěrduo bù hǎo.
*you voice loud a little, my ears not good*
Please speak louder. I can't hear you well.

**6. 描述姓名中的汉字**  *Saying how a character is written*

（我叫）李舒。木子李，舒服 的 舒。
(Wǒ jiào) Lǐ Shū. Mù zǐ lǐ, shūfu de shū.
(I to call) Li Shu. Li is written by putting a 子 under 木 and the 舒 in 舒服 .

# 寄一个包裹

Jì Yí gè Bāoguǒ

## To post a parcel

| | 新 词 语 | *New Words and Phrases* | |

| 1. 寄 | jì | to send by post;  to post |
|---|---|---|
| 2. 包裹 | bāoguǒ | parcel |
| 3. 打开 | dǎkāi | to open |
| 4. 中药 | zhōngyào | traditional Chinese medicine |
| 5. 箱子 | xiāngzi | box |
| 6. 填 | tián | to fill in |
| 7. 包裹单 | bāoguǒdān | parcel form |
| 8. 单子 | dānzi | form;  list |
| 9. 装 | zhuāng | to put into |
| 10. 信封 | xìnfēng | envelope |
| 11. 国际 | guójì | international |
| 12. 航空 | hángkōng *xin* | air mail |
| 13. 国内 | guónèi | domestic |

*(handwritten note: feng: to seal)*

*(handwritten notes: guó / guó wai — country / nation / Outsider / foreigner)*

| | 课 文 | *Text* | |

在邮局寄包裹会遇到哪些问题？我们来看看方雪芹和她妈妈在邮局的经历。

What do you do when you send a parcel by post at the post office? Let's see what Fang Xueqin and her mother do.

（方雪芹和方母一起准备给方雪松寄信和包裹。）

(Fang Xueqin and her mother have come to the post office to send a letter and a parcel to Fang Xuesong. )

105

方　母：　小姐，寄一个 包裹，寄到 法国。

Xiǎojiě, jì yí gè bāoguǒ, jì dào Fǎguó.

Mother:　Miss, I want to post a parcel to France.

营业员：　寄什么 东西？ 请 打开 看看。

Jì shénme dōngxi? Qǐng dǎkāi kànkan.

Clerk:　What do you post? Could you open it for inspection?

方　母：　寄几本 书和一些 中药，寄给我 儿子。

Jì jǐ běn shū hé yìxiē zhōngyào, jì gěi wǒ érzi.

Mother:　It's some books and traditional Chinese medicine for my son.

（营业员检查完东西后，给方母一个包装箱）

（Having inspected the parcel, the clerk gives the mother a packing box.）

营业员：　好，给您 箱子，十块。

Hǎo, gěi nín xiāngzi, shí kuài.

Clerk:　O. K., here is a box. It costs ten yuan.

（方母交钱）

（Mother pays the money.）

营业员：　再 填 一下 包裹单。

Zài tián yíxià bāoguǒdān.

Clerk:　And please fill in this form.

方　母：　你 填一下 单子，我 装 东西。

Nǐ tián yíxià dānzi, wǒ zhuāng dōngxi.

Mother:　Will you fill in the form while I put the books and the medicine in the box.

方雪芹：　妈，信 不 可以 和 包裹 一起 寄。

Mā, xìn bù kěyǐ hé bāoguǒ yìqǐ jì.

Fang:　Mum, letters are not allowed to go with the parcel.

方　母：　那我 去 买 信封。

Nà wǒ qù mǎi xìnfēng.

Mother:　Sure, I'll go and buy an envelope.

方雪芹：　得 买 国际 航空 信封。

Děi mǎi guójì hángkōng xìnfēng.

Fang:　You must buy an envelope for international mail.

方　母：　好。

Hǎo.

Mother:　Yes, I will.

106

**1.** 动词＋到　The phrasal verb "verb + dào"

> 寄 到 法国。
>
> Jì dào Fǎguó.
>
> Post it to France.

"动词＋到"的后边如果跟一个表示处所的名词,那么这个结构"动词＋到＋名词(处所)"表示人或物随动作到达某地,相当于"to reach; to arrive in"。例如:

The phrase "verb + dào + noun of locality" composed of the phrasal verb "verb + dào" and a noun of locality expresses that somebody or something reaches a certain place as the result of the action denoted by the verb. For example:

> 动词 ＋ 到 ＋ 名词(处所)
>
> Verb + dào + noun of locality

(1) 甲:你 是 什么 时候 回到 北京 的?

Nǐ shì shénme shíhou huídào Běijīng de?

When did you return to Beijing?

乙:我 是 昨天 回到 北京 的。

Wǒ shì zuótiān huídào Běijīng de.

I returned to Beijing yesterday.

(2) 甲:师傅,请 开到 那个 楼 门 口。

Shīfu, qǐng kāidào nèige lóu ménkǒu.

Please stop at the gate of that building.

乙:好 的。

Hǎo de.

O. K.

(3) 甲:咱 们 学 到 哪儿了？

Zánmen xuédào nǎr le?

Where have we studied to?

乙:学 到 第二十五课了。

Xuédào dì-èrshíwǔ kè le.

We have studied to Lesson Twenty-five.

"动词＋到"的后边如果跟一个表示时间的名词，那么这个结构"动词＋到＋名词（时间）"表示动作持续到什么时间。例如：

This phrasal verb can be followed by a noun of time. The phrase thus formed indicates that the action lasts till a certain time. For example:

> 动词＋ 到 ＋名词（时间）
> Verb ＋ dào ＋ noun of time

(1) 甲：昨天 晚上 你看书 看到 几点？

Zuótiān wǎnshang nǐ kàn shū kàndào jǐ diǎn?

What time did you read to last night?

乙:我 看到一 点 半。

Wǒ kàndào yì diǎn bàn.

I read till half past one.

(2) 甲:昨天 你 等 他 等了 多 长 时间？

Zuótiān nǐ děng tā děngle duō cháng shíjiān?

How long did you wait for him yesterday?

乙:昨天 我 等 了一个半 小时， 等到 三 点 半。

Zuótiān wǒ děngle yí gè bàn xiǎoshí, děngdào sān diǎn bàn.

I waited for him for one hour and a half, till half past three yesterday.

**2.** 邮政规定　A post office regulation

> 信 不 可 以 和 包 裹 一 起 寄。
> Xìn bù kěyǐ hé bāoguǒ yìqǐ jì.
> Letters are not allowed to go in the parcel.

这是中国的一种邮政规定,邮寄包裹时,中间不可以夹寄信函或钱币等。

It is a post office regulation that letters or money cannot be put in a parcel to be posted.

 **3.** 信封和信封书写习惯　The way to write on an envelope

> 得 买 国际 航空 信封。
> Děi mǎi guójì hángkōng xìnfēng.
> You need to buy an envelope for international mail.

在这儿,与"国际"相对的是"国内(英译)"。这就是国际航空信封和国内航空信封:

Here "guónèi" (domestic) is opposite to "guójì" (international). The following are samples of envelopes for international and domestic mail:

中国人写信封的习惯是:邮政编码、收信人的地址写在最上面,收信人的名字写在中间,寄信人的地址、姓名和邮政编码写在信封的右下角。邮票贴在右上角。

The way to write on the envelope is: Write the postal code and address of the addressee on the upper part, then the name of the addressee in the middle and the address, name and the postal code of the sender on the lower right corner. The stamp should be pasted on the upper right corner. Here is an example:

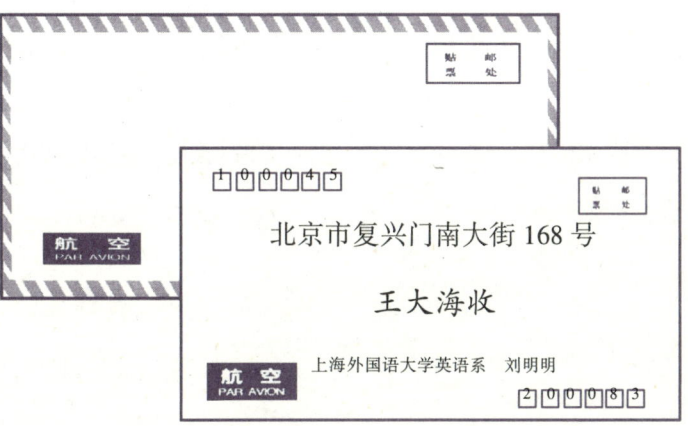

*Homework.*

109

一、记住下边的词语搭配,并用它们分别造句:
*Learn the following collocations by heart and make sentences with them:*

打开书　　　dǎkāi shū　　　_____

打开门　　　dǎkāi mén　　　_____

打开箱子　　dǎkāi xiāngzi　_____

打开包裹　　dǎkāi bāoguǒ　_____

打开礼物　　dǎkāi lǐwù　　　_____

打开电灯　　dǎkāi diàndēng　_____

打开电视　　dǎkāi diànshì　　_____

打开录音机　dǎkāi lùyīnjī　　_____

打开洗衣机　dǎkāi xǐyījī　　　_____

二、用所给词语完成下边句子:
*Complete the following sentences, using the given words:*

(1)甲:请你填一下你的姓名和地址。(2)甲:这些衣服____?（装）
　　　Qǐng nǐ tián yíxià nǐ de xìngmíng hé dìzhǐ.　　　Zhèxiē yīfu____. (zhuāng)

　　乙:填在哪儿?　　　　　　　　　　乙:装在箱子里吧。
　　　Tián zài nǎr?　　　　　　　　　　Zhuāng zài xiāngzi lǐ ba.

　　甲:____（上边）,____（下边）。
　　　____,(shàngbian)____. (xiàbian)

(3)甲:这些东西____?（寄）(4)甲:昨天晚上你____?（看电视）
　　　Zhèxiē dōngxi____? (jì)　　　Zuótiān wǎnshang nǐ ____? (kàn diànshì)

　　乙:寄到广州。　　　　　　　　乙:看到半夜两点。
　　　Jìdào Guǎngzhōu.　　　　　　　Kàndào bànyè liǎng diǎn.

三、用正确的语气、语调说下边的句子：

**Read aloud the following sentences with the appropriate tones and intonations:**

(1)我 寄一个 包裹。
　　Wǒ jì yí gè bāoguǒ.

(2)这个 包裹 寄到 法国。
　　Zhèige bāoguǒ jì dào Fǎguó.

(3)寄 什么 东西？
　　Jì shénme dōngxi?

(4)寄几本 书 和一些 中药，寄给我 儿子。
　　Jì jǐ běn shū hé yìxiē zhōngyào, jì gěi wǒ érzi.

(5)请 打开看看。
　　Qǐng dǎkāi kànkan.

(6)先 装 东西，再 填一下 包裹单。
　　Xiān zhuāng dōngxi, zài tián yíxià bāoguǒdān.

(7)请 填一下单子。
　　Qǐng tián yíxià dānzi.

(8)信 不可以 和 包裹一起寄。
　　Xìn bù kěyǐ hé bāoguǒ yìqǐ jì.

## 写汉字 *Writing Demonstration*

丶　丶　宀　宀　宀　宀　宀　宀　宀　寄　寄

| 寄 | 寄 | 寄 | 寄 | 寄 | 寄 | | | | | |

丶　丷　丷　兯　兯　单　单　单

| 单 | 单 | 单 | 单 | 单 | 单 | | | | | |

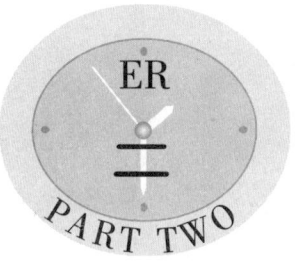

ER
二
PART TWO

您要取汇款，是吗？

Nín Yào Qǔ Huìkuǎn, Shì Ma?

**Do you want to draw out some money?**

**New Words and Phrases**

| | | |
|---|---|---|
| 1. 邮票 | yóupiào | postage stamp |

| | | | |
|---|---|---|---|
| 2. | 左右 | zuǒyòu | about; around |
| 3. | 声音 | shēngyīn | sound; voice |
| 4. | 耳朵 | ěrduo | ear |
| 5. | 姓名 | xìngmíng | full name |
| 6. | 地址 | dìzhǐ | address |
| 7. | 大妈 | dàmā | auntie |
| 8. | 取 | qǔ | to draw; to collect |
| | 取信 | qǔ xìn | to collect one's letter |
| | 取包裹 | qǔ bāoguǒ | to collect a parcel |
| | 取钱 | qǔ qián | to draw out money (from the bank) |
| 9. | 汇款 | huìkuǎn | to remit money; remittance |
| 10. | 木 | mù | wood |
| 11. | 身份证 | shēnfenzhèng | identity card |

## 课　文　*Text*

方雪芹在邮局还遇见了一位要取汇款的老太太,她耳朵不太好,我们一起看看方雪芹怎么帮助她。

In the post office, Fang Xueqin sees an old lady who has come to collect her remittance, but she is somewhat deaf. Fang Xueqin has come up to help her. Let's watch the situation.

方雪芹:　买 十　张 五 毛 的　邮票。
　　　　Mǎi shí zhāng wǔ máo de yóupiào.

Fang:　Give me ten stamps for fifty cents each.

(方雪芹把钱递进去,营业员给她邮票。)

(Fang pays the money and the clerk gives her the stamps.)

方雪芹:　请 问, 包裹 寄到 法国 需要 多 长　时间?
　　　　Qǐngwèn, bāoguǒ jìdào Fǎguó xūyào duō cháng shíjiān?

Fang:　Excuse me, but could you tell me how long it takes a parcel to get to France?

112

营业员： 十 天 左右。

Shí tiān zuǒyòu.

Clerk: About ten days.

（这时方雪芹忽听旁边的老太太对里边的营业员说）

(Just then, Fang Xueqin hears an old lady speaking to the clerk. )

老太太： 你 声音 大一点儿，我 耳朵 不 好。

Nǐ shēngyīn dà yìdiǎnr, wǒ ěrduo bù hǎo.

Old lady: Please speak louder. I don't hear well.

营业员： （大声地）写上 您的 姓名 和地址。

Xiěshang nín de xìngmíng hé dìzhǐ.

Clerk: (Loudly) Write your name and home address.

方雪芹： （看看老太太，）大 妈，我 帮 您 好 吗？

Dàmā, wǒ bāng nín hǎo ma?

Fang: (Looking at the old lady) May I help you, Auntie?

老太太： 什么？

Shénme?

Old lady: What did you say?

方雪芹： （大声地说）大妈，我 帮 您 好 吗？

Dàmā, wǒ bāng nín hǎo ma?

Fang: (Loudly) Can I help you, Auntie?

老太太： （感激地递过单子）好， 好，太 谢谢 你 了！

Hǎo, hǎo, tài xièxie nǐ le!

Old lady: (Hands the form to Fang) That's fine. Thank you very much!

方雪芹： （接过单子，看了看）您要 取 汇款，是 吗？

Nín yào qǔ huìkuǎn, shì ma?

Fang: (Taking the form and reading it) Have you come to collect your remittance?

老太太： 是，这是 我儿子 寄给 我的。

Shì, zhè shì wǒ érzi jìgěi wǒde.

Old lady: Yes. It's sent to me by my son.

方雪芹： 您 叫 什么 名字？

Nín jiào shénme míngzi?

Fang: What is your name, please?

老太太： 李 舒。木子李，舒服 的 舒。（拿出身份证）这是 我 的 身份证。

Lǐ Shū. Mù zǐ lǐ, shūfu de shū. Zhè shì wǒ de shēnfenzhèng.

Old lady: Li Shu. 木(mù) and 子(zǐ)——李(Lǐ) and the 舒 in 舒服. Here is
my identity card.

## 注 释 *Notes*

 **1.** "左右"表示概数  "Zuǒyòu" to express approximate numbers

十 天 左右。

Shí tiān zuǒyòu.

About ten days.

"左右"放在数量词后边表示概数。例如：

"Zuǒyòu" is used after a numeral-measure word phrase to express the approximate number.  For

example:

| | |
|---|---|
| 一个 小时 左右<br>yí gè xiǎoshí zuǒyòu<br>about one hour | 我们 等了一个 小时 左右。<br>Wǒmen děngle yí gè xiǎoshí zuǒyòu.<br>We waited for about one hour. |
| 一年 左右<br>yì nián zuǒyòu<br>about a year | 我 姐姐 在 天津 住了一年 左右。<br>Wǒ jiějie zài Tiānjīn zhùle yì nián zuǒyòu.<br>My sister lived in Tianjin for about a year. |
| 二十岁 左右<br>èrshí suì zuǒyòu<br>about twenty years old | 她 大概 二十岁 左右。<br>Tā dàgài èrshí suì zuǒyòu.<br>She is about twenty years old. |
| 三 点 左右<br>sān diǎn zuǒyòu<br>about three o'clock | 我 三 点 左右 就来了。<br>Wǒ sān diǎn zuǒyòu jiù lái le.<br>I came at about three o'clock. |

**2.** 关于"姓名"  A word about "xìngmíng" (full name)

写上 您的 姓名 和 地址。

Xiěshang nín de xìngmíng hé dìzhǐ.

Write your name and home address.

114

"姓名"意思是"surname and given name"，前边我们学过"名字"，当问到"名字"的时候，你可以连名带姓一起回答，也可以只回答名字。"姓名"比较正式，当问到"姓名"的时候，必须连名带姓都回答。

"Xìngmíng" means "xìng" (surname) and "míng" (given name). We learnt the word "míngzi" before. When someone asks you for your "míngzi", you can tell him your full name or your given name only. "Xìngmíng" is quite a formal word. When the "xìngmíng" is asked for, the full name is given.

## 3. "动词＋上（＋名词）"结构　The phrasal verb "verb ＋ shang"

写上　您的　姓名 和 地址。
Xiěshang nín de xìngmíng hé dìzhǐ.
Write your name and home address.

"动词＋上（＋名词）"表示将某物添加于某处。例如：

The phrasal verb "verb ＋ shang" means to add something to a place through the action. For example:

动词 ＋ 上 （＋名词）
verb ＋ shang （＋ noun）

(1) 请 写 上　姓名 和 地址。
Qǐng xiěshang xìngmíng hé dìzhǐ.
Please write your name and home address.

(2) 画 上 一个 太阳。
Huàshang yí gè tàiyáng.
Draw a sun on it.

(3) 在 这儿 填 上 你 的 地址 和 电话 号码。
Zài zhèr tiánshang nǐ de dìzhǐ hé diànhuà hàomǎ.
Fill in the blanks with your home address and phone number here.

##  4. 称呼(八)　A form of address (8)

大妈，我 帮 您 好吗?
Dàmā, wǒ bāng nín hǎoma?
May I help you, Auntie?

"大妈"和"伯母"同义。一般也用于尊敬地称呼年纪比较大的妇女,在这儿就是这种用法。

"Dàmā" means the same as "bómǔ". It is normally used for an elderly woman, as shown in the example.

**5.** 中国人姓名的写法　Telling what the characters are in a Chinese name

> 李舒。木子李,舒服的舒。
> Lǐ Shū. Mù zǐ lǐ, shūfu de shū.
> Li Shu. 木(mù) and 子(zǐ)—李(Lǐ) and the 舒 in 舒服.

在汉语里,很多不同的字有相同或相近的发音,所以中国人说自己的名字的时候,常常要说出名字是哪个字。有的姓有固定的说法,例如:耳东"陈",弓长"张",口天"吴",立早"章"。

As there are many characters that are pronounced in the same or a similar way, when they give their names, Chinese people will, at the same time, tell what characters are in their names. Some characters are specified in fixed ways, e.g. 耳(ěr) and 东 (dōng)—"陈"(Chén), 弓 (gōng) and 长 (cháng)—"张"(Zhāng), 口 (kǒu) and 天 (tiān)—"吴"(Wú), 立 (lì) and 早 (zǎo)—"章" (Zhāng).

木 + 子——李　　　　立 + 早—— 章
mù + zǐ—— Lǐ　　　　lì + zǎo——Zhāng

耳 + 东 —— 陈　　　　口 + 天 —— 吴
ěr + dōng—— Chén　　　kǒu + tiān—— Wú

弓 + 长 —— 张
gōng + cháng——Zhāng

也可以说出与某个名人相同的姓,如"我姓孔,孔子的孔。Wǒ xìng Kǒng, Kǒngzǐ de Kǒng。"(孔子是中国古代的大思想家、教育家,他的儒家思想为中国历代统治者所推崇和采用。)或者说是某个词里的某个字,例如:

> 李雪,木子李,下雪的雪。
> Lǐ Xuě, mù zǐ Lǐ, xiàxuě de xuě.

A person can also give his/her surname by naming a famous person, such as "Wǒ xìng Kǒng, Kǒng Zǐ de Kǒng" (My surname is Kǒng, the same as that of Kǒng Zǐ——Confucius, a great thinker and educator in ancient times, whose philosophy has been highly praised and adopted by Chinese rulers through the ages. ). Or, he/she may give the characters in his/her name by saying they appear in a certain word, e.g. Lǐ Xuě, 木子李,下雪的雪 (木 and 子——李 and the 雪 Xuě in 下

116

雪 xià xuě——to snow. )

**6.** 关于身份证　A word about identity cards

> 这 是 我 的　身份证。
>
> Zhè shì wǒ de shēnfenzhèng.
>
> Here is my identity card.

"身份证"是中国人最重要的个人证件之一。在中国,取汇款或包裹都需要出示身份证、护照之类的个人证件。

The identity card is one of the most important papers for the Chinese people. In China, it is necessary to show an identity card or passport when collecting a remittance or parcel at the post office.

## 练　习　*Exercises*

一、记住下边的词语,并用它们分别造句:

*Learn the following phrases by heart and make sentences with them:*

| 取信 | qǔ xìn | _____ |
|---|---|---|
| 取汇款 | qǔ huìkuǎn | _____ |
| 取包裹 | qǔ bāoguǒ | _____ |
| 取钱 | qǔ qián | _____ |

二、翻译下边的句子,注意"不好"的意思,并模仿造句:

*Translate the following sentences, paying attention to the meaning of "bù hǎo", and make sentences of your own using them:*

(1)我 耳朵 不好,听 不 见 你 说 什么。

Wǒ ěrduo bù hǎo,tīng bú jiàn nǐ shuō shénme.

(2)我 爸爸 眼睛 不好,需要 戴 眼镜。

Wǒ bàba yǎnjing bù hǎo,xūyào dài yǎnjìng.

(3) 我 腿 <u>不太好</u>，不 能 走 得 太 快。

Wǒ tuǐ bú tài hǎo，bù néng zǒu de tài kuài.

三、用正确的语气、语调说下边的句子：

***Read aloud the following sentences with the appropriate tones and intonations:***

(1) 买 十 张 五 毛 的 邮票。

Mǎi shí zhāng wǔ máo de yóupiào.

(2) 请 问，包 裹 寄 到 法 国 需要 多 长 时间？

Qǐngwèn，bāoguǒ jìdào Fǎguó xūyào duō cháng shíjiān?

(3) 十 天 左右。

Shí tiān zuǒyòu.

(4) 你 声音 大一点儿，我 耳朵 不 好。

Nǐ shēngyīn dà yìdiǎnr，wǒ ěrduo bù hǎo.

(5) 请 写 上 您 的 姓名 和 地址。

Qǐng xiěshang nín de xìngmíng hé dìzhǐ.

(6) 您 要 取 汇款，是 吗?

Nín yào qǔ huìkuǎn，shì ma?

(7) 这 汇款 是 我儿子 寄给我 的。

Zhè huìkuǎn shì wǒ érzi jì gěi wǒ de.

(8) 我 叫 李舒。木子李，舒服 的 舒。

Wǒ jiào Lǐ Shū. Mù zǐ lǐ，shūfu de shū.

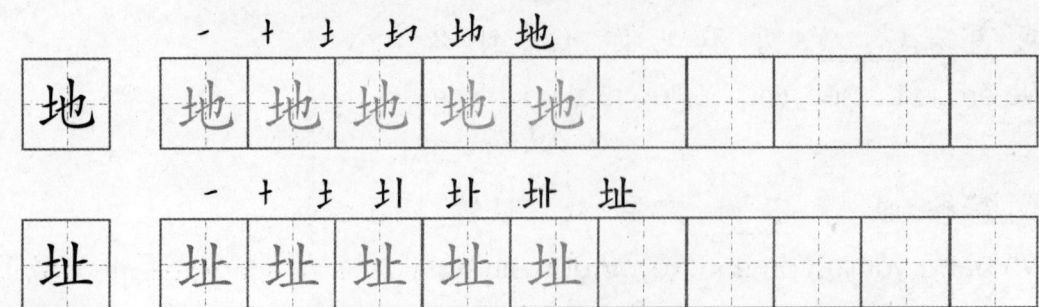

写汉字 *Writing Demonstration*

一 十 土 扫 扣 地 地

地　地　地　地　地　地

一 十 土 扫 圤 址 址

址　址　址　址　址　址

SAN 三 PART THREE

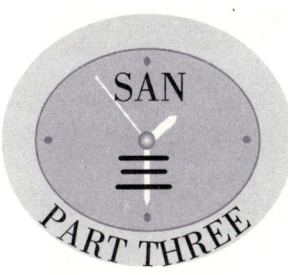

# 看一下你的证件

Kàn Yíxià Nǐ De Zhèngjiàn

## Please show me your papers

### 新 词 语 *New Words and Phrases*

| | | |
|---|---|---|
| 1. 放松 | fàngsōng | relaxed |
| 2. 认真 | rènzhēn | conscientious |
| 3. 证件 | zhèngjiàn | papers |
| 身份证 | shēnfenzhèng | identity card |
| 学生证 | xuéshengzhèng | student card |
| 工作证 | gōngzuòzhèng | employee's card |
| 结婚证 | jiéhūnzhèng | certificate of marriage |
| 4. 驾驶证 | jiàshǐzhèng | driving license |
| 5. 登记 | dēngjì | to register |
| 6. 护照 | hùzhào | passport |
| 7. 大使馆 | dàshǐguǎn | embassy |
| 8. 小区 | xiǎoqū | residential area |
| 9. 半夜 | bànyè | midnight |
| 10. 里 | lǐ | li, a Chinese measure of distance, equal to 500 meters |
| 11. 重 | zhòng | weight, heavy |
| 12. 公斤 | gōngjīn | kilogram |

zheng: certificate jian: documents.

qiānzhèng = visa.
dàshǐ = ambassador.

### 专 名 *Proper name*

| | | |
|---|---|---|
| 方庄 | Fāngzhuāng | a newly built residential area in southeast of Beijing |

## 句型练习　*Sentence pattern drills*

一、根据对话用"形容词＋一点儿"回答问题：

*Answer the following questions according to the dialogues, using the phrase " adjective + yìdiǎnr"*

> 你 声音　大 一点儿, 我 耳朵 不 好。
>
> Nǐ shēngyīn dà  yìdiǎnr, wǒ ěrduo bù hǎo.

(1) 女: 请 你们 声音　小 一点儿, 好 吗?

　　Qǐng nǐmen shēngyīn xiǎo yìdiǎnr, hǎo ma?

男、女: 对不起。　　*voice*

　　Duìbuqǐ.

问: 她 让 他们 做 什么?

　　Tā ràng tāmen zuò shénme?

学生:_____。

(2) 男: 你 骑 *ride* 快 一点儿。

　　Nǐ qí kuài  yìdiǎnr.

女: 我 没 吃饭, 你 骑 慢 一点儿。

　　Wǒ méi chī fàn, nǐ qí màn yìdiǎnr.

问: 他 让 她 做 什么?　　*slow*

　　Tā ràng tā zuò shénme?

学生:_____。

(3) 妈妈: 你 上课　能 不 能 认真 一点儿?

　　Nǐ shàngkè néng bù néng rènzhēn yìdiǎnr?

儿子: 妈妈, 我 一定　认真。

　　Māma, wǒ yídìng rènzhēn.

问: 妈妈　让 儿子 做 什么?

　　Māma ràng érzi zuò shénme?

学生:_____。

120

(4)男:小　王　,别／着急, 放松／一点儿。 *don't worry* *relax.*
　　　　Xiǎo Wáng,bié zháojí,fàngsōng yìdiǎnr.

　　女:好　,我　试试。
　　　　Hǎo,wǒ shìshi.

　　问:他　让 她 做　什么？
　　　　Tā ràng tā zuò shénme?

　　学生:_____。

## 二、请你按图上所给的证件完成对话：
**Complete the following dialogues as suggested by the papers in the pictures:**

这　是 我 的　身份证。
Zhè shì wǒ de shēnfenzhèng.

(1)女:看 一下　你 的　证件。
　　　　Kàn yí xià nǐ de zhèngjiàn.

　　学生:_____ 。

(2)男:(学校大门)看 一 下 你 的　证件。
　　　　　　　　Kàn yí xià nǐ de zhèngjiàn.

　　学生:我　是 北京　大 学 的　留学生,_____ 。
　　　　Wǒ shì Běijīng Dàxué de liúxuéshēng,_____ 。

　　男:请　去 那边　登记 一下。
　　　　Qǐng qù nàbian dēngjì yíxià.
　　　　*Please go over there to sign/register.*

(3)男:(机场海关)看 一下 你 的　证件。
　　　　　　　　Kàn yíxià nǐ de zhèngjiàn.

　　学生:_____ 。

(4)男:请　登记 一下。
　　　　Qǐng dēngjì yíxià.

　　学生:我 在　法国　大使馆　工作,_____ 。
　　　　Wǒ zài Fǎguó dàshǐguǎn gōngzuò,_____ 。

三、用"动词＋到＋方位名词/时间名词"完成下边的提问：

**Complete the following questions, using the phrase " verb ＋ dào ＋ noun of locality / time"**

> 寄 到 法国。
> Jì dào Fǎguó.

(1) 学生：这 份 文件 _____？
Zhè fèn wénjiàn_____？

男：送到 天龙 公司。
Sòngdào Tiānlóng Gōngsī.

(2) 学生：你家 _____？
Nǐ jiā_____？

女：搬 到 方庄 小区 了。
Bān dào Fāngzhuāng Xiǎoqū le.

*to move (house)*

(3) 学生：下午 开会 _____？
Xiàwǔ kāihuì_____？

男：可能 要 开到 五 点。
Kěnéng yào kāidào wǔ diǎn.

(4) 学生：昨天 你看 小说 _____？
Zuótiān nǐ kàn xiǎoshuō _kàn dào_ _____？

*novel* *jǐ diǎn le*

男：我 看到 了 半夜 一 点。
Wǒ kàndào le bànyè yì diǎn.

*1 am*

四、用"多＋形容词"完成下边的提问：

**Complete the following questions, using the phrase "duō ＋ adjective":**

> 包裹 寄到 法国 需要 多 长 时间？
> Bāoguǒ jìdào Fǎguó xūyào duō cháng shíjiān?
> *parcel* *need*

(1) 学生：长城 _____？
Chángchéng_____？

男：大概 有 一万 二千 里。
Dàgài yǒu yíwàn èrqiān lǐ.

*About 10,200 ½km*

(2) 学生：你哥哥 _____？
Nǐ gēge_____？

女：她 哥哥 一 米 八 左右。
Tā gēgē yì mǐ bā zuǒyòu.

*one metre 80cm about*

(3) 学生：你 的 行李 _____？
Nǐ de xínglǐ _____？

男：二十 公斤 左右。
Èr shí gōngjīn zuǒyòu.

(4) 学生：你 的 打算 _____？
Nǐ de dǎsuan _____？

女：我 打算 在 南方 呆
Wǒ dǎsuan zài nánfāng dāi

半 年 左右。
bàn nián zuǒyòu.

122

**一、根据课文回答下边的问题，并根据问题的提示复述课文：**

*Answer the following questions according to the text and give the text in your own words using the questions as clues:*

(1)方母 到 邮局做 什么？
　　Fāngmǔ dào yóujú zuò shénme?

　　————————————————————————。

(2)方母 准备 寄 什么 东西？
　　Fāngmǔ zhǔnbèi jì shénme dōngxi?

　　————————————————————————。

(3)营业员 让 方母 做 什么？
　　Yíngyèyuán ràng Fāngmǔ zuò shénme?

　　————————————————————————。

(4)方母 为什么 要去买 国际 航空 信封？
　　Fāngmǔ wèishénme yào qù mǎi guójì hángkōng xìnfēng?

　　————————————————————————。

(5)方雪芹 为什么 要帮 那个老 大妈？
　　FāngXuěqín wèishénme yào bāng nèige lǎo dàmā?

　　————————————————————————。

(6)老 大妈 到 邮局 做 什么？
　　Lǎo dàmā dào yóujú zuò shénme?

　　————————————————————————。

(7)老 大妈 叫 什么 名字？她的 名字 怎么 写？
　　Lǎo dàmā jiào shénme míngzi? Tā de míngzi zěnme xiě?

　　————————————————————————。

**二、回答问题：**

*Answer the following questions:*

(1)你 经 常 用 的 证件 是 哪些？
　　Nǐ jīngcháng yòng de zhèngjiàn shì nǎxiē?

　　————————————————————————。

(2)你的 中文 名字 叫 什么？怎么 写？
Nǐ de Zhōngwén míngzi jiào shénme? Zěnme xiě?

_____。_____。

(3)你最 喜欢 的 运动员 有 多 高？有 多 重？
Nǐ zuì xǐhuan de yùndòngyuán yǒu duō gāo? Yǒu duō zhòng?

_____。

(4)你 喜欢 买 漂亮 的 邮票 吗?你 有 多 少 个 国家 的 邮票？
Nǐ xǐhuan mǎi piàoliang de yóupiào ma?Nǐ yǒu duōshao gè guójiā de yóupiào?
　　　　　　　　　　Stamps.　　　　　　　　　　　　　　　country

_____。

(5)在 你们 国家 谁来 照顾 老年人？
Zài nǐmen guójiā shéi lái zhàogù lǎoniánrén?
　　　　　　　　look after

_____。

## 三、意念表达:（用本课学过的表达方式）
**Express the following notions, using the expressions learnt in this lesson:**

(1)告诉营业员,你想寄几本书到南京:

Tell the clerk that you want to post some books to Nanjing:

(2)询问营业员,你寄一封国际航空信到日本,需要多长时间:

Ask the clerk how long a letter takes to arrive in Japan by airmail:

(3)询问有没有从法国寄给你的信:

Ask whether there is a letter for you from France:

(4)请你的客户在单子上填上他的姓名、地址和电话号码:

Ask your customer to fill in the form with his full name, address and phone number:

(5)告诉打电话的对方你的耳朵不太好,听不清楚对方说的话:

Tell the person who is speaking to you on the phone that you can't hear him well:

## 四、情景会话或表演:
**Compose a dialogue on the following situation and act it:**

124

在邮局寄包裹。

Posting a parcel at the post office.

## 五、请你说:(至少用上五个本课学过的新词语)
*Speak on the following topics, using at least 5 of the words you learnt in this lesson:*

(1)介绍一下你们国家的信封有多少种? 请你用实物来说明你们习惯的信封的写法。

Tell how many types of envelope you have in your country and describe how you write on an envelope.

(2)介绍一下你们国家老年人的生活。

Say something about the life of old people in your country.

## 走马观花 *A Glimpse of Modern Chinese Culture*

## 在邮局

### At the post office

在中国的邮局,你可以办理信件和包裹的邮寄、特快专递、汇款、报纸和期刊的订阅、打电话、发电报,以及集邮、邮政储蓄等多种业务。常常我们用得比较多的可能是寄信和寄包裹。

In China, you can do many things in the post office, such as posting letters, parcels and express mail, remitting money, subscribing to newspapers and magazines, making long-distance calls, sending telegrams, buying stamps for philately, banking in the the post office bank, etc. Of course, in most cases we go to the post office for posting letters and parcels.

在中国,寄信的信封一般分为"国内"和"国际"两种。国内信封的写法是:邮政编码写在信封最上端的方格内,再下边是收信人的地址,收信人的姓名在中间,信封的下边写寄信人的地址和姓名,右下角的六个小方格写寄信人的邮政编码。

Usually there are two types of envelope, one for domestic mail and another for international mail. In addressing an envelope for domestic mail, we write the postal code in the boxes on the upper left hand corner and that is followed by the address of the addressee. The name of the addressee is put in the middle and the address and name of the sender are written in lower part and finally the postal code of the sender is put in the small boxes.

寄往国外的信通常是这样的写法：信封的左上角写寄信人的姓名、地址、邮政编码和国名，信封的中间写收信人的姓名，下边是收信人的地址、邮政编码，再下边是收信人的国名。

An envelope for international mail is addressed like this: The sender's name, address, postal code and country are put in the upper left hand corner and the name, address, postal code and country of the addressee in the middle.

在中国，邮寄包裹，寄往国内的和寄往国外的手续也有些不同。如果是寄往国内的包裹，所要寄的东西经营业员验视之后，就可以包装起来，写上地址，再填一张"国内包裹详情单"，即可交寄了，而且在任何一个邮局都可以办理邮寄手续。

In China there are different procedures for sending a parcel to somewhere in the country or abroad. if the parcel is sent to another city in China it should be inspected by the clerk at the post office before it is packed. Then the sender should write the name and address, etc., of the addressee and fill out a form and give it to the clerk. You can post parcels in any post office.

如果是寄往国外的包裹，则需到设有海关的邮局去。在邮寄前，需要先到设在邮局里的海关由工作人员将要寄物品验关，填一张"报关单"。然后，再到邮局的服务台前，填写一份包裹"发递单"，——报关单和发递单通常都是用中文、英文和法文写成。填单子的时候，应该用英文、法文或包裹寄达国同意的文字填写。填完单子，包装好包裹，写好地址，就可以交寄了。

If you post a parcel abroad, you must go to a post office with a branch of the customs. Before posting it, you go to the customs to have it inspected by the clerk and fill out a declaration form, then fill out a parcel delivery form at a counter of the post office. Both forms are printed in Chinese, English and French and they should be filled out in English, French or the language agreed on by the receiving country. Having filled out the forms, packed the parcel and written the address, etc. , you can give it to the clerk.

## 写 汉 字 *Writing Demonstration*

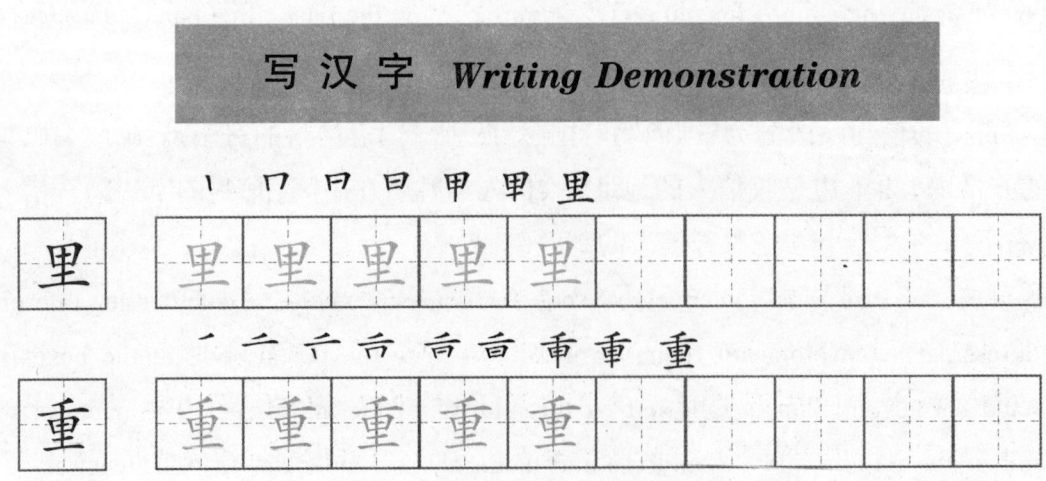

126

第二十六课
Dì - èrshíliù Kè

# LESSON TWENTY-SIX

## 语 用 范 例 *Examples of Usage*

1. 表达要订房间　*Saying that you want to book a room*

我　想　订　个　　房间。
Wǒ xiǎng dìng gè fángjiān.
*I to want to book ( measure word )　room*
I want to book a room.

2. 询问房间的价钱　*Asking for the price of a room*

你们 这儿 双人间 　的 价钱 是 多少?
Nǐmen zhèr shuāngrénjiān de jiàqian shì duōshao?
*you here double room ( structural particle ) price to be how much*
How much is a double room.

3. 询问房间的条件　*Asking about facilities in the room*

一百二 的　房间 里有 空调　和　电话 吗?
Yìbǎièr de fángjiān lǐ yǒu kōngtiáo hé diànhuà ma?
*one hundred and twenty ( structural particle ) room inside to have air-conditioner and telephone ( interrogative particle )*
Is there an air-conditioner and telephone in the room?

房间　里　可以　打　　长途　　电话　吗?
Fángjiān lǐ kěyǐ dǎ chángtú diànhuà ma?
*room inside may to call long-distance telephone (interrogative particle)*
Can I make long-distance calls in the room?

## 4. 询问两地之间的列车情况　*Asking about the railway time-table*

请问，从　北京　到　　广州　　的　车　有　哪　几　趟?
Qǐngwèn, cóng Běijīng dào Guǎngzhōu de chē yǒu nǎ jǐ tàng?
*excuse me, from Beijing to Guangzhou (structural particle) train to have which several (measure word)*
Excuse me, but could you tell me what trains I can take from Beijing to Guangzhou?

## 5. 询问两地之间列车运行的时间　*Asking how long it takes to travel between two places by train.*

从　北京　到　　广州　　需要　多　长　时间?
Cóng Běijīng dào Guǎngzhōu xūyào duō cháng shíjiān?
*from Beijing to Guangzhou to need how long time*
How long does it take from Beijing to Guangzhou?

## 6. 询问票价　*Asking about the fares*

硬卧　票　多少　钱　一　张?
Yìngwò piào duōshao qián yì zhāng?
*hard berth ticket how much money one (measure word)*
How much is a hard berth ticket?

## 7. 买火车票时的表达方法　*Buying a ticket at the ticket office*

买　两　张　21　号　的　15　次　硬卧。
Mǎi　liǎng　zhāng　èrshíyī　hào　de　shíwǔ　cì　yìngwò.
*to buy two ( measure word ) the twenty-first ( structural particle )*
*No. 15 hard berth*
Two hard berth tickets for No. 15 train on the twenty-first.

YI

PART ONE

# 我想订个房间
### Wǒ Xiǎng Dìng Gè Fángjiān

## I want to book a room

### 新 词 语　*New Words and Phrases*

| 1. 订 | dìng | to order; to book; to subscribe |
|---|---|---|
| 2. 房间 | fángjiān | room |
| 3. 什么样 | shénmeyàng | what kind |
| 4. 双人间 | shuāngrénjiān | double room |
| 5. 价钱 | jiàqian | price |
| 6. 空调 | kōngtiáo | air-conditioner |
| 7. 长途 | chángtú | long-distance |
|   长途电话 | chángtú diànhuà | long-distance calls |
|   长途汽车 | chángtú qìchē | long-distance bus |
| 8. 客人 | kèren | customer |

| | | | |
|---|---|---|---|
| 9. 女的 | nǚde | female |
| 10. 男的 | nánde | male |
| 11. 从……到…… | cóng…dào… | from. . . to. . . |

## 专 名 *Proper names*

| | | |
|---|---|---|
| 1. 李文燕 | Lǐ Wényàn | name of a person |
| 2. 张山 | Zhāng Shān | name of a person |

## 课 文 *Text*

李文龙来到一家旅馆,为他姐姐和姐夫预订房间。我们看看他怎样询问房间的情况,怎样订房间。

Li Wenlong goes to a hotel to book a room for his sister and her husband. Let's listen to him asking about the room's facilities and how he books a room.

（李文龙来到宾馆的前台订房）

(Li Wenlong goes to book a room at the reception counter of the hotel. )

| | |
|---|---|
| 服务员： | 您 好! |
| | Nín hǎo! |
| Clerk: | Can I help you? |
| 李文龙： | 你 好! 我 想 订 个 房间。 |
| | Nǐ hǎo! Wǒ xiǎng dìng gè fángjiān. |
| Li: | Yes, I want to book a room. |
| 服务员： | 您 要 什么样 的 房间? |
| | Nín yào shénmeyàng de fángjiān? |
| Clerk: | What kind of room do you wish to book? |
| 李文龙： | 你们 这儿 双人间 的 价钱 是 多少? |
| | Nǐmen zhèr shuāngrénjiān de jiàqian shì duōshao? |
| Li: | How much is a double room here? |

服务员： 有 二百六 的，一百八 的，一百二 的。

Yǒu èrbǎiliù de, yìbǎibā de, yìbǎi'èr de.

Clerk: We have rooms at two hundred and sixty, one hundred and eighty and one hundred and twenty.

李文龙： 一百二 的 和 一百八 的 有 什么 不一样？

Yìbǎi'èr de hé yìbǎibā de yǒu shénme bù yíyàng?

Li: What is the difference between those at one hundred and twenty and those at one hundred and eighty?

服务员： 一百八 的 大 一点儿。

Yìbǎibā de dà yìdiǎnr.

Clerk: Rooms at one hundred and eighty are larger.

李文龙： 一百二 的 房间 里有 空调 和 电话 吗？

Yìbǎi'èr de fángjiān lǐ yǒu kōngtiáo hé diànhuà ma?

Li: Is there an air-conditioner and a telephone in the room at one hundred and twenty?

服务员： 都 有。

Dōu yǒu.

Clerk: Yes, there is.

李文龙： 房间 里可以 打 长途 电话 吗？

Fángjiān lǐ kěyǐ dǎ chángtú diànhuà ma?

Li: Can we make long-distance calls in the room?

服务员： 可以。

Kěyǐ.

Clerk: Yes, you can.

李文龙： 好，订 一个 一百 二 的。

Hǎo, dìng yí gè yìbǎi'èr de.

Li: All right, I'll book one at one hundred and twenty.

服务员： 客人 叫 什么 名字？

Kèren jiào shénme míngzi?

Clerk: Name of the customer, please?

李文龙： 女的 姓李，叫 李文燕， 男的 姓 张， 叫 张山。

Nǚde xìng Lǐ, jiào Lǐ Wényàn, nánde xìng Zhāng, jiào Zhāng Shān.

Li: The lady's name is Li, Li Wenyan and her husband Zhang, Zhang Shan.

the man's

服务员： 从 几号 住到 几号？

Cóng jǐ hào zhùdào jǐ hào?

Clerk: What are the dates that they intend to stay?

李文龙： 从 十五号 住到 二十号。

Cóng shíwǔ hào zhùdào èrshí hào.

Li: From the fifteenth to the twentieth.

to live.

## 注 释 *Notes*

**1.** 名词/代词＋这儿/那儿　The phrase "noun/pronoun ＋ zhèr/nàr"

你们 这儿 双人间 的 价钱 是 多少？

Nǐmen zhèr shuāngrénjiān de jiàqian shì duōshao?

How much is a double room here?

"你们这儿"的意思是"your place"。"这儿/那儿"可以直接跟在一些表示人或具体事物的名词、代词或"谁"的后边，构成"名词/代词＋这儿/那儿"，表示处所。多用于口语。例如：

The phrase "nǐmen zhèr" means "your place". The phrase "noun/pronoun ＋ zhèr/nàr", in which the noun or pronoun indicates a person or thing or the interrogative pronoun "shéi", refers to a locality. It is normally used in spoken Chinese. For example:

(1) 甲: 你 从 哪儿 来？

Nǐ cóng nǎr lái?

Where have you come from?

乙: 我 从 朋友 那儿 来。

Wǒ cóng péngyou nàr lái.

I have come from my friend's place.

(2) 甲: 你们 这儿 卖 胶卷儿 吗？

Nǐmen zhèr mài jiāojuǎnr ma?

Do you sell film here?

132

乙:我们　这儿 没有,你 去 别的 地方　看看　吧。

Wǒmen zhèr méiyǒu, nǐ qù biéde dìfang kànkan ba.

We don't, but you can have a look in other places.

(2)甲:欢迎　你 到 我们 这儿 来 玩儿。

Huānyíng nǐ dào wǒmen zhèr lái wánr.

You are welcome to our place.

*use zher for the one you are at or near and ßur for the one that is far away.*

乙:谢谢。也　欢迎　你们 去 我 那儿。

Xièxie. Yě huānyíng nǐmen qù wǒ nàr.

Thank you. You are welcome to come to my home too.

## 2. "男的"和"女的"　"Nánde" and "nǚde"

女的 姓李,叫李 文燕,　男的　姓　张,　叫 张　山。

Nǚde xìng Lǐ, jiào Lǐ Wényàn, nánde xìng Zhāng, jiào Zhāng Shān.

The lady's name is Li, Li Wenyan and her husband Zhang, Zhang Shan.

"女的"意思是"woman, female","男的"意思是"man, male"。需要注意的是,一般我们很少用"男人/女人"这样的说法,有些时候可以说"男的/女的"。例如:

"Nǚde" means "woman, female" while "nánde" means "man, male". What should be noted is that we seldom use "nánrén/nǚrén" (woman/man), instead we use "nánde/nǚde". For example:

(1)甲:坐 在　门口 的 那个 女的 是 谁?

Zuò zài ménkǒu de nèige nǚde shì shéi?

Who is that woman sitting in the doorway?

乙:她 是　王　经理 的 太太。

Tā shì Wáng jīnglǐ de tàitai.

She is wife of Mr. Wang, the manager.

(2)甲:我 不 想　去 逛　　商店。

Wǒ bù xiǎng qù guàng shāngdiàn.

I don't like to go round from shop to shop.

乙:为 什么 男的 都 不 喜欢 逛 商店?

Wèishénme nánde dōu bù xǐhuan guàng shāngdiàn?

Why don't men like it?

(3)甲:你的 汉语老师 是男的 还是 女的?

Nǐ de Hànyǔ lǎoshī shì nánde háishi nǚde?

Is your Chinese teacher a man or a woman?

乙:是 女的。

Shì nǚde.

My teacher is a woman.

## 练 习 *Exercises*

一、记住下边的词语搭配并分别用它们造句:

*Learn the following collocations by heart and make sentences with them:*

| | | |
|---|---|---|
| 订房间 | dìng fángjiān | _____ |
| 订火车票 | dìng huǒchēpiào | _____ |
| 订报纸 | dìng bàozhǐ | _____ |
| 订餐/饭 | dìng cān/fàn | _____ |

二、翻译下边的句子,注意加横线的词语在句子中的用法,并模仿造句:

*Translate the following sentences, paying special attention to the usage of the underlined words, and make sentences using them:*

(1)甲:从 上海 到 北京 坐 火车 需要 多 长 时间?

Cóng Shànghǎi dào Běijīng zuò huǒchē xūyào duō cháng shíjiān?

乙:十八 个 小时。

to need

Shíbā gè xiǎoshí.

(2)甲:你 怎么 了?

Nǐ zěnme le?

乙：我饿了。从早上 工作 到 现在，我 什么 东西 都没吃。
Wǒ è le. Cóng zǎoshang gōngzuò dào xiànzài, wǒ shénme dōngxi dōu méi chī.

(3)甲：你 希望 找 一个 什么样 的 女朋友？
Nǐ xīwàng zhǎo yí gè shénmeyàng de nǚpéngyou?

乙：我 希望 她 跟 你 一样，又 漂亮 又 聪明。
Wǒ xīwàng tā gēn nǐ yíyàng, yòu piàoliang yòu cōngming.

(4)甲：你 想 要件 什么样 的 衣服？
Nǐ xiǎng yào jiàn shénmeyàng de yīfu?

乙：白色的、样子 简单 的。
Báisè de、yàngzi jiǎndān de.

(5)甲：上 哪儿买 东西？
Shàng nǎr mǎi dōngxi?

乙：上 路口 的 那家 商店 吧，那儿的 东西 价钱 真 便宜。
Shàng lùkǒu de nèi jiā shāngdiàn ba, nàr de dōngxi jiàqian zhēn piányi.

(6)甲：你买 东西 的 时候，最 关心 什么？
Nǐ mǎi dōngxi de shíhou, zuì guānxīn shénme?

乙：当然 最 关心 价钱。
Dāngrán zuì guānxīn jiàqian.

三、用正确的语气、语调说下边的句子：
**Read aloud the following sentences with the appropriate tones and intonations:**

(1)我 想 订 个 房间。
Wǒ xiǎng dìng gè fángjiān.

(2)您 要 什么样 的 房间？
Nín yào shénmeyàng de fángjiān?

(3)你们 这儿 双人间 的 价钱 是 多少？
Nǐmen zhèr shuāngrénjiān de jiàqian shì duōshao?

(4)一百二 的和 一百八 的有 什么 不一样?

Yìbǎi'èr de hé yìbǎibā de yǒu shénme bù yíyàng?

(5)一百二 的 房间 里有 空调 和 电话 吗?

Yìbǎi'èr de fángjiān lǐ yǒu kōngtiáo hé diànhuà ma?

(6)房间 里可以 打 长途 电话 吗?

Fángjiān lǐ kěyǐ dǎ chángtú diànhuà ma?

(7)客人 叫 什么 名字?

Kèren jiào shénme míngzi?

(8)女的 姓 李,叫李 文燕, 男的 姓 张 ,叫 张山。

Nǚde xìng Lǐ, jiào Lǐ Wényàn, nánde xìng Zhāng, jiào Zhāng Shān.

(9)从 几号 住到 几号?

Cóng jǐ hào zhùdào jǐ hào?

(10)从 15 号 住到 20 号。

Cóng shíwǔ hào zhùdào èrshí hào.

## 写汉字 *Writing Demonstration*

136

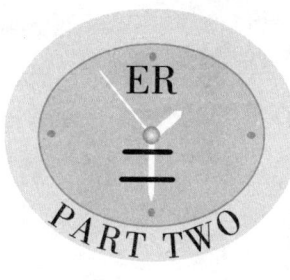

ER

PART TWO

# 到广州的车有哪几趟？

Dào Guǎngzhōu De Chē Yǒu Nǎ Jǐ Tàng?

## Could you tell me what trains I can take from Beijing to Guangzhou?

### 新 词 语 *New Words and Phrases*

| | | | |
|---|---|---|---|
| 1. | 趟 | tàng | a verb measure word |
| 2. | 次 | cì | train number |
| 3. | 特快 | tèkuài | special express |
| 4. | 开车 | kāichē | (of train) to start; to set out |
| 5. | 硬卧 | yìngwò | hard sleeper |
| | 硬 | yìng | hard |
| 6. | 下铺 | xiàpù | lower berth |
| 7. | 软卧 | ruǎnwò | soft sleeper |
| | 软 | ruǎn | soft |
| 8. | 硬座 | yìngzuò | hard seat (carriage) |

### 专 名 *Proper name*

| | | |
|---|---|---|
| 成都 | Chéngdū | Capital city of Sichuan Province in southwest China |

### 课 文 *Text*

买火车票会遇到哪些情况？我们看看方雪芹买火车票的经历。

What do you ask when you buy a train ticket? Here is Fang Xueqin's experience.

（火车站问讯处）

(At the information office of the station. )

方雪芹： 请 问 ，从 北京 到 广州 的 车 有 哪 几 趟？
Qǐngwèn,cóng Běijīng dào Guǎngzhōu de chē yǒu nǎ jǐ tàng?

Fang: Excuse me, but could you tell me what trains run from Beijing
to Guangzhou?

营业员： 有 15 次， 29 次。
Yǒu shíwǔ cì,èrshíjiǔ cì.

Clerk: No. 15 and No. 29.

方雪芹： 哪 趟 车 快？
Nǎ tàng chē kuài?

Fang: Which one is faster?

营业员： 一 样，都 是 特快。
Yíyàng,dōu shì tèkuài.

Clerk: Both are express trains.

方雪芹： 从 北京 到 广州 需要 多 长 时间？
Cóng Běijīng dào Guǎngzhōu xūyào duō cháng shíjiān?

Fang: How long does it take from Beijing to Guangzhou?

营业员： 28 个 小时。
èrshíbā gè xiǎoshí.

Clerk: 28 hours.

方雪芹： 几点 开车？
Jǐ diǎn kāichē?

Fang: What is the departure time?

营业员： 15 次 13 点 38 分 开车， 29 次10 点 20分。
Shíwǔ cì shísān diǎn sānshíbā fēn kāichē,èrshíjiǔ cì shí diǎn èrshí fēn.

Clerk: No. 15 leaves at 13: 38 and No. 29 at 10: 20.

方雪芹： 到 广州 的 时间 呢？
Dào Guǎngzhōu de shíjiān ne?

Fang: When do they arrive in Guangzhou?

营业员： 15 次 18 点 12分， 29 次14 点 30 分。
Shíwǔ cì shíbā diǎn shí'èrfēn,èrshíjiǔ cì shísì diǎn sānshí fēn.

Clerk: No. 15 arrives at 18: 12 and No. 29 at 14: 30.

方雪芹： 硬卧票　　多少　钱　一　张？

Yìngwòpiào duōshao qián yì zhāng?

Fang: How much is a hard berth ticket?

营业员： 下 铺 四百 五十七 一 张。

Xiàpù sìbǎi wǔshíqī yì zhāng.

Clerk: 457 yuan for a lower berth ticket.

方雪芹： 谢谢你！

Xièxie nǐ!

Fang: Thank you!

（方雪芹来到售票处）

(Fang Xueqin goes to the ticket office. )

方雪芹： 买　两　张　21　号　的　15　次　硬卧。

Mǎi liǎng zhāng èrshíyī hào de shíwǔ cì yìngwò.

Fang: Two hard berth tickets for No. 15 train on the twenty-first.

售票员： 没有　了。

Méiyǒu le.

Clerk: Sorry, they are all sold out.

方雪芹： 软卧　呢？

Ruǎnwò ne?

Fang: What about soft berth?

售票员： 也　没有 了，硬座　还　有，你要吗？

Yě méiyǒu le, yìngzuò hái yǒu, nǐ yào ma?

Clerk: They are sold out too, but hard seat tickets are still available. Do you want to buy two?

方雪芹： 不要，　29　次　的　硬卧　呢？

Bú yào, èrshíjiǔ cì de yìngwò ne?

Fang: No, I don't want that. How about a hard berth on No. 29?

售票员： 有。两　张　一共　914　块。（方雪芹给钱。）

Yǒu. Liǎng zhāng yígòng jiǔbǎiyīshísì kuài.

Clerk: They're available. 914 yuan for two tickets.

(Fang Xueqin pays the fares. )

£10.6

£1 = 10.6 RMB

**1.** 量词"趟" The verbal measure word "tàng"

> 从 北京 到 广州 的 车 有 哪 几 趟?
>
> Cóng Běijīng dào Guǎngzhōu de chē yǒu nǎ jǐ tàng?
>
> What trains run from Beijing to Guangzhou?

"趟"是一个量词,用于说走动的次数。相当于"time"。在这儿,"有哪几趟"是指火车的列次。例如:

"Tàng" is a verbal measure word referring to the frequency of an action, meaning "time". Here, "yǒu nǎ jǐ tàng" refers to the number of trains. For example:

(1) 甲:昨天 我 去 你 办公室 找 了 你 两 趟,你 都 不 在。

　　Zuótiān wǒ qù nǐ bàngōngshì zhǎo le nǐ liǎng tàng, nǐ dōu bú zài.

　　I looked for you in your office twice yesterday, but you were not there.

　　乙:我 去 别的 公司 开会 了。

　　Wǒ qù biéde gōngsī kāihuì le.

　　I went to a meeting in other company.

(2) 甲:最近 怎么 没 看见 你?

　　Zuìjìn zěnme méi kànjiàn nǐ?

　　Why haven't I seen you recently?

　　乙:我 到 南京 去 了 一 趟。

　　Wǒ dào Nánjīng qù le yí tàng.

　　I went to Nanjing.

(3) 甲: 801 路 公共 汽车 多 长 时间 来 一 趟?

　　Bālíngyāo lù gōnggòng qìchē duō cháng shíjiān lái yí tàng?

　　How often does Bus No. 801 come.

　　乙:十 分钟 左右 来 一 趟。

　　Shí fēnzhōng zuǒyòu lái yí tàng.

　　It comes about every ten minutes.

140

## 2. "次"表示火车的编号　"Cì" indicating train numbers

> 有　15　次，29　次。
> Yǒu shíwǔ cì,èrshíjiǔ cì.
> No. 15 and No. 29.

前边我们学过"次"表示动作的次数,而这儿"次"表示的是火车的编号。

In the above example, "cì", instead of frequency of an action as we have come across before, indicates train numbers.

(1)我　买　11　次　的　火车票。
　　Wǒ mǎi shíyī cì de huǒchēpiào.
　　I will buy two tickets for train No. 11.

(2)　363　次　是　从　北京　到　成都　的。
　　Sānliùsān cì shì cóng Běijīng dào Chéngdū de.
　　Train No. 363 runs from Beijing to Chengdu.

## 3. 火车的种类　Types of train

> 一样，都是　特快。
> Yíyàng,dōu shì tèkuài.
> Both are express trains.

中国的火车通常按车速分为普通客车、普通快车、直达快车、特别快车等几种。

In China, trains are classified according to their speed and there are the following types: "pǔtōng kèchē" (ordinary passenger train), "pǔtōng kuàichē" (ordinary express), "zhídá kuàichē" (through express) and "tèbié kuàichē" (special express).

## 4. 火车上座位的种类　Different kinds of train carriages

> 硬卧　票　多少　钱　一　张?
> Yìngwò piào duōshao qián yì zhāng?
> How much is a hard berth ticket?

141

在中国的火车上,座位大体分两类,一类是可躺卧的叫"卧铺","卧铺"又可分为:硬卧、软卧;一类是只能坐的,大致也分为:硬座、软座。"软座""软卧"比起"硬座""硬卧"来说贵一点儿、舒服一点儿。

There are two kinds of carriage, sleepers and passenger coaches. There are hard sleepers and soft sleepers and hard seat passenger coaches and soft seat passenger coaches. Soft sleepers and soft seat tickets cost more than hard sleepers and hard seats, but they are more comfortable.

 **5.** 火车上卧铺的种类　Different berths on the sleepers

下 铺　四百五十七　一 张。
Xiàpù　sìbǎi wǔshíqī　yì zhāng.
457 yuan for a lower berth ticket.

在硬卧里,卧铺的位置也有不同,有"上铺"、"中铺"、"下铺"。上铺最便宜,下铺最贵。

There are upper berths, middle berths and lower berths in a sleeper. The upper berth ticket is the cheapest and the lower berth ticket is most expensive.

## 练 习　*Exercises*

一、看看旁边的"列车时刻表",将下边的空填上:
**Complete the following, referring to the time table:**

15 次——8:00 从 北京 开车,7:58 到 广州 。
29 次——_____ 从 _____ 开车,_____ 到 _____。
__ 次——_____ 从 武汉 开车,_____ 到 北京 。
__ 次——_____ 从 武汉 开车,_____ 到 广州 。

二、请你根据下边所给的条件,告诉售票员你要买什么票:
**Tell the clerk what ticket you want to buy, using the information provided here:**

(1)29 号 、13 次、硬卧、 两　张
29 hào、13 cì、yìngwò、liǎng zhāng

(2) 后天 、 成都、 软卧、一 张
hòutiān、Chéngdū、ruǎnwò、yì zhāng

(3)今天　上午　九　点　左右、天津、硬座、四张
jīntiān shàngwǔ jiǔ diǎn zuǒyòu、Tiānjīn、yìngwò、sì zhāng

三、用正确的语气、语调说下边的句子：

***Read aloud the following sentences with the appropriate tones and intonations:***

(1) 请 问，从 北京 到 广州 的 车 有 哪 几 趟？
Qǐngwèn, cóng Běijīng dào Guǎngzhōu de chē yǒu nǎ jǐ tàng?

(2) 从 北京 到 广州 的 火车 有 两 趟，15 次 和 29 次。
Cóng Běijīng dào Guǎngzhōu de huǒchē yǒu liǎng tàng, shíwǔ cì hé èrshíjiǔ cì.

(3) 从 北京 到 广州 需要 多 长 时间？
Cóng Běijīng dào Guǎngzhōu xūyào duō cháng shíjiān?

(4) 15 次 几点 开车？
Shíwǔ cì jǐ diǎn kāichē?

(5) 15 次 13 点 38 分 开车。
Shíwǔ cì shísān diǎn sānshíbā fēn kāichē.

(6) 29 次到 广州 的 时间 是 什么 时候？
èrshíjiǔ cì dào Guǎngzhōu de shíjiān shì shénme shíhou?

(7) 29 次到 广州 的 时间 是 14 点 30 分。
èrshíjiǔ cì dào Guǎngzhōu de shíjiān shì shísì diǎn sānshí fēn

(8) 软 卧票 多少 钱 一 张？
Ruǎn wòpiào duōshao qián yì zhāng?

(9) 买 两 张 21 号 的 15 次 硬卧。
Mǎi liǎng zhāng èrshíyī hào de shíwǔ cì yìngwò.

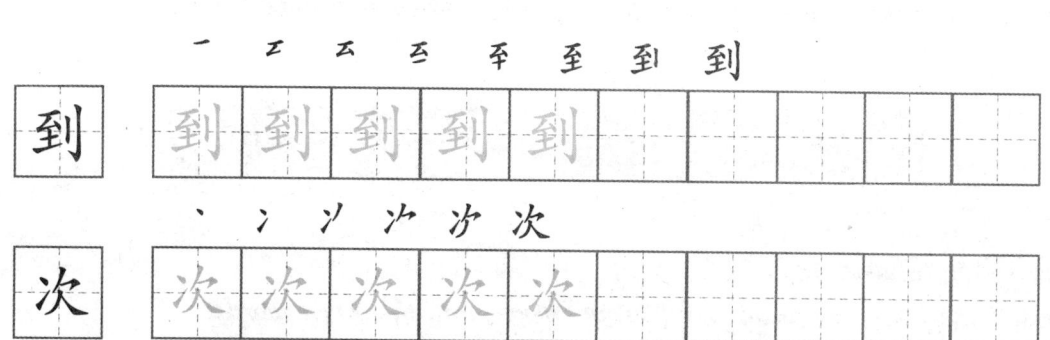

写汉字 *Writing Demonstration*

一 丁 丆 至 至 到 到

到

`、 冫 冫 冫 汸 次`

次

143

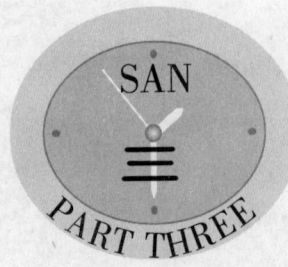

# 我订一份《人民日报》
## Wǒ Dìng Yí Fèn《Rénmín Rìbào》

## I want to subscribe to a copy of the People's Daily

| 新 词 语 | **New Words and Phrases** |
| --- | --- |

| | | | |
| --- | --- | --- | --- |
| 1. | 日报 | rìbào | Daily newspaper |
| 2. | 单人间 | dānrénjiān | Single room |
| 3. | 座位 | zuòwèi | Seat |
| 4. | 工资 | gōngzī | Salary; wages |
| 5. | 像 | xiàng | To resemble |
| 6. | 质量 | zhìliàng | Quality |
| 7. | 地铁 | dìtiě | Underground railway |
| 8. | 奶奶 | nǎinai | Grandmother (one's father's mother) |
| 9. | 宿舍 | sùshè | Dormitory or a room in it |
| 10. | 贸易 | màoyì | Trade |

| 专 名 | **Proper names** |
| --- | --- |

| | | | |
| --- | --- | --- | --- |
| 1. | 澳门 | Àomén | Macao |
| 2. | 武汉 | Wǔhàn | Capital city of Hubei Province in central China |

| 句型练习 | **Sentence pattern drills** |
| --- | --- |

一、用"订"和所给词语完成对话：
*Complete the following dialogues, using "dìng" and the given words:*

144

我　想　订个　房间。

Wǒ xiǎng dìng gè fángjiān.

(1)甲:你　订　什么　报纸?

　　　　Nǐ dìng shénme bàozhǐ?

　　学生:＿＿＿＿＿＿＿＿＿＿＿。(《人民日报》《Rénmín Rìbào》)

(2)学生:＿＿＿＿＿＿＿＿＿＿＿。(一个双人间　yí gè shuāngrénjiān、两个
单人间　liǎng gè dānrénjiān)

　　乙:好　的,　先生　请　稍　等。

　　　　Hǎo de, xiānsheng qǐng shāo děng.

(3)学生:＿＿＿＿＿＿＿＿＿＿＿。(到澳门的飞机票　dào Àomén de fēijīpiào)

　　乙:行,　没 问题。订 几号　的?

　　　　Xíng, méi wèntí. Dìng jǐ hào de?

(4)学生:＿＿＿＿＿＿＿＿＿＿＿＿＿。(四个座位　sì gè zuòwèi)

　　乙:好　的,你们　什么　时候 来吃　饭?

　　　　Hǎo de, nǐmen shénme shíhou lái chī fàn?

　　学生:我们　今天　晚上　就　去。

　　　　Wǒmen jīntiān wǎnshang jiù qù.

二、用"什么样"和所给词语完成对话:

**Complete the following dialogues, using "shénmeyàng" and the given words:**

您要　什么样　的 房间?

Nín yào shénmeyàng de fángjiān?

(1)学生:＿＿＿＿＿＿＿＿＿＿＿＿?（工作　gōngzuò)

　　乙:有意思、工资 高的　工作。

　　　　Yǒu yìsi、gōngzī gāo de gōngzuò.

(2) 学生：_____？（张太太 Zhāng tàitai）

乙：她 很 善良，对人 很 友好。
　　Tā hěn shànliáng, duì rén hěn yǒuhǎo.

(3) 甲：我们 刚 去 参观 了 故宫。
　　Wǒmen gāng qù cānguān le Gùgōng.

学生：_____？漂亮 吗？（故宫里边）
　　　_____？Piàoliang ma?（Gùgōng lǐbian）

(4) 甲：小 刘 的 太太 刚 生 了 一个 男孩。
　　Xiǎo Liú de tàitai gāng shēng le yí gè nánhái.

学生：_____？像 他 妈妈 还是 像 他 爸爸？（那孩子）
　　　_____？Xiàng tā māma háishi xiàng tā bàba?（nà háizi）

三、用"名词／代词＋这儿／那儿"和所给词语完成对话：
*Complete the following dialogues, using the phrase "noun/pronoun + zhèr/nàr" and the given words:*

你们 这儿 双 人间 的 价钱 是 多少？
Nǐmen zhèr shuāngrénjiān de jiàqian shì duōshao?

(1) 甲：别 去 他们 那儿 买 东西。
　　Bié qù tāmen nàr mǎi dōngxi.

乙：为 什么？
　　Wèishénme?

学生：_____。（质量不好 zhìliàng bù hǎo）

(2) 甲：你 儿子 呢？怎么 没 在 家？
　　Nǐ érzi ne? Zěnme méi zài jiā?

学生：_____。（奶奶 nǎinai）

(3) 甲：复兴门 那儿 可以 换 地铁 吗？ (4) 甲：你 这儿 有 英 汉 词典 吗？
　　Fùxīngmén nàr kěyǐ huàn dìtiě ma?　　　Nǐ zhèr yǒu Yīng Hàn cídiǎn ma?

学生：_____。（可以 kěyǐ）学生：_____。（没有 méiyǒu

四、用"从……到……"和所给词语完成对话：

**Complete the following dialogues, using the construction "cóng…dào…" and the given words:**

> 从　几号　住　到　几号？
> Cóng jǐ hào zhù dào jǐ hào?
> 从　北京　到　广州　的　车　有　哪几　趟？
> Cóng Běijīng dào Guǎngzhōu de chē yǒu nǎ jǐ tàng?

(1)学生：＿＿＿＿＿＿＿＿＿＿＿＿＿＿？（坐　火车、北京、武汉）
　　　　　＿＿＿＿＿＿＿＿＿＿＿＿＿＿？（zuò huǒchē、Běijīng、Wǔhàn）
　　男：二十　个　小时　左右。
　　　　èrshí gè xiǎoshí zuǒyòu.

(2)学生：＿＿＿＿＿＿＿＿＿＿＿＿？（宿舍、教室）
　　　　　＿＿＿＿＿＿＿＿＿＿＿＿？（sùshè、jiàoshì）
　　女：十　分钟　左右。
　　　　Shí fēnzhōng zuǒyòu.

(3)甲：你　从　什么　时候　开始　在　贸易　公司　工作　的？
　　　　Nǐ cóng shénme shíhou kāishǐ zài màoyì gōngsī gōngzuò de?
　　学生：从　＿＿＿＿＿到　＿＿＿＿＿，一直　＿＿＿＿＿。（1990 年、现在）
　　　　　Cóng＿＿＿＿＿dào＿＿＿＿＿, yìzhí ＿＿＿＿＿. (1990 nián、xiànzài)

(4)甲：你们　认识　很　长　时间　了吗？
　　　　Nǐmen rènshi hěn cháng shíjiān le ma?
　　学生：对，＿＿＿＿＿＿＿＿＿＿＿＿＿。（中　学、大学、同学）
　　　　　Duì, ＿＿＿＿＿＿＿＿＿＿＿＿＿. (zhōngxué、dàxué、tóngxué)

## 综合练习 Comprehensive exercises

一、根据课文回答下边的问题，并根据问题的提示复述课文：

**Answer the following questions according to the text and give the text in your own words using the questions as clues:**

(1)李　文龙　到　饭店　要　做　什么？
　　Lǐ Wénlóng dào fàndiàn yào zuò shénme?

　　＿＿＿＿＿＿＿＿＿＿＿＿＿＿＿＿＿＿＿。

(2) 李 文龙 订了一个 什么 样 的 房间?
Lǐ Wénlóng dìngle yí gè shénmeyàng de fángjiān?

_____。

(3) 李 文龙 订 的 房间 里有 空调 和 长途 电话 吗?
Lǐ Wénlóng dìng de fángjiān lǐ yǒu kōngtiáo hé chángtú diànhuà ma?

_____。

(4) 李 文龙 是 给 谁 订 的 房间?
Lǐ Wénlóng shì gěi shéi dìng de fángjiān?

_____。

(5) 李 文燕 打算 从 几号 住 到 几号?
Lǐ Wényàn dǎsuan cóng jǐ hào zhù dào jǐ hào?

_____。

(6) 方 雪芹 到 火车站 要 做 什么?
Fāng Xuěqín dào huǒchēzhàn yào zuò shénme?

_____。

(7) 从 北京 到 广州 坐 火车 需要 多 长 时间?
Cóng Běijīng dào Guǎngzhōu zuò huǒchē xūyào duō cháng shíjiān?

_____。

(8) 从 北京 到 广州 的 火车 有 哪几 趟? 几点 开车?
Cóng Běijīng dào Guǎngzhōu de huǒchē yǒu nǎ jǐ tàng? Jǐ diǎn kāichē?

几 点 到 广州?
Jǐ diǎn dào Guǎngzhōu?

_____。

(9) 从 北京 到 广州 的 硬卧票 多少 钱 一 张?
Cóng Běijīng dào Guǎngzhōu de yìngwòpiào duōshao qián yì zhāng?

_____。

(10) 方 雪芹 买了 什么样 的 车票?
Fāng Xuěqín mǎile shénmeyàng de chēpiào?

_____。

二、回答问题:

**Answer the following questions:**

(1) 你 喜欢 坐 火车 还是 喜欢 坐 飞机? 为什么?
Nǐ xǐhuan zuò huǒchē háishi xǐhuan zuò fēijī? Wèishénme?

_____。

148

(2) 你 像 你爸爸 还是 像 你 妈妈? 你的 性格 像 谁?
Nǐ xiàng nǐ bàba háishi xiàng nǐ māma? Nǐ de xìnggé xiàng shéi?

_____。

(3) 你 订 报纸 了 吗? 你 订了几份 报纸?
Nǐ dìng bàozhǐ le ma? Nǐ dìngle jǐ fèn bàozhǐ?

_____。

(4) 你 家 到 你们 公司 有 多 远? 你 怎么 上 下 班?
Nǐ jiā dào nǐmen gōngsī yǒu duō yuǎn? Nǐ zěnme shàng xià bān?

_____。

(5) 在 你们 国家, 在 贸易 公司 工作 的 工资 高 还是 在 大学
Zài nǐmen guójiā, zài màoyì gōngsī gōngzuò de gōngzī gāo háishi zài dàxué
工作 的 工资 高?
gōngzuò de gōngzī gāo?

_____。

三、意念表达:(用本课学过的表达方式)
***Express the following notions, using the expressions learnt in this lesson:***

(1) 告诉服务员,你想订一个双人间:
Tell the clerk at the reception counter that you want to book a double room:

(2) 询问你订的房间里有没有空调和长途电话:
Ask whether there is an air-conditioner in the room and whether you can make long-distance calls in the room:

(3) 告诉售票员,你想买两张 15 号到西安的软卧票:
Tell the clerk at the ticket office that you want to buy two soft berth tickets on the fifteenth for Xi'an:

(4) 询问到西安的火车什么时候开车、什么时候到站:
Ask when the train for Xi'an leaves and when it arrives:

(5) 询问从南京到西安需要多长时间:
Ask how long it takes from Nanjing to Xi'an by train:

## 四、情景会话或表演：

*Compose dialogues on the following situations and act them:*

(1)在饭店订房间。

Booking a room in a hotel

(2)在火车站买票。

Buying a ticket at the station

## 五、请你说：(至少用上五个本课学过的新词语)

*Speak on the following topics, using at least 5 of the words in this lesson:*

(1)说说你最喜欢做的工作,喜欢它的原因。

Say what job you like best and give a reason.

(2)介绍一张你最喜欢或最常看的报纸。

Tell the others about a newspaper you like best or you read very often.

## 六、小讨论：

*A discussion:*

就下边的题目展开讨论,每个人都应该有自己明确的观点和充分、完整的论据。

Discuss the following topic, each giving and supporting his/her argument clearly.

讨论题：和自己的父母住在一起好处多还是坏处多？

Topic: Are there more advantages than disadvantages in living with parents?

## 走马观花 *A Glimpse of Modern Chinese Culture*

### 铁路

### Railways

截至 1997 年夏,中国全国铁路通车运营里程达 6.4 万公里,除西藏以外,基本形成了一个以北京为中心的四通八达的铁路运输网。

By the summer of 1997, 64 thousand kilometers of railways had been opened to traffic in China. A railway network with Beijing at its center has been formed connecting all regions of China, except Tibet.

坐火车旅行,首先要做的是买火车票,你可以到指定的火车票预售处去买,也可以到火车站的售票处去买。在这两个地方, 可以买到提前三天或五天的火车票；而如果想买当天的车票,则只有在火车站的售票处才能买到。

The first thing to do when traveling by train is to buy a ticket. There are certain places, including the ticket office of the station, where tickets are sold three or five days in advance. You can buy a ticket for the day you travel only at the railway ticket office.

买票的时候,得告诉售票员你的目的地、乘车的时间、车次等。如果你有什么不清楚的问题,可以到"问讯处"去咨询一下。

When you buy a ticket, you must tell the clerk your destination, the day you leave and the train number. If you have anything you are not clear about, you can go to the information office where you can ask.

也可以自己在车站的列车时刻表上查出你要乘的列车的简单情况。这是列车的车次,这是列车开车的时间,这是起点站,这是终点站,这是列车到达终点站的时间。

For information about the train you intend to take, you can consult the railway time table. These are the train numbers. Here are the departure times, the stations and the terminuses. These are the times the trains arrive at the terminuses.

当你拿着你的行李走进这个"进站口",你的旅行就开始了。与之相反的这个大门是"出站口",当你的旅行圆满结束的时候,你的亲友应该是从这个地方接到你。

You start your travels from the time you pass through "jìnzhànkǒu" (the ticket collector's box) with your luggage. You end your travels when you go through "chūzhànkǒu" (the check – out), where you can see your relatives or friends who have come to the station to meet you.

1997 年 4 月 1 日起全国列车全面提速。京哈、京广、京沪三大干线最高时速均可达 140 公里。现在,坐火车旅行也是挺方便的。

After April 1, 1997 all the trains went fast. On the three trunk lines, trains run at 140 kilometers per hour. Traveling by train has now become more convenient.

## 写 汉 字 *Writing Demonstration*

丶 冫 冫 卩 卩 次 次 咨 资 资

| 资 | 资 | 资 | 资 | 资 | 资 | | | | |
|---|---|---|---|---|---|---|---|---|---|

丶 厶 卬 卬 卯 卯 贸 贸

| 贸 | 贸 | 贸 | 贸 | 贸 | 贸 | | | | |
|---|---|---|---|---|---|---|---|---|---|

151

第二十七课
Dì - èrshíqī Kè

# LESSON TWENTY-SEVEN

## 语 用 范 例 *Examples of Usage*

1. 询问从何时开始做某事 *Asking from what time something started*

你 是 从 什么 时候 开始 学习 英语 的?
Nǐ shì cóng shénme shíhou kāishǐ xuéxí Yīngyǔ de?
*you to be from what time to begin to study English*
*( structural particle )*
When did you begin to study English?

2. 表达某行为持续的时间 *Indicating the duration of an action*

我 已经 学习 了 五个 星期 了。
Wǒ yǐjīng xuéxí le wǔ gè xīngqī le.
*I already to study ( aspectual suffix ) 5 ( measure word ) week*
*( aspectual particle )*
I have already studied for 5 weeks.

3. 询问对方的来意 *Asking what somebody has come for*

你 找 我 有 事 吗?
Nǐ zhǎo wǒ yǒu shì ma?
*you to look for me to have matter ( interrogative particle )*
What have you come for?

## 4. 请人帮忙　*Asking for help*

我　找　你　帮　个　忙。
Wǒ　zhǎo　nǐ　bāng　gè　máng.
*I　to look for you　to help　( measure word )　busy*
I have come to you for help.

## 5. 谈论报考专业　*Talking about the speciality you apply for at a university*

你　要　考　什么　专业?
Nǐ　yào　kǎo　shénme　zhuānyè?
*you　to want　to be examined　what　specialty*
What specialty do you apply for?

—— 经济　学。
—— Jīngjì　xué.
—— *Economy science*
——Economics.

—— 这个　专业　很　有　用。
—— Zhèige　zhuānyè　hěn　yǒu　yòng.
—— *this ( measure word ) specialty very useful*
——It is a useful speciality.

YI

PART ONE

# 这个周末有英语考试
## Zhège Zhōumò Yǒu Yīngyǔ Kǎoshì
## We have an English examination this weekend

### 新 词 语 *New Words and Phrases*

| | | | |
|---|---|---|---|
| 1. | 复习 | fùxí | to review one's lessons |
| 2. | 考试 | kǎoshì | examination |
| 3. | 参加 | cānjiā | to participate in |
| 4. | 班 | bān | class |
| 5. | 用功 | yònggōng | diligent |
| 6. | 毕业 | bìyè | to graduate |
| 7. | 要求 | yāoqiú | demand |
| 8. | 流利 | liúlì | fluent |
| 9. | 严 | yán | strict |

### 课 文 *Text*

丁璐璐来到方雪芹家借书,方雪芹正在复习功课,老朋友见面,她们聊些什么呢?

Fang Xueqin is reviewing her lessons when Ding Lulu comes to Fang's to borrow some books.
What do the two friends talk about when they meet?

(方雪芹正在复习功课,丁璐璐进来)

(Fang Xueqin is reviewing her lessons when Ding Lulu comes in. )

| | |
|---|---|
| 丁璐璐: | 雪芹, 你 在 忙 什么 呢? |
| | Xuěqín, nǐ zài máng shénme ne? |
| Ding: | What are you busying about, Xueqin? |
| 方雪芹: | 我 在 复习 英语 呢。 |
| | Wǒ zài fùxí Yīngyǔ ne? |
| Fang: | I am reviewing my English lessons. |

154

丁璐璐： 复习 英语？

Fùxí Yīngyǔ?

Ding: Reviewing your English lessons?

方雪芹： 是 啊,这个 周末 我 有 英语 考试。

Shì ā, zhèige zhōumò wǒ yǒu Yīngyǔ kǎoshì.

Fang: Yes, I am going to have an English examination this weekend.

丁璐璐： 你 在 哪儿 学习 英语？

Nǐ zài nǎr xuéxí Yīngyǔ?

Ding: Where do you study English?

方雪芹： 我 参加 了 一 个 英语 学习 班。

Wǒ cānjiā le yí gè Yīngyǔ xuéxí bān.

Fang: I have joined a short English course.

丁璐璐： 你 是 从 什么 时候 开始 学习 的？

Nǐ shì cóng shénme shíhou kāishǐ xuéxí de.

Ding: When did you start your English lessons?

方雪芹： 我 已经 学习 了 五 个 星期 了。

Wǒ yǐjīng xuéxí le wǔ gè xīngqī le.

Fang: I started 5 weeks ago.

丁璐璐： 你 真 用功 , 已经 毕业 了 还 要 学习。

Nǐ zhēn yònggōng, yǐngjī bìyè le hái yào xuéxí.

Ding: You are really hard – working though you have graduated from college.

方雪芹： 哪儿 啊,我们 公司 要求 我们 能 说 流利 的 英语。

Nǎr a, wǒmen gōngsī yāoqiú wǒmen néng shuō liúlì de Yīngyǔ.

Fang: Don't say that. My company requires us to speak English fluently.

丁璐璐： 你们 公司 对 你们 要求 真 严。

Nǐmen gōngsī duì nǐmen yāoqiú zhēn yán.

Ding: Your company is quite strict with you.

方雪芹： 没 办法。(忽然想起地)对了,你 找 我 有 事 吗?

Méi bànfǎ.          Duì le, nǐ zhǎo wǒ yǒu shì ma?

Fang: It certainly is. (Suddenly thinking of something) Yes, what have
you come for?

# 注　释　*Notes*

 **1.** "是……的"结构(二)　　The construction "shì…de" (2)

> 你 是 从 什么 时候 开始 学习 的?
>
> Nǐ shì cóng shénme shíhou kāishǐ xuéxí de.
>
> **When did you begin studying it?**

前边我们已经学过,"是……的"结构用于强调动作发生的时间、地点、方式、目的等,"是"可以省略,一般都是已经发生的事。没有发生的事不能用"(是)……的"。比较一下下面的句子:

We have learnt before that the construction "shì…de" is used to emphasize the time, place, manner and purpose of an action and that "shì" is optional. This construction is used with something that has already taken place. In other words, we cannot use this construction with a future action . Compare the following sentences: .

(1)甲:你 从 什么 时候 开始 学习 的?（已经开始学习了）

　　　Nǐ cóng shénme shíhou kāishǐ xuéxí de?（yǐjīng kāishǐ xuéxí le）

　　**When did you begin studying it? (The action of studying has already taken place. )**

　　乙:我 已经 学习了五个 星期 了

　　　Wǒ yǐjīng xuéxí le wǔ gè xīngqī le.

　　**I have studied it for 5 weeks.**

　　甲:你 从 什么 时候 开始 学习?（还没开始学习）

　　　Nǐ cóng shénme shíhou kāishǐ xuéxí?（hái méi kāishǐ xuéxí）

　　**When will you begin studying it? (The action has not started yet. )**

　　乙:我 从 下 个 星期 开始。

　　　Wǒ cóng xià gè xīngqī kāishǐ.

　　**I'll begin next week.**

(2)甲:你 什么 时候 来 的?（已经来了）

　　　Nǐ shénme shíhou lái de?（yǐjīng lái le）

　　**When did you come? (He has already come. )**

乙:我　12　点　就　来　了。

Wǒ shí'èr diǎn jiù lái le.

I came at twelve o'clock.

甲:你　什么　时候　来?（还没　来）

Nǐ shénme shíhou lái?（hái méi lái）

When will you come.（He has not come yet.）

乙:我　12　点　来,好　吗?

Wǒ shí'èr diǎn lái, hǎo ma?

Is it all right if I come at twelve o'clock.

(3)甲:你　怎么　去　的?（已经　去过　了）

Nǐ zěnme qù de?（yǐjīng qùguo le）

How did you go there?（He has already been there.）

乙:我　坐飞机　去　的。

Wǒ zuò fēijī qù de.

I went there by air.

甲:你　怎么　去?（还没　去）

Nǐ zěnme qù ?（hái méi qù）

How will you get there?（He has not left yet.）

乙:我　坐飞机　去。

Wǒ zuò fēijī qù.

I will go there by air.

## 2. 句子末尾的"了"表示的时间概念

The time concept indicated by the modal particle "le"

我　已经　学习　了　五　个　星期　了。

Wǒ yǐjīng xuéxí le wǔ gè xīngqī le.

I have studied it for 5 weeks.

　　说这句话的时候,方雪芹还在学习班学英语,所以她说"已经学习了五个星期了",句子的最后她用了"了"。如果说"我学习了五个星期",句子的最后没用"了",就意味着她已经学完了。比较一下下面的句子：

Fang Xueqin says "yǐjīng xuéxí le wǔ ge xīngqī le" with the aspectual particle "le" used at the end of the sentence because at the time she says it she is still studying it. If she says "wǒ xuéxí le wǔ gè xīngqī" without "le" at the end, it means she has finished her studies. Compare the following sentences:

(1)我 学习了五个星期。（我 现在 不学 了）

　　Wǒ  xuéxí le wǔ gè xīngqī.（wǒ xiànzài bù xué le）

　　I studied it for 5 weeks. (I don't study it any longer.)

　　我 已经 学习了五个 星期了。（我 现在 还 在学）

　　Wǒ  yǐjīng xuéxí le wǔ gè xīngqī le.（wǒ xiànzài hái zài xué）

　　I have already studied it for 5 weeks. (I was studying it till now.)

(2)我 在 北京 住了三 年。（我 现在 不住在 北京）

　　Wǒ zài Běijīng zhù le sān nián.（wǒ xiànzài bú zhù zài Běijīng）

　　I lived in Beijing for 3 years. (I don't live in Beijing now.)

　　我 在 北京 住了三 年了。（我 现在还 住 在 北京）

　　Wǒ zài Běijīng zhù le sān nián le.（wǒ xiànzài hái zhù zài Běijīng）

　　I have lived in Beijing for 3 years. (I am still living in Beijing.)

(3)他 看书 看了 两 个 小时。（他 现在 没有 看 书）

　　Tā kàn shū kàn le liǎng gè xiǎoshí.（tā xiànzài méiyǒu kàn shū）

　　He read for 2 hours. (He is not reading now.)

　　他 看 书 看了 两 个 小时了。（他 现在还 在 看 书）

　　Tā kàn shū kàn le liǎng gè xiǎoshí le.（tā xiànzài hái zài kàn shū）

　　He has been reading for 2 hours. (He is still reading now.)

**3.** "毕业"的位置　The position of "bìyè"

已经毕业了还要 学习。

Yǐjīng  bìyè  le hái yào xuéxí.

You are still studying though you have graduated from college.

158

"毕业"在汉语中是一个不及物动词,我们习惯说"中学毕业/大学毕业"。请注意它的位置:

In Chinese "bìyè" is an intransitive verb, as in the phrases "zhōngxué bìyè" and "dàxué bìyè".
Note its position:

(1) 中学　毕业——

zhōngxué bìyè——

to graduate from middle school

甲:你 是 哪年　中学　毕业 的?

　　Nǐ shì nǎ nián zhōngxué bìyè de?

　　When did you graduate from middle school?

乙:前年。

　　Qiánnián.

　　The year before last.

(2) 大学 毕业——

dàxué bìyè——

to graduate from university

甲:你 什么　时候 大学 毕业?

　　Nǐ shénme shíhou dàxué bìyè?

　　When will you graduate from university?

乙:后年。

　　Hòunián.

　　The year after next.

(3) 甲:毕业 以后 你 打算　做　什么?

　　Bìyè yǐhòu nǐ dǎsuan zuò shénme?

　　What do you want to do when you graduate?

乙:毕业 以后 我　想　马上　工作。

　　Bìyè yǐhòu wǒ xiǎng mǎshàng gōngzuò.

　　I want to find a job immediately (after I graduate).

一、记住下边的词语搭配,并用它们分别造句:
  *Learn the following collocations by heart and make sentences with them:*

参加聚会　　　cānjiā jùhuì　　　_____

参加会议　　　cānjiā huìyì　　　_____

参加工作　　　cānjiā gōngzuò　　_____

参加运动会　　cānjiā yùndònghuì　_____

二、用所给的词语完成对话:
  *Complete the following dialogues,　using the given words or phrases:*

(1)甲:你 在 几 班?　　　　　(2)甲:我　想　学太极拳。
　　　Nǐ zài jǐ bān?　　　　　　　Wǒ xiǎng xué tàijíquán.

　乙:_____。（三班　sān bān）　乙:_____。（太极拳班
　　　　　　　　　　　　　　　　　　　　　　　　　　　　tàijíquán bān）

(3)甲:他 的 学习 真 好!
　　　Tā de xuéxí zhēn hǎo!

　乙:_____。（最用功　zuì yònggōng）

(4)甲:你 怎么 不 到 八 点 就要 回家?
　　　Nǐ zěnme bú dào bā diǎn jiù yào huí jiā?

　乙:我 妈妈_____。（要求）
　　　Wǒ māma_____。（yāoqiú）

(5)甲:你们 的 老师 对 你们 要求 严 不 严?
　　　Nǐmen de lǎoshī duì nǐmen yāoqiú yán bù yán?

　乙:严。_____。（ 好好 学习）
　　　Yán._____。（hǎohǎo xuéxí）

(6)甲:你 父母 对 你 严 不 严?
　　　Nǐ fùmǔ duì nǐ yán bù yán?

　乙:_____,_____。（严 yán、不严 bù yán）

三、用正确的语气、语调说下边的句子：

**Read aloud the following sentences with the appropriate tones and intonations:**

(1)你 在 忙　什么 呢？
　　Nǐ zài máng shénme ne?

(2)我 在 复习 英语 呢。
　　Wǒ zài fùxí Yīngyǔ ne?

(3)这个　周末 我 有 英语 考试。
　　Zhèige zhōumò wǒ yǒu Yīngyǔ kǎoshì.

(4)我 参加 了一个 英语 学习 班。
　　Wǒ cānjiā le yí gè Yīngyǔ xuéxí bān.

(5)你 是 从　什么　时候 开始学习 的?
　　Nǐ shì cóng shénme shíhou kāishǐ xuéxí de.

(6)我 已经 学习 了 五个 星期 了。
　　Wǒ yǐjīng xuéxí le wǔ gè xīngqī le.

(7)你 真　用功，已经 毕业 了还 要 学习。
　　Nǐ zhēn yònggōng, yǐjīng bìyè le hái yào xuéxí.

(8)哪儿啊,我们　公司 要求 我们　能　说 流利 的 英语。
　　Nǎr a ,wǒmen gōngsī yāoqiú wǒmen néng shuō liúlì de Yīngyǔ.

(9)你们　公司 对你们 要求　真 严。
　　Nǐmen gōngsī duì nǐmen yāoqiú zhēn yán.

## 写 汉 字　Writing Demonstration

フ 力 加 加 加

| 加 | 加 | 加 | 加 | 加 | 加 | | | | |
|---|---|---|---|---|---|---|---|---|---|

一 丁 工 巧 功

| 功 | 功 | 功 | 功 | 功 | 功 | | | | |
|---|---|---|---|---|---|---|---|---|---|

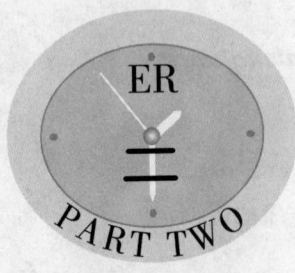

# 我打算考研究生

Wǒ Dǎsuan Kǎo Yánjiūshēng

## I plan to take the entrance examination for graduate studies

| 新 词 语 | *New Words and Phrases* |
|---|---|

| | | | |
|---|---|---|---|
| 1. | 研究生 | yánjiūshēng | graduate student |
| 2. | 专业 | zhuānyè | specialty |
| 3. | 经济学 | jīngjìxué | economics |
| 4. | 有用 | yǒuyòng | useful |
| 5. | 开玩笑 | kāi wánxiào | to joke |
| 6. | 借 | jiè | to borrow; to lend |
| 7. | 辅导 | fǔdǎo | to coach; to give special help |
| 8. | 玩具 | wánjù | toy |

| 课 文 *Text* |
|---|

丁璐璐找方雪芹有什么事？方雪芹是否能帮助她？

What has Ding Lulu come for? Can Fang Xueqin help her?

丁璐璐： 我 找 你 帮 个 忙。
Wǒ zhǎo nǐ bāng gè máng.

Ding: I have come to you for help.

方雪芹： 帮 什么 忙？
Bāng shénme máng?

Fang: What can I do for you?

丁璐璐： 我 打算 考 研究生。
Wǒ dǎsuan kǎo yánjiūshēng.

Ding: I plan to take the entrance examination for graduate studies.

162

方雪芹: 你 想 考 研究生? 璐璐, 你 真 是 个 用功 的 好 学生。

Nǐ xiǎng kǎo yánjiūshēng? Lùlu, nǐ zhēn shì gè yònggōng de hǎo xuésheng.

Fang: You do? You really are a hard – working and good student, Lulu.

丁璐璐: (指指方雪芹) 你 也 是 啊。(两人会心地笑了。)

Nǐ yě shì a.

Ding: (Pointing at Fang Xueqin) And you, too. (The two smile at each other. )

方雪芹: 你 要 考 什么 专业?

Nǐ yào kǎo shénme zhuānyè?

Fang: What specialty do you want to apply for?

丁璐璐: 经济学。

Jīngjìxué.

Ding: Economics.

方雪芹: 好 啊, 这个 专业 很 有用。

Hǎo a, zhèige zhuānyè hěn yǒuyòng.

Fang: Good. That is a useful specialty.

丁璐璐: 你 得 帮 我。

Nǐ děi bāng wǒ.

Ding: But I need your help.

方雪芹: 帮 你 考试 吗?

Bāng nǐ kǎoshì ma?

Fang: Help you with the exam?

丁璐璐: 别 开 玩笑 了。我 想 跟 你 爸爸 借 几 本 书,

Bié kāi wánxiào le. Wǒ xiǎng gēn nǐ bàba jiè jǐ běn shū,

还 想 请 他 辅导 辅导。

hái xiǎng qǐng tā fǔdǎo – fǔdǎo.

Ding: Stop joking. It's this: I want to borrow some books from your father and ask him to give me some special help.

方雪芹: 行 , 没 问题。走, 找 我 爸 去。

Xíng, méi wèntí. Zǒu, zhǎo wǒ bà qu.

Fang: O. K., no problem. Come and see my Dad.

(方雪芹一边叫着"爸——",一边和丁璐璐走出去。)

(Calling out "Dad! ", Fang Xueqin goes out with Ding Lulu. )

## 注 释 *Notes*

🍎 **1.** 考研究生   To take the entrance examination for graduate studies

我 打算 考 研究生。

Wǒ dǎsuan kǎo yánjiūshēng.

I plan to take the entrance examination for graduate studies.

我们要上研究生,参加研究生入学资格考试,可以说"考研究生"。类似的说法还有:
"Kǎo yánjiūshēng" means "to take the entrance examination for graduate studies". Similar expressions are:

考 研究生——我 打算 考 研究生。

kǎo yánjiūshēng——Wǒ dǎsuan kǎo yánjiūshēng.

To take the entrance examination for graduate studies——I plan to take the entrance examination for graduate studies.

考 大学——你女儿 今年 考 大学 考 得 怎么样?

kǎo dàxué——Nǐ nǚ'ér jīnnián kǎo dàxué kǎo de zěnmeyàng?

To take the college entrance examination——How did your daughter do in the college entrance examination?

考 中学——你 儿子 该 考 中学 了 吧。

kǎo zhōngxué—— Nǐ érzi gāi kǎo zhōngxué le ba?

Take the middle school entrance examination——It's time for your son to take the middle school entrance examination, isn't it?

考 经济学 专业——我 想 考 经济学 专业。

kǎo jīngjìxué zhuānyè——Wǒ xiǎng kǎo jīngjìxué zhuānyè.

To apply for the specialty of economics——I want to apply for the specialty of economics.

在中国,研究生一般分两种,硕士研究生,学制一般 2－3 年,需具有学士学位或本科同等

164

学力的人方可报考；博士研究生，学制一般是 3 年，需具有硕士学位或同等学力的人方可报考。要想攻读这两种研究生，均需参加入学资格考试。

In China, graduate students fall into two categories: those who study for the Master's degree and those who study for the Doctoral degree. For the former, the duration of study is 2 – 3 years and the candidate should hold a Bachelor's degree or have the same educational level, whereas for the latter, the duration of study is 3 years and the candidate should hold a Master's degree or have the same educational level. Candidates of both categories should take the appropriate entrance examination.

 **2.** 介词"跟"　The preposition "gēn"

> 我　想　跟你爸爸借几本　书。
> Wǒ xiǎng gēn nǐ bàba jiè jǐ běn shū.
> I want to borrow some books from your father.

"跟 + 某人/某事 + 动词"在这儿"跟……"表示向某方面有所取，相当于"(try to get something)from"。例如：

In the phrase"gēn + somebody/something + verb", "gēn" means "(to get) from". For example:

(1)方雪芹：爸爸，我　想　跟你学 太极拳。
　　　　　　Bàba, wǒ xiǎng gēn nǐ xué tàijíquán.
　　　　　　Dad, I want to learn Taijiquan from you.
　　方　父：好 啊，我 现在 就 开始 教你。
　　　　　　Hǎo a, wǒ xiànzài jiù kāishǐ jiāo nǐ.
　　　　　　O. K., let me teach you right now.

(2)男孩：妈妈，我 想　买玩具，我 要 二十块 钱。
　　　　　Māma, wǒ xiǎng mǎi wánjù, wǒ yào èrshí kuài qián.
　　　　　Mum, please give me 20 yuan to buy a toy.
　　妈妈：我 正　忙着 呢，去 跟你爸爸 要 吧。
　　　　　Wǒ zhèng mángzhe ne, qù gēn nǐ bàba yào ba.
　　　　　Go and ask your Dad. I am busy now.

(3)甲：这 本书 是 谁 的?
　　　Zhèi běn shū shì shéi de?
　　　Whose book is this?

乙：是 我 跟 小 王 借 的。

Shì wǒ gēn Xiǎo Wáng jiè de.

I borrowed it from Little Wang.

**3.** 关于"借"　The verb "jiè"

我 想 跟 你 爸爸 借 几 本 书。

Wǒ xiǎng gēn nǐ bàba jiè jǐ běn shū.

I want to borrow some books from your father.

在汉语里，无论"lend"还是"borrow"都说"借"。例如：

In Chinese, the verb "jiè" means both "to lend" and "to borrow". For example:

(1)甲：这 本 书 真 有意思，你 能 借 给 我 看看 吗？

　　　Zhèi běn shū zhēn yǒu yìsi , nǐ néng jiè gěi wǒ kànkan ma?

　　　This is a very interesting book. Can you lend it to me?

　　乙：当然 可以 借 给 你。

　　　Dāngrán kěyǐ jiè gěi nǐ.

　　　Certainly I can lend it to you.

(2)甲：你 跟 他 借 了 多少 钱？

　　　Nǐ gēn tā jièle duōshao qián?

　　　How much did you borrow from him?

　　乙：我 借 了 五十 块 钱。

　　　Wǒ jiè le wǔshí kuài qián.

　　　I borrowed 50 yuan.

(3)甲：你 的 自行车 呢？

　　　Nǐ de zìxíngchē ne?

　　　Where is your bicycle?

　　乙：小 丁 借 去 了。

　　　Xiǎo Dīng jièqu le.

　　　Little Ding has borrowed it.

(4)甲：那 本 书 你 借 来 了 吗？

　　　Nèi běn shū nǐ jièlai le ma?

　　　Have you borrowed that book?

　　乙：借 来 了。

　　　Jièlai le.

　　　Yes, I have (borrowed it).

166

一、用所给词语完成下边的对话：

*Complete the following dialogues with the words or phrases given in brackets:*

(1)甲:＿＿＿＿＿＿＿＿＿＿＿＿＿＿? （20 号　20 hào）

　　乙:我　打算　参加　这个　会议。
　　　　Wǒ dǎsuan cānjiā zhèige huìyì.

(2)甲:＿＿＿＿＿＿＿＿＿＿＿＿? （圣诞节　Shèngdànjié）

　　乙:我　打算　去　南方。
　　　　Wǒ dǎsuan qù nánfāng.

(3)甲:＿＿＿＿＿＿＿＿＿＿＿＿? （大学　毕业　以后　dàxué bìyè yǐhòu）

　　乙:还　没　有　什么　打算。
　　　　Hái méi yǒu shénme dǎsuàn.

二、翻译下边的句子,注意加横线的词语的意思和用法,并用它们模仿造句:

*Translate the following sentences, paying attention to the usage and meaning of the underlined words or phrases and make sentences using them:*

(1)这　是一本　<u>有用</u>　的书。
　　Zhè shì yì běn yǒuyòng de shū.

(2)学会　汉语　对我　很　<u>有用</u>。
　　Xuéhuì Hànyǔ duì wǒ hěn yǒuyòng.

(3)这　本　书　已经　<u>没用</u>　了。
　　Zhèi běn shū yǐjīng méiyòng le.

(4)他　说了　很　多　<u>没用</u>　的　话。
　　Tā shuōle hěn duō méiyòng de huà.

(5)老　张　特别　喜欢　<u>跟</u>　年轻人　<u>开</u>　<u>玩笑</u>。
　　Lǎo Zhāng tèbié xǐhuan gēn niánqīngrén kāi wánxiào.

(6)甲:跟 你 开个 玩笑，别 生气。

Gēn nǐ kāi gè wánxiào, bié shēngqì.

　　乙:这么 重要 的 事,你 开 什么 玩笑?

Zhème zhòngyào de shì, nǐ kāi shénme wánxiào?

## 三、用正确的语气、语调说下边的句子:
### Read aloud the following sentences with the appropriate tones and intonations:

(1)我 找 你 帮 个 忙。

Wǒ zhǎo nǐ bāng gè máng.

(2)你 找 我 帮 什么 忙?

Nǐ zhǎo wǒ bāng shénme máng?

(3)我 打算 考 研究生。

Wǒ dǎsuan kǎo yánjiūshēng.

(4)你 要 考 什么 专业 的 研究生?

Nǐ yào kǎo shénme zhuānyè de yánjiūshēng?

(5)我 想 考 经济学 专业。

Wǒ xiǎng kǎo jīngjìxué zhuānyè.

(6)经济学 这个 专业 很 有用。

Jīngjìxué zhèige zhuānyè hěn yǒuyòng.

(7)别 开 玩笑 了。

Bié kāi wánxiào le.

(8)我 想 跟 你爸爸 借几本 书,还 想 请 他 辅导辅导。

Wǒ xiǎng gēn nǐ bàba jiè jǐ běn shū, hái xiǎng qǐng tā fǔdǎo – fǔdǎo.

## 写汉字 Writing Demonstration

一 丁 丆 石 石 石 矸 研 研

研

丶 丷 宀 宀 宂 究 究

究

SAN

PART THREE

# 我干完了再休息

Wǒ Gànwán Le Zài Xiūxi

## I will finish it before I take a rest

### 新 词 语  *New Words and Phrases*

| | | | |
|---|---|---|---|
| 1. (一)夜 | (yí)yè | night, overnight | |
| 2. 半天 | bàntiān | half a day; a long time | |
| 3. 出生 | chūshēng | to be born | ta na nian chusheng? |
| 4. 历史 | lìshǐ | history | liaojie = to understand |
| 5. 系 | xì | department (of the university) | |
| 6. 法律 | fǎlǜ | law | lüshi = lawyer. |
| 7. 中文 | zhōngwén | Chinese literature and linguistics | |
| 8. 政治 | zhèngzhì | politics | |
| 9. 语言 | yǔyán | language | |
| 10. 北京烤鸭 | Běijīng kǎoyā | Beijing roast duck | kǎo = roast |
| 11. 红包 | hóngbāo | red paper envelope (containing money as a gift) | kǎorou = barbecue.  or bribe!! |

### 专 名  *Proper names*

| | | |
|---|---|---|
| 1. 德语 | Déyǔ | the German language |
| 2. 海南 | Hǎinán | the Hainan Province (It is the second largest island in China) |
| 3. 全聚德 | Quánjùdé | the Quanjude Roast Duck Restaurant |

## 句型练习 *Sentence pattern drills*

一、用下边句型和所给词语完成对话：

**Complete the following dialogues, using the following pattern and words or phrases given in brackets:**

> 动词＋了＋时间词（＋名词）＋了

> 我 已经 学习 了 五 个 星期 了。
> Wǒ yǐjīng xuéxí le wǔ gè xīngqī le.

Started in past    Still happening.

(1)学生：_____，休息 一会儿 吧。（三 个 小时）

_____，xiūxi yíhuìr ba。（sān gè xiǎoshí）

乙：好 的。

Hǎo de.

(2)甲：_____，该 起床 了。（一 天）　(3)甲：____，他还 没来。（半天）

_____，gāi qǐchuáng le。（yì tiān）　____，tā hái méi lái。（bàntiān）

乙：我 昨天 干了 一夜，累死了。　　乙：你别 等 了。

Wǒ zuótiān gànle yí yè，lèisǐ le.　　Nǐ bié děng le.

(4)甲：我 爷爷 在 北京 ___zhu le liushi nian le___。（六十 年）

Wǒ yéye zài Běijīng ___zhu le liushi nian le___。（liùshí nián）

乙：你 爷爷 是 在 北京 出生 的 吗？

Nǐ yéye shì zài Běijīng chūshēng de ma?

甲：不 是,他 是 在 天津 出生 的。

Bú shì,tā shì zài Tiānjīn chūshēng de.

二、用"了"和所给词语完成对话：

**Complete the dialogues, using "le" and the words or phrases given in brackets:**

> 已经 毕业 了 还要 学习。
> Yǐjīng bìyè le hái yào xuéxí.

(1)甲:昨天 她们 是 什么 时候 走 的?

　　　Zuótiān tāmen shì shénme shíhou zǒu de?

　　学生:_____。(吃了晚饭 chī le wǎnfàn)


(2)甲:下 了 班 你 来 接 我,好 吗?

　　　Xià le bān nǐ lái jiē wǒ,hǎo ma?

　　学生:好,_____。(在 你们 公司 门口)

　　　　Hǎo,_____。(zài nǐmen gōngsī ménkǒu)


(3)甲:快 休息 一会儿 吧。

　　　Kuài xiūxi yíhuìr ba.

　　学生:_____。(干完 gànwán)


(4)甲:妈妈,我 想 看 电视。

　　　Māma,wǒ xiǎng kàn diànshì.

　　学生:_____。(做完 作业 zuòwán zuòyè)


## 三、用所给词语完成对话:

*Complete the following dialogues with the words or phrases given in brackets:*

> 你 要 考 什么 专业?
>
> Nǐ yào kǎo shénme zhuānyè?

(1)学生:_____?(考大学 kǎo dàxué)

　　乙:我女儿考得不错。


(2)学生:_____?(系 xì)

　　乙:我是历史 系的。


(3)学生:_____?(专业 zhuānyè)

　　乙:我是法律专业的。

(4)学生:_____?(中文系 zhōngwén xì、国际政治系 guójì

　　zhèngzhì xì)

乙：我　想　考　中文系，我喜欢　中文。
Wǒ xiǎng kǎo zhōngwén xì, wǒ xǐhuan zhōngwén.

## 四、用"还"模仿完成对话：
*Complete the following dialogues, using "hái" after the model:*

我　想　跟你爸爸借几本书，还　想　请他　辅导辅导。
Wǒ xiǎng gēn nǐ bàba jiè jǐ běn shū, hái xiǎng qǐng tā fǔdǎo－fǔdǎo.

(1) 甲：听　说她会　说很　多　种　语言，真了不起。
Tīngshuō tā huì shuō hěn duō zhǒng yǔyán, zhēn liǎobuqǐ.

学生：对，_____。（英语、法语、德语，汉语和日语）
Duì, _____。（Yīngyǔ、Fǎyǔ、Déyǔ、Hànyǔ hé Rìyǔ）

(2) 甲：你这　趟　出去　玩儿，去了很　多　地方　吧？
Nǐ zhèi tàng chūqu wánr, qù le hěn duō dìfang ba?

学生：对，_____。（昆明、桂林、广州，海南）
Duì, _____。（Kūnmíng、Guìlín、Guǎngzhōu, Hǎinán）

(3) 甲：你们　昨天在　全聚德吃　什么了？
Nǐmen zuótiān zài Quánjùdé chī shénme le?

学生：_____。（北京烤鸭，鸭汤）
_____。（Běijīng kǎoyā, yātāng）

(4) 甲：你们　老板　对你们　好　吗？
Nǐmen lǎobǎn duì nǐmen hǎo ma?

学生：对　我们　很　好。_____。（一份礼物，一个　红包）
Duì wǒmen hěn hǎo. _____。（yí fèn lǐwù, yí gè hóngbāo）

## 综合练习 *Comprehensive exercises*

## 一、根据课文回答下边的问题，并根据问题的提示复述课文：
*Answer the following questions according to the text and give the text in your own words using the questions as clues:*

(1) 丁 璐璐 到 方 雪芹 家 的 时候，方 雪芹 在 做 什么 呢?
Dīng Lùlu dào Fāng Xuěqín jiā de shíhou, Fāng Xuěqín zài zuò shénme ne?

(2) 方 雪芹 在 哪儿 学习 英语?
Fāng Xuěqín zài nǎr xuéxí Yīngyǔ?

(3) 方 雪芹 学习 英语 学习了 多长 时间 了?
Fāng Xuěqín xuéxí Yīngyǔ xuéxí le duōcháng shíjiān le?

(4) 方 雪芹 为什么 要 学习 英语?
Fāng Xuěqín wèishénme yào xuéxí Yīngyǔ?

(5) 丁 璐璐 打算 考 什么 专业 的 研究生?
Dīng Lùlu dǎsuan kǎo shénme zhuānyè de yánjiūshēng?

(6) 丁 璐璐 找 方 雪芹 帮 她 什么 忙?
Dīng Lùlu zhǎo Fāng Xuěqín bāng tā shénme máng?

## 二、回答问题:

***Answer the following questions:***

(1) 你 是 中文 系的 研究生 吗?
Nǐ shì zhōngwén xì de yánjiūshēng ma?
你 是 从 什么 时候 开始 学习 汉语 的?
Nǐ shì cóng shénme shíhou kāishǐ xuéxí Hànyǔ de?
_____ 。

(2) 你 是 哪个 系的? 以后 你 想 考 中文 系的 研究生 吗?
Nǐ shì nǎ gè xì de? Yǐhòu nǐ xiǎng kǎo zhōngwén xì de yánjiūshēng ma?
_____ 。

(3) 你 什么 时候 有 汉语 考试?
Nǐ shénme shíhou yǒu Hànyǔ kǎoshì?
_____ 。

(4)除了 老师，有 没有 人 给 你 辅导 汉语？

Chúle lǎoshī, yǒu méiyǒu rén gěi nǐ fǔdǎo Hànyǔ?

_____。

(5)你们 班 谁 的 汉语 说 得 最 流利？

Nǐmen bān shéi de Hànyǔ shuō de zuì liúlì?

_____。

(6)你 会 说 几 种 语言？ 是 哪 几 种？

Nǐ huì shuō jǐ zhǒng yǔyán? Shì nǎ jǐ zhǒng?

_____。

## 三、意念表达:(用本课学过的表达方式)

**_Express the following notions, using the expressions learnt in this lesson:_**

(1)询问你的中国朋友是什么时候到美国工作的:

Ask your Chinese friend when he/she came to work in the United States?

(2)告诉别人你和你的朋友已经认识十年了:

Tell someone that you and your friend have known each other for ten years:

(3)你的邻居突然来到你家,你问问他/她是不是有事:

Ask your neighbor what you can do for him/her when he/she suddenly comes to your home:

(4)劝你的弟弟报考法律专业,告诉他这个专业很有用:

Persuade your younger brother to apply for entrance examination to the specialty of law by telling him that it is a very useful specialty:

(5)对你的这个朋友说,请他/她帮你辅导辅导汉语:

Speak to a friend of yours saying that you hope that he will give you special help in Chinese:

## 四、情景会话或表演：

*Compose a dialogue on the following situation and act it:*

在校园里的一次聚会中，一个英俊的小伙子遇到一个漂亮的姑娘。他想认识她……

At a party on campus, a smart boy meets a beautiful girl and he tries to get to know her……

## 五、请你说：（至少用上五个本课学过的新词语）

*Speak on the following topics, using at least 5 of the words or phrases learnt in this lesson:*

（1）说说你最喜欢的一位老师。

Talk about one of your favorite teachers.

（2）请你介绍一下，你们国家的大学生、研究生在毕业后找工作的情况。

Speak about how undergraduate and graduate students in your country look for jobs after graduation.

## 走 马 观 花 *A Glimpse of Modern Chinese Culture*

### 教育
### China's education system

在中国，孩子们度过了无忧无虑的幼儿园生活，一般年满六周岁或七周岁，就可以上小学了。中国实行九年制义务教育，小学六年，初中三年。

In China, children can enter primary school at the age of 6 or 7 after kindergarten, where they have spent a period free from all anxieties. China practices the policy of nine year compulsory education including six years in primary school and three years in junior middle school.

在这九年中，国家对学生免收学费，并设立助学金，以帮助贫困的学生上学。初中毕业后，学生可按照自己的愿望，有些人进入普通高中，有些人进入职业高中或中等专业学校继续学习。

During the nine years of compulsory education, schooling is free and the state provides financial aid to students from poor families. At the time of graduation from the junior middle school, students

175

may continue their schooling according to their choice of a regular or vocational senior middle school or a professional middle school.

进入普通高中学习的学生毕业后，一部分经过考试，进入大学接受高等教育。中国的学位分为：学士、硕士、博士三级。凡是获得学士学位或具有同等学力的人都可报考硕士研究生；凡是获得硕士学位或具有同等学力的人都可报考博士研究生。

Some of the graduates from senior middle school may enter universities or colleges if they succeed in the entrance examination. There are three kinds of university degrees in China, namely, the Bachelor's degree, the Master's degree and the Doctoral degree. Those who hold the Bachelor's degree, or who have the same educational level, can apply to study for the Master's degree and those who hold the Master's degree, or who have the same educational level, can apply for doctoral studies.

硕士研究生和博士研究生由各大学的研究生院或研究生部负责教育和管理。从1985年开始，中国试行博士后教育，分别在全国各大学及科研学术机构中建立各学科的博士后流动站，使取得博士学位的学者继续在某个领域中边工作、边学习、边科研。

The graduate school or office of the university is in charge of graduate students. Since 1985, China has implemented post doctoral education. Appropriate post doctoral mobile research stations of various specialties have been set up in universities and research institutes, so that scholars with a doctoral degree can continue their work, study and research in their respective fields.

在普通高等教育之外，还有多种形式的成人高等教育和职业教育等向人们提供着各种各样的受教育机会。

In addition to regular higher education, there are different forms of adult and vocational education which provide people with opportunities of receiving education.

## 写汉字 *Writing Demonstration*

丨 冂 日 日 甲 甲' 甲' 甲' 鸭 鸭

| 鸭 | 鸭 | 鸭 | 鸭 | 鸭 | 鸭 | | | | |

一 丆 至 丢 系 系 系

| 系 | 系 | 系 | 系 | 系 | 系 | | | | |

# LESSON TWENTY-EIGHT

第二十八课
Dì - èrshíbā Kè

## 语 用 范 例 *Examples of Usage*

**1. 表达数量不多** *Indicating a small amount*

一 个 人 只 花 600 块。
Yí gè rén zhǐ huā liùbǎi kuài.
*one ( measure word ) person only to spend 600 yuan*
It costs only 600 yuan per person.

**2. 想知道什么事情** *Wondering something*

不 知道 回来 的 飞机票 好 不 好 买。
Bù zhīdao huílai de fēijīpiào hǎo bù hǎo mǎi.
*not to know to come back ( structural particle ) air ticket easy not easy to buy*
I wonder whether it is easy to buy air tickets for the return journey.

**3. 说出真实意思** *Saying what is on the mind*

你们 的 意思 是, 你们 不 参加 旅行团?
Nǐmen de yìsi shì, nǐmen bù cānjiā lǚxíngtuán?
*you ( plural ) ( structural particle ) meaning to be, you ( plural ) not to join tourist group*
Do you mean you will not join a tourist group?

## 4. 嘱咐　*Giving advice*

你　要　好好　吃饭，　注意　身体。
Nǐ　yào　hǎohǎo　chī fàn，　zhùyì　shēntǐ.
*you should  seriously  to eat meal, to pay attention to  health*
Be sure to have your meals regularly and pay attention to your health.

冰箱　里　有　水果，你　别　忘了　吃。
Bīngxiāng　lǐ　yǒu　shuǐguǒ, nǐ　bié　wàngle　chī.
*Refrigerator inside to have fruit, you  don't to forget ( aspectual
suffix ) to eat*
There is fruit in the refrigerator.  Be sure to have some.

## 5. 表达某物放在某地　*Saying that something is in a certain place*

你的　证件、　药、地图　什么　的，放　在　这个　小　包里了。
Nǐ de zhèngjiàn、yào、dìtú shénme de, fàng zài  zhèige xiǎo bāo lǐ le.
*you ( structural particle ) papers, medicine, map, etc.,  to be placed to
 be this ( measure word ) small bag in ( modal particle )*
Your papers,  medicine,  map,  etc. are in this small bag.

你的　毛巾、　牙刷　放　在　这个　包里了。
Nǐ de　máojīn、yáshuā　fàng zài zhèige bāo lǐ le.
*you ( structural particle )  towel,  tooth brush to be placed to be this
( measure word ) bag in ( modal particle )*
Your towel and toothbrush are in this bag.

## 6. 祝愿旅途平安　*Wishing someone a good journey*

祝　你们　一路　平安！
Zhù　nǐmen　yílù　píng ān!
*to wish you ( plural ) all way safe*
Wishing you a pleasant trip.

# 参加旅行团很方便
## Cānjiā Lǚxíngtuán Hěn Fāngbiàn
## It is more convenient to join a tourist group

YI

PART ONE

## 新词语 *New Words and Phrases*

| | | | |
|---|---|---|---|
| 1. | 旅行 | lǚxíng | to travel |
| 2. | 只 | zhǐ | only |
| 3. | 旅行社 | lǚxíngshè | travel agency |
| 4. | 广告 | guǎnggào | advertisement |
| 5. | 旅行团 | lǚxíngtuán | tourist group |
| 6. | 自由 | zìyóu | free |
| 7. | 方便 | fāngbiàn | convenient |
| 8. | 省(钱) | shěng(qián) | economical; to save money |
| 9. | 提前 | tíqián | in advance |
| 10. | 意思 | yìsi | meaning; idea |

## 课 文 *Text*

　　方雪芹想让她爸爸、妈妈去黄山旅行,爸爸、妈妈同意了。但是在怎么去旅行的问题上他们发生了分歧。雪芹想让父母参加旅行团去,父母想自己去。下边我们看看他们的对话,听听他们各自的理由。

Fang Xueqin suggests that her parents should go travelling in Huang Shan. They accept her suggestion. But they have different ideas on how to get there. Xueqin thinks that they should join a tourist group while her parents want to go there by themselves. Let us listen to them talking and giving their reasons respectively.

(方父、方母在阳台活动,方雪芹从屋里出来)

(Fang Xueqin comes out from the room while her parents are doing exercises in the balcony. )

179

方雪芹： 爸、妈，你们 想 不 想 去 旅行？

　　　　Bà、mā，nǐmen xiǎng bù xiǎng qù lǚxíng？

Xueqin: Dad, Mum, do you want to go travelling?

方 母： 去 哪儿？

　　　　Qù nǎr？

Mother: Where to?

方雪芹： 去 黄山。 报纸 上 说，一个人 只花 600 块。

　　　　Qù Huángshān。Bàozhǐ shang shuō，yí gè rén zhǐ huā liùbǎi kuài。

Xueqin: Huang Shan. It says in the paper that it costs only 600 yuan per person.

方 父： 你 在 看 旅行社 的 广告 吧？

　　　　Nǐ zài kàn lǚxíngshè de guǎnggào ba？

Father: Are you reading travel agency advertisements?

方雪芹： 是 啊，你们 参加 旅行团 吧。

　　　　Shì a，nǐmen cānjiā lǚxíngtuán ba。

Xueqin: Yes, I suggest that you join a tourist group.

方 母： 不 好，不 自由。

　　　　Bù hǎo，bú zìyóu。

Mother: No. You can't do what you like if you join one.

方雪芹： 可是 又 方便 又 省 钱。

　　　　Kěshì yòu fāngbiàn yòu shěng qián。

Xueqin: But it's convenient and economical.

（方父在一边若有所思地说）

（Father says thoughtfully.）

方 父： 不 知道 回来 的 飞机票 好 不 好 买。

　　　　Bù zhīdao huílai de fēijīpiào hǎo bù hǎo mǎi。

Father: I wonder whether it is easy to book air tickets for the return journey.

方雪芹： 那 很 难 说。

　　　　Nà hěn nán shuō。

Xueqin: It's hard to say. .

（方母会意地）

(Mother says understandingly.)

方　母：提前 几天 买票，我 觉得 问题 不大。
　　　　Tíqián jǐ tiān mǎi piào, wǒ juéde wèntí bú dà.

Mother：I don't think there is any problem if we book several days in advance.

方雪芹：你们 的 意思 是, 你们 不 参加　旅行团?
　　　　Nǐmen de yìsi shì, nǐmen bù cānjiā lǚxíngtuán?

Xueqin：Do you mean you won't join a tourist group?

方　父：对, 我们 自己 去。
　　　　Duì, wǒmen zìjǐ qù.

Father：Yes, we shall go there by ourselves.

## 注　释 Notes

1. 黄山　Mt. Huang Shan

"黄山"位于中国的安徽省境内,山上风景秀丽,以奇松、怪石、云海、温泉著称,是有名的旅游胜地。

Mt. Huang Shan in Anhui Province is one of China's scenic spots. It is famous for its unusual pine trees and rocks, clouds and hot springs.

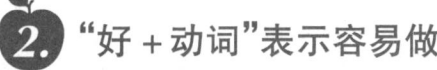

2. "好 + 动词"表示容易做

The phrase "hǎo + verb" indicating that something is easy to do

不　知道　回来　的　飞机票　好　不　好　买？

Bù zhīdao huílai de fēijīpiào hǎo bù hǎo mǎi.

**I wonder whether it is easy to book air tickets for the return journey.**

"好买"就是"easy to buy"。在这儿"好＋动词"是表示容易做，和我们以前学过的"好吃、好看"不一样。例如：

The phrase "hǎo + verb" means "easy to do", like "hǎo mǎi" (easy to buy). Here "hǎo" is different from that in "hǎochī", "hǎokàn", etc. in meaning. For example:

(1) 甲：你 觉得 汉语 好 学 吗？

　　　Nǐ juéde Hànyǔ hǎo xué ma?

　　　Do you think Chinese is easy to learn?

　　乙：我 觉得 挺 好 学 的。

　　　Wǒ juéde tǐng hǎo xué de.

　　　I think it is quite easy to learn.

(2) 甲：你们 毕业 以后 好 找 工作 吗？

　　　Nǐmen bìyè yǐhòu hǎo zhǎo gōngzuò ma?

　　　Is it easy to find a job when you graduate?

　　乙：好 找。

　　　Hǎo zhǎo.

　　　Yes, it is easy (to find one).

(3) 甲：这 条路 车 太多，不 好 走。

　　　Zhèi tiáo lù chē tài duō, bù hǎo zǒu.

　　　It is difficult to go by this road because traffic is too heavy.

　　乙：那 咱们 走 别的 路 吧。

　　　Nà zánmen zǒu biéde lù ba.

　　　Let's take another road.

182

### 3. "难 + 动词"是表示不容易做
The phrase "nán + verb" indicating that something is difficult to do

那 很 难 说。

Nà  hěn nán shuō.

It's hard to say.

"难说"的意思是"difficult to say"。和前边学过的"好 + 动词"相反,"难 + 动词"是表示不容易做。

The phrase "nán + verb" is opposite to "hǎo + verb", and means that something is difficult to do.

(1)甲:你 在 做 什么 呢?

　　　Nǐ zài zuò shénme ne?

　　　What are you doing?

　　乙:我 在 修 洗衣机 呢。这个 洗衣机 真 难 修。

　　　Wǒ zài xiū  xǐyījī    ne. Zhèige   xǐyījī  zhēn nán xiū.

　　　I am repairing my washing machine. It's really difficult to repair.

(2)甲:你 为什么 不 回答 我 的 问题?

　　　Nǐ wèishénme bù huídá wǒ de  wèntí?

　　　Why don't you answer my question?

　　乙:这个 问题 我 很 难 回答。

　　　Zhèige wèntí wǒ hěn nán huídá.

　　　It's difficult to answer.

(3)甲:饺子 太 难 做 了。

　　　Jiǎozi  tài nán zuò le.

　　　It's very difficult to make jiaozi.

　　乙:我 觉得 不 难 做。

　　　Wǒ juéde bù nán zuò.

　　　I don't think it is difficult.

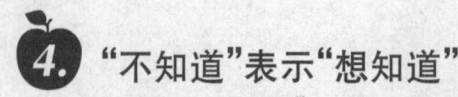 **"不知道"表示"想知道"**

The phrase "bù + zhīdào" used to express the idea of wanting to know something

> 不 知道 回来 的 飞机票 好 不 好 买?
> Bù zhīdao huílai de fēijīpiào hǎo bù hǎo mǎi.
> I wonder whether it's easy to book air tickets for the return journey.

这儿的"不知道"不是真的不知道,而是"想知道"的意思,相当于英语的"to wonder"。"不知道"放在句子的开头,你担心的、"想知道"的事放在后面说出来。需要注意的是,这种用法的"不知道"的前边一定不能有主语。例如:

Here "bù + zhīdào" doesn't really mean "to have no idea", but means "to wonder", i. e. one wants to know something. "Bù zhīdào", which often goes without a subject, is followed by what one wonders. For example:

(1)甲:不 知道 这次 考试 难 不 难。

　　　Bù zhīdao zhèi cì kǎoshì nán bù nán?

　　　I wonder whether this examination is difficult.

　乙:我 听说 挺 难 的。

　　　Wǒ tīngshuō tǐng nán de.

　　　I heard it was quite difficult.

(2)甲:不 知道 他们 那儿 的 生活 怎么样。

　　　Bù zhīdao tāmen nàr de shēnghuó zěnmeyàng?

　　　I wonder how their life is down there.

　乙:那儿的 生活 不错,你 不用 担心。

　　　Nàr de shēnghuó búcuò,nǐ búyòng dānxīn.

　　　Don't worry. Their life there is good.

有时候,用这样的句型,比直接提问委婉一些。例如:

In some cases, to put your question like this sounds more moderate in tone than a pure question. For example:

(1)甲:这 是 我 送 给 你 的 小 礼物,不 知道 你 喜欢 不 喜欢。

Zhè shì wǒ sòng gěi nǐ de xiǎo lǐwù, bù zhīdao nǐ xǐhuan bù xǐhuan.

Here is a small gift, but I don't know whether you like it.

乙:喜欢, 我 喜欢。谢谢 你!

Xǐhuan, wǒ xǐhuan. Xièxie nǐ!

Yes, I do. I like it. Thank you!


(2)甲:我 想 跟你谈谈,不 知道 你 什么 时候 有 空。

Wǒ xiǎng gēn nǐ tántan, bù zhīdao nǐ shénme shíhou yǒu kòng.

I want to have a talk with you, but I don't know when you will have time.

乙:这个 星期二 晚上 吧。

Zhèige xīngqī'èr wǎnshang ba.

Let's make it Tuesday evening.

## 5. 问题不大 There is no problem

> 我 觉得 问题 不 大。
>
> Wǒ juéde wèntí bú dà.
>
> I don't think there is any problem.

如果事情好解决,不大可能有麻烦或意外,口语中常常说"问题不大。"例如:

In spoken Chinese, "There is no problem" means it is easy to settle something and it's not likely that something troublesome or unexpected will happen. For example:


(1)甲:这么 多 工作, 今天 能 干完 吗?

Zhème duō gōngzuò, jīntiān néng gànwán ma?

Can we manage so much work today?

乙:问题 不 大。

Wèntí bú dà.

No problem.

(2) 甲:大夫,我 爸爸的 病 要紧 吗?

Dàifu,wǒ bàba de bìng yàojǐn ma?

Doctor, is my father seriously ill?

乙:不 要紧,问题 不 大。

Bú yàojǐn,wèntí bú dà.

No, it's nothing serious.

No problem.

## 练 习 *Exercises*

一、记住下边的词语并用它们分别造句:

*Learn the following phrases by heart and make sentences with them:*

| | | |
|---|---|---|
| 省钱 | shěng qián | _____。 |
| 省时间 | shěng shíjiān | _____。 |
| 省水 | shěng shuǐ | _____。 |
| 省事 | shěng shì | _____。 |

二、用所给词语完成下边的句子:

*Complete the following sentences, using the words or phrases in brackets:*

(1) 甲:你们 班 的 人 多 吗?

Nǐmen bān de rén duō ma?

乙:不多,_____。(只,七个)

Bù duō,_____。(zhǐ,qī gè)

(2) 甲:你 去过 很 多 地方 吗?

Nǐ qùguo hěn duō dìfang ma?

乙:没有,_____。(只,南京)

Méi yǒu,_____。(zhǐ,Nánjīng)

(3) 甲:一次 能 借 多少 本 书?

Yí cì néng jiè duōshao běn shū?

乙:_____。(只,一本)

_____。(zhǐ,yì běn)

(4) 甲:为 什么 一定 要 坐 飞机?

Wèishénme yídìng yào zuò fēijī?

乙:_____。(省时间)

_____。(shěng shíjiān)

(5) 甲：我 买了  晚上 六点 的 电影 票。

Wǒ mǎi le wǎnshang liù diǎn de diànyǐngpiào.

乙：＿＿＿＿＿＿＿＿＿＿＿＿＿＿＿＿＿＿。（提前）

＿＿＿＿＿＿＿＿＿＿＿＿＿＿＿＿＿＿。（tíqián）


(6) 甲：老 师，我 早 走 半 个 小时 行 吗？

Lǎoshī, wǒ zǎo zǒu bàn gè xiǎoshí xíng ma?

乙：要 是 你 有 事儿，＿＿＿＿＿＿＿＿＿＿。（提前）

Yàoshì nǐ yǒu shìr, ＿＿＿＿＿＿＿＿＿。（tíqián）


三．用正确的语气、语调说下边的句子：

*Read aloud the following sentences with the appropriate tones and intonations:*


(1) 你们   想 不 想 去   黄山   旅行？

Nǐmen xiǎng bù xiǎng qù Huángshān lǚxíng?


(2) 报纸   上   说，去   黄山   旅行一 个 人只 花 600 块。

Bàozhǐ shang shuō, qù Huángshān lǚxíng yí gè rén zhǐ huā liùbǎi kuài.


(3) 你 在 看 旅行社 的   广告 吧？

Nǐ zài kàn lǚxíngshè de guǎnggào ba?

(4) 参加   旅行团   不 自由。

Cānjiā lǚxíngtuán bú zìyóu.


(5) 参加   旅行团   又 方便   又 省   钱。

Cānjiā lǚxíngtuán yòu fāngbiàn yòu shěng qián.


(6) 不 知道   回来 的 飞机票 好 不 好 买。

Bù zhīdao huílai de fēijīpiào hǎo bù hǎo mǎi.

(7) 那 很 难 说。

Nà hěn nán shuō.


(8) 提前 几 天 买 票，我 觉得 问题 不 大。

Tíqián jǐ tiān mǎi piào, wǒ juéde wèntí bú dà.

(9) 你们 的 意思 是,你们 不 参加 旅行团?

Nǐmen de yìsi shì, nǐmen bù cānjiā lǚxíngtuán?

(10) 我们 的 意思 是,我们 自己 去。

Wǒmen de yìsi shì, wǒmen zìjǐ qù.

## 写 汉 字 *Writing Demonstration*

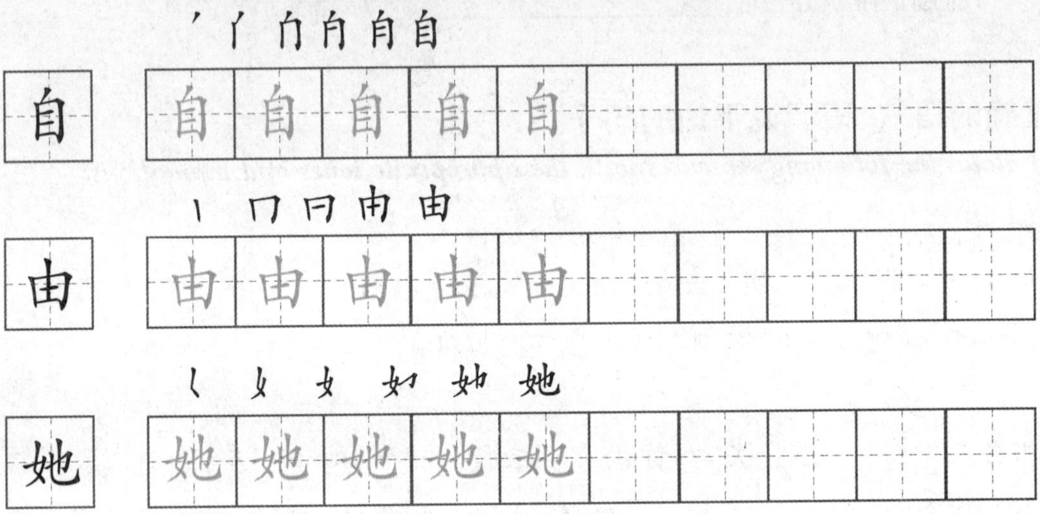

ˊ � 自 自 自 自

| 自 | 自 | 自 | 自 | 自 | 自 | | | | |

ㄧ 冂 冃 由 由

| 由 | 由 | 由 | 由 | 由 | 由 | | | | |

ㄥ ㄥ 女 如 如 她

| 她 | 她 | 她 | 她 | 她 | 她 | | | | |

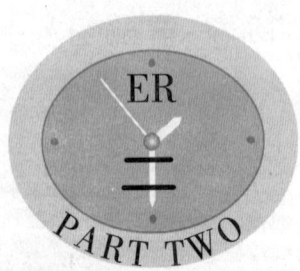

ER
二
PART TWO

# 祝你们一路平安!

Zhù Nǐmen Yílù Píng'ān!

## Wishing you a good journey!

## 新 词 语 *New Words and Phrases*

| 1. | 晚点 | wǎndiǎn | (of a train, ship, etc.) late |
| 2. | 注意 | zhùyì | attention; to pay attention to |
| 3. | 冰箱 | bīngxiāng | refrigerator |

| | | | |
|---|---|---|---|
| 4. | 放心 | fàngxīn | not to worry |
| 5. | 地图 | dìtú | map |
| 6. | ……什么的 | …shénmede | …and so on |
| 7. | 放 | fàng | to put; to place |
| 8. | 毛巾 | máojīn | towel |
| 9. | 牙刷 | yáshuā | toothbrush |
| 10. | 进去 | jìnqu | to go in |
| 11. | 一路平安 | yílù píng'ān | to have a pleasant trip |
| | 平安 | píng'ān | safe |
| 12. | 城市 | chéngshì | city |
| 13. | 声调 | shēngdiào | tone |

## 课　文　Text

方雪芹的爸爸、妈妈决定去黄山了，可是他们的飞机晚点了，正好他们有时间可以好好嘱咐嘱咐雪芹。我们听听他们在飞机场的谈话。

Fang Xueqin's parents have decided to go to Huang Shan. Their flight is postponed and that makes it possible to give more advice to Xueqin who will stay at home alone. Let's listen to their conversation.

（机场大厅，广播："飞往杭州的 CA1509 次航班晚点二十分钟……"）

(At the lounge of the airport it is announced: "Flight No. 1509 for Hangzhou will depart twenty minutes behind schedule. ")

方雪芹：爸，你听，你们 的 飞机 晚点 二十 分钟。
　　　　Bà, nǐ tīng, nǐmen de fēijī wǎndiǎn èrshí fēnzhōng.

Xueqin: Do you hear, Dad, that your flight is postponed for twenty minutes.

方　父：不用 着急了，去 坐 一会儿 吧。
　　　　Búyòng zháojí le, qù zuò yíhuìr ba.

Father: Then we don't need to hurry. Let's all sit for a while.

（坐在椅子上，方母在跟方雪芹交代）

(Sitting on the chair, mother explains to Xueqin. )

189

方　母：你 要 好好 吃 饭，注意 身体。
Nǐ yào hǎohǎo chī fàn, zhùyì shēntǐ.

Mother:　Have meals regularly and take care of yourself.

方雪芹：嗯，知道 了。
Ng, zhīdao le.

Xueqin:　Yes, I will.

方　母：冰箱　里有 水果，你别 忘了吃。
Bīngxiāng lǐ yǒu shuǐguǒ, nǐ bié wàng le chī.

Mother:　There is fruit in the refrigerator. Be sure to have some.

方雪芹：嗯，知道 了。
Ng, zhīdao le.

Xueqin:　Yes, I will.

方　母：晚上　　早 点儿 回家……
Wǎnshang zǎo diǎnr huí jiā……

Mother:　Come home early…

方　父：雪芹 已经 不是 小 孩子 了。
Xuěqín yǐjīng bú shì xiǎo háizi le.

Father:　Xueqin is no longer a child.

方　母：我 不 放心 她。
Wǒ bú fàngxīn tā.

Mother:　I'm not sure if she can take good care of herself.

方雪芹：妈，你 放心 吧。没 问题。
Mā, nǐ fàngxīn ba. Méi wèntí.

Xueqin:　Mum, trust me. No problem.

方　母：(转向方父)你 的 证件、药、地图 什么 的，放 在
Nǐ de zhèngjiàn、yào、dìtú shénme de, fàng zài

这个 小 包里了。
zhèige xiǎo bāo lǐ le.

Mother:　(Turning to Father) Your papers, medicine, map, etc. are in this small bag.

| | |
|---|---|
| 方 父： | 嗯，好。 |
| | Ng，hǎo. |
| Father: | Humph, yes. |
| 方 母： | 你 的 毛巾、牙刷 放 在 这个 包 里 了。 |
| | Nǐ de máojīn、yáshuā fàng zài zhèige bāo lǐ le. |
| Mother: | Your towel and toothbrush are in this bag. |
| 方 父： | 嗯，好。 |
| | Ng，hǎo. |
| Father: | Humph, yes. |
| 方雪芹： | 妈，爸爸 也 不 是 小 孩子 了。 |
| | Mā，bàba yě bú shì xiǎo háizi le. |
| Xueqin: | Mum, Dad is not a child either. |
| 方 父： | 雪芹， 我们 进去 了。 |
| | Xuěqín，wǒmen jìnqu le. |
| Father: | Xueqin, we must go and check in. |
| 方 母： | 你 回去 吧。 |
| | Nǐ huíqu ba. |
| Mother: | You can go back now. |
| 方雪芹： | 好。祝 你们 一路 平 安！ |
| | Hǎo，zhù nǐmen yílù píng'ān! |
| Xueqin: | Yes. Have a pleasant trip! |

## 注 释 *Notes*

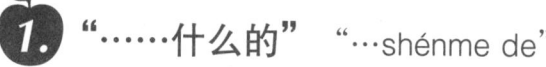

**1.** "……什么的" "…shénme de"

你的 证件、药、地图 什么 的，放 在 这个 小 包 里了。
Nǐ de zhèngjiàn、yào、dìtú shénme de，fàng zài zhèige xiǎo bāo lǐ le.
You papers, medicine, map, etc. are in this small bag.

"……什么的"意思是"and so on(……等等；……之类)"，前边是列举的项目，可以是一个或多个项目。例如：

"…shénme de", meaning "and so on", is preceded by one or more items. For example:

(1) 甲：你 会 做 什么 菜?

Nǐ huì zuò shénme cài?

What dishes can you cook?

乙：我 会 做 麻婆豆腐、香菇油菜 什么的。

Wǒ huì zuò mápódòufu、xiānggūyóucài shénmede.

I can cook pockmarked grandma's bean curd, rape with mushroom, etc.

(2) 甲：他 好像 什么 运动 都 会。

Tā hǎoxiàng shénme yùndòng dōu huì.

It seems he is good at any sport.

乙：是啊,打 球、游泳 什么的 他 都 会。

Shì a,dǎ qiú、yóuyǒng shénmede tā dōu huì.

Yes, he is good at ball games, swimming, etc.

(3) 甲：南方 的 城市, 上海、 南京、 杭州 什么的,我 都 特别

Nánfāng de chéngshì,Shànghǎi、Nánjīng、Hángzhōu shénmede wǒ dōu tèbié

喜欢。

xǐhuan.

I especially like southern cities such as Shanghai, Nanjing, Hangzhou and

so on.

乙：我 也 特别 喜欢。

Wǒ yě tèbié xǐhuan.

So do I.

**2.** 某物 + 放 + 在 + 某地    The pattern "noun + fàng + zài + place noun"

放 在 这个 小 包 里了。

Fàng zài zhèige xiǎo bāo lǐ le.

To have been put in this small bag.

192

我们一般说:什么东西放在什么地方。"某物＋放＋在＋某地"

We commonly use the pattern "noun + fàng + zài + place noun" to express the idea something is put in a place.

| 某物＋放＋在＋某地 |
| --- |
| noun + fàng + zài + place noun |

(1) 甲:我　的　眼镜　呢?

　　　Wǒ de yǎnjìng ne?

　　　Where are my glasses?

　　乙:是 不 是 放 在 你 的 书包 里 了?

　　　Shì bú shì fàng zài nǐ de shūbāo lǐ le?

　　　Have you put them in you satchel?

(2) 甲:卧室 里 别 放　这么　大　的　东西。

　　　Wòshì lǐ bié fàng zhème dà de dōngxi.

　　　Don't put such a big thing in the bedroom.

　　乙:那　电视机　放 在 哪儿 好?

　　　Nà diànshìjī fàng zài nǎr hǎo?

　　　Where shall we put the T. V. set then?

　　甲:放　　在 客厅 里 吧。

　　　Fàng zài kètīng lǐ ba.

　　　Put it in the lounge, O. K. ?

(3) 柜子 里 放着　她 的 衣服,箱子 里　放着　她 的 衣服,　床上　　也
　　Guìzi lǐ fàngzhe tā de yīfu, xiāngzi lǐ fàngzhe tā de yīfu, chuángshang yě

　　放着　她 的 衣服,哪儿 都　放着　她 的 衣服。
　　fàngzhe tāde yīfu, nǎr dōu fàngzhe tā de yīfu.

　　There are her clothes in the wardrobe. There are her clothes in the suitcase.

　　There are her clothes on the bed and there are her clothes everywhere.

**3.** 送行时的祝愿　Farewell wishes

祝 你们 一路 平 安。

Zhù nǐmen yílù píng'ān!

Wishing you a pleasant trip.

这是我们在送行的时候常常说的一句话。可以说"祝你（们）一路平安！"，或者"一路平安"。

This is an expression commonly used at farewells. Sometimes we just say "Yílù píng'ān" (have a pleasant trip).

## 练 习 Exercises

一、用所给词语完成对话：

**Complete the following dialogues, using the words and phrases given in brackets:**

(1) 甲：飞机 _____？（晚点）

　　 Fēijī_____? (wǎndiǎn)

乙：晚点 一个 小时。

　　 Wǎndiǎn yí gè xiǎoshí.

(2) 甲：你 怎么 才 回来？

　　 Nǐ zěnme cái huílai?

乙：火车 _____。（晚 点 40 分 钟）

　　 Huǒchē_____. (wǎndiǎn 40 fēnzhōng)

(3) 甲：他 说 什么？

　　 Tā shuō shénme?

乙：不 知道，_____。（注意）

　　 Bù zhīdao, _____. (zhùyì)

(4) 甲：_____ 什么？（注意）

　　 _____ shénme? (zhùyì)

乙：学 汉语 必须 注意 声调。

　　 Xué Hànyǔ bìxū zhùyì shēngdiào.

(5) 甲：_____ 吗？（放心）

　　 _____ ma? (fàngxīn)

乙：家里人 当然 不 放心。

　　 Jiālǐrén dāngrán bú fàngxīn.

(6) 甲：_____ 。（放心）

　　 _____. (fàngxīn)

乙：好，你要 经常 给 我 打 电 话。

　　 Hǎo, nǐ yào jīngcháng gěi wǒ dǎ diànhuà.

二、用正确的语气、语调说下边的句子：

*Read aloud the following sentences with the appropriate tones and intonations:*

(1)你们 的飞机 晚点 二十 分钟。
　　Nǐmen de　fēijī wǎndiǎn èrshí fēnzhōng.

(2)不用　着急了。
　　Búyòng zháojí le.

(3)你 要 好好 吃饭，注意 身体。
　　Nǐ yào hǎohǎo chī fàn，zhùyì shēntǐ.

(4)雪芹 已经 不是 小 孩子了。
　　Xuěqín yǐjīng bú shì xiǎo háizi　le.

(5)我 不 放心 你。
　　Wǒ bú fàngxīn nǐ.

(6)你 放心 吧。没 问题。
　　Nǐ fàngxīn ba. Méi wèntí.

(7)你的　证件、药、地图 什么 的，放 在 这个 小 包 里了。
　　Nǐ de zhèngjiàn、yào、dìtú shénme de，fàng zài zhèige xiǎo bāo lǐ le.

(8)你的 毛巾、牙刷 放 在 这个 包 里了。
　　Nǐ de máojīn、yáshuā fàng zài zhèige bāo lǐ le.

(9)祝 你们 一路 平 安！
　　Zhù nǐmen yílù píng'ān!

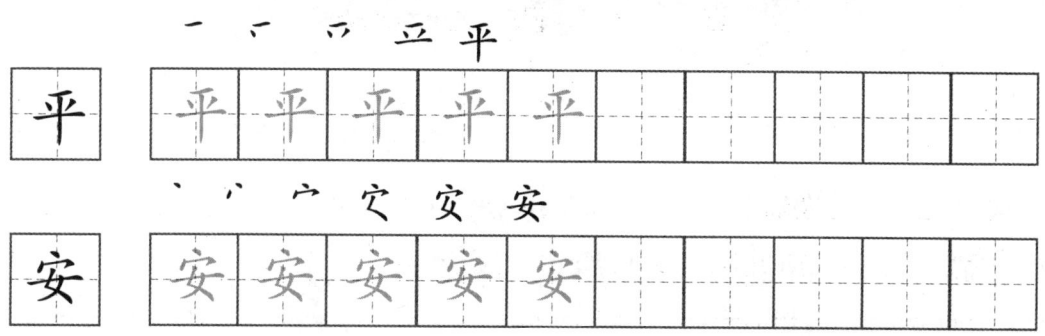

写 汉 字 *Writing Demonstration*

# 我只记得她姓吴
## Wǒ Zhǐ Jìde Tā Xìng Wú
## I only remember that her surname is Wu

**新 词 语**  *New Words and Phrases*

| | | | |
|---|---|---|---|
| 1. | 交 | jiāo | to hand in; to pay（money） |
| 2. | 记得 | jìde | to remember |
| 3. | 厚 | hòu | thick |
| 4. | 毛衣 | máoyī | jersey |
| 5. | 薄 | báo | thin |
| 6. | 通知 | tōngzhī | to announce; notice |
| 7. | 所以 | suǒyǐ | so, therefore |
| 8. | 而且 | érqiě | moreover |
| 9. | 节目 | jiémù | program; item |
| 10. | 新闻 | xīnwén | news |
| 11. | 体育 | tǐyù | sports |
| 12. | 比赛 | bǐsài | contest; match |
| 13. | 社会 | shèhuì | society |

**专 名**  *Proper names*

| | | | |
|---|---|---|---|
| 1. | 吴 | Wú | a Chinese surname |
| 2. | 京剧 | Jīngjù | Beijing Opera |

一、用"只"和所给词语完成对话：
*Complete the following dialogues, using "zhǐ" and the words or phrases given in brackets:*

> 一个人只花 600 块。
> Yí gè rén zhǐ huā liùbǎi kuài.

(1)甲：毕业 以后 你 见 过 她 没 有？
    Bìyè  yǐhòu  nǐ jiànguo tā méi yǒu?

学生：_____。（一次  yí cì）

(2)甲：我 们 得 交 多 少 钱 手续费？
    Wǒmen děi jiāo duōshao qián shǒuxùfèi?

学生：_____。（一个人两块  yí gè rén liǎng kuài）

(3)甲：你 还 记得 咱们 中学 时 的 音乐 老师 吗？
    Nǐ hái  jìde  zánmen zhōngxué shí  de yīnyuè lǎoshī ma?

学生：不记得了，_____。（姓吴）
    Bú jìde le,_____。（xìng Wú）

(4)甲：在 这儿 过 冬天，你 得 多 准备 几件 厚 毛衣。
    Zài  zhèr guò dōngtiān,nǐ děi duō zhǔnbèi jǐ jiàn hòu máoyī.

学生：_____。（两件薄毛衣  liáng jiàn báo máoyī）

二、用"不知道……"和所给词语完成对话：
*Complete the following dialogues,  using  "bù zhīdào"  and the words or phrases given in brackets:*

> 不 知道 回来的 飞机票 好 不 好 买。
> Bù zhīdao huílai de  fēijīpiào hǎo bù hǎo mǎi.

(1)学生:我 想 去 长城, _____。（好 坐 车）
　　　　Wǒ xiǎng qù Chángchéng, _____。（hǎo zuò chē）

　　乙:好 坐 车,挺 方便 的。
　　　　Hǎo zuò chē, tǐng fāngbiàn de.

(2)学生:_____。（他们）
　　　　_____。（tāmen）

　　乙:可能 已经 到 杭州 了吧。
　　　　Kěnéng yǐjīng dào Hángzhōu le ba.

(3)学生:我 想 请你看 京剧, _____。（有兴趣）
　　　　Wǒ xiǎng qǐng nǐ kàn Jīngjù, _____。（yǒu xìngqu）

　　乙:请 我看 京剧? 那太 好 了!
　　　　Qǐng wǒ kàn Jīngjù? Nà tài hǎo le!

(4)学生:我 的 英语 不太 好, _____。（听懂）
　　　　Wǒ de Yīngyǔ bú tài hǎo, _____。（tīngdǒng）

　　乙:没 问题,你的英语 挺 好 的。
　　　　Méi wèntí, nǐ de Yīngyǔ tǐng hǎo de.

## 三、用"提前"和所给词语完成对话:
***Complete the following dialogues, using "tíqián" and the words or phrases given in brackets:***

> 提前 几天 买 票, 我 觉得 问题 不 大。
> Tíqián jǐ tiān mǎi piào, wǒ juéde wèntí bú dà.

(1)甲:星期五 晚上 我 可能 有 点儿 事。
　　　Xīngqīwǔ wǎnshang wǒ kěnéng yǒu diǎnr shì.

　　学生:要是 你 不 能 来, _____。（通知）
　　　　　Yàoshì nǐ bù néng lái, _____。（tōngzhī）

(2)甲:你 怎么 来这么 早?
　　　　Nǐ zěnme lái zhème zǎo?

　　学生:我 怕 迟到,所以 _____。(一个小时)
　　　　Wǒ pà chídào,suǒyǐ _____。(yí gè xiǎoshí)

(3)甲:你们 的 工作 完成 了吗?
　　　　Nǐmen de gōngzuò wánchéng le ma?

　　学生:完成 了,_____ 。(而且)
　　　　Wánchéng le,_____。(érqiě)

(4)甲:你们 的 火车 晚点了 没 有?
　　　　Nǐmen de huǒchē wǎndiǎnle méi yǒu?

　　学生:没 有。_____。(几 分钟)
　　　　Méi yǒu. _____。(jǐ fēnzhōng)

## 四、用"……什么的"和所给词语完成对话:

*Complete the following dialogues, using "…shénme de" and the words or phrases given in brackets:*

> 你的 证件、 药、地图 什么 的, 放 在 这 个 小 包 里了。
> Nǐ de zhèngjiàn、yào、dìtú shénme de,fàng zài zhèige xiǎo bāo lǐ le.

(1)甲:你 爱看 什么 电视 节目?
　　　　Nǐ ài kàn shénme diànshì jiémù?

　　学生:_____。(新闻 xīnwén)

(2)甲:你 去过 北京 的 哪些 名胜 古迹?
　　　　Nǐ qùguo Běijīng de nǎxiē míngshèng-gǔjì?

　　学生:_____。(故宫 Gùgōng、长城 Chángchéng、颐和园 Yíhéyuán)

(3)甲:你们 经常 在一起 谈些 什么?
　　　　Nǐmen jīcháng zài yìqǐ tán xiē shénme?

　　学生:_____。(体育比赛 tǐyù bǐsài)

(4)甲:你 关心 哪些 社会 问题?

Nǐ guānxīn nǎxiē shèhuì wèntí?

学生:＿＿＿＿＿＿＿＿＿＿＿＿＿＿＿。(孩子的教育 háizi de jiàoyù、老人的生活 lǎorén de shēnghuó)

## 综合练习 *Comprehensive exercises*

### 一、根据课文回答下边的问题,并根据问题的提示复述课文:

*Answer the following questions according to the text and give the text in your own words using the questions as clues:*

(1)方 雪芹 想 让 方父、方母 去 哪儿 旅行?

Fāng Xuěqín xiǎng ràng Fāngfù、Fāngmǔ qù nǎr lǔxíng?

(2)参加 旅行团 旅行 贵不贵?

Cānjiā lǔxíngtuán lǔxíng guì bú guì?

(3)方父 和 方母 愿意 不 愿意 参加 旅行团 旅行? 为什么?

Fāngfù hé Fāngmǔ yuànyì bú yuànyì cānjiā lǔxíngtuán lǔxíng? Wèishénme?

(4)方父 和 方母 打算 怎么 去 旅行?

Fāngfù hé Fāngmǔ dǎsuan zěnme qù lǔxíng?

(5)方父 和 方母 的 飞机 晚点 多 长 时间?

Fāngfù hé Fāngmǔ de fēijī wǎndiǎn duō cháng shíjiān?

(6)方母 对方 雪芹 说 什么?

Fāngmǔ duì Fāng Xuěqín shuō shénme?

(7)方母 对 方父 说 什么?

Fāngmǔ duì Fāngfù shuō shénme?

(8)方父 和 方母 离开 的 时候,方 雪芹 对 他们 说 什么?

Fāngfù hé Fāngmǔ líkāi de shíhou,Fāng Xuěqín duì tāmen shuō shénme?

### 二、回答问题:

*Answer the following questions:*

(1)你 喜欢 旅行 吗? 你 喜欢 自己 旅行 还是 喜欢 参加 旅行团?

Nǐ xǐhuan lǔxíng ma? Nǐ xǐhuan zìjǐ lǔxíng háishi xǐhuan cānjiā lǔxíngtuán?

(2)你 看过 京剧 吗? 你是 在 哪儿 看 的 京剧?

Nǐ kànguo Jīngjù ma? Nǐ shì zài nǎr kàn de Jīngjù?

(3)你 经常 看 电视 吗? 你 对 什么 节目 最 有 兴趣?

Nǐ jīngcháng kàn diànshì ma? Nǐ duì shénme jiémù zuì yǒu xìngqu?

(4)你 最 喜欢 什么 体育 运动? 你 参加过 什么 体育 比赛?

Nǐ zuì xǐhuan shénme tǐyù yùndòng? Nǐ cānjiāguo shénme tǐyù bǐsài?

(5)你 还 记得 你 小 时候 的 朋友 吗? 你 知道 他们 现在 在 哪儿吗?

Nǐ hái jìde nǐ xiǎo shíhou de péngyou ma?Nǐ zhīdao tāmen xiànzài zài nǎr ma?

## 三、意念表达:(用本课学过的表达方式)
*Express the following notions, using the expressions in this lesson:*

(1)你想请朋友帮忙,委婉地问问他/她有没有时间:

Ask politely whether your friend is free when you want him/her to give you some help:

(2)告诉领导,这个工作容易做,今天做完没有什么大问题:

Tell your leader that this work is easy and you don't think there will be any problem finishing it today:

(3)嘱咐你的父母每天锻炼,注意身体:

Give advice to your parents, saying that they should pay attention to their health and do exercises every day:

(4)告诉朋友,踢足球、打篮球、游泳、跑步等运动你都喜欢:

Tell your friend that you are fond of all sports, such as football, basket ball, swimming, running, etc.

(5)给朋友送行时,为他/她的旅途祝福:

Wish your friend a pleasant trip when you see him/her off.

## 四、情景会话或表演:
*Compose a dialogue on the following situation and act it:*

你想参加一个旅行团去旅行,到旅行社洽谈你旅行的事。

You want to join a tourist group and you go and consult a travel agency:

*Speak on the following topics, using at least 5 of the words or phrases learnt in this lesson:*

(1)说说你的一次印象最深的旅行经历。

A trip that you think was the most impressive.

(2)请你介绍你最喜欢的一项体育运动和最喜欢的一个运动员。

Your favorite sport and sportsman.

## 走 马 观 花 *A Glimpse of Modern Chinese Culture*

### 旅游
#### Tourism

中国的地域辽阔，地理、气候复杂多样，因此自然旅游资源极为丰富。

China, with her vast territory and varied geographial conditions and climate, is very rich in natural resources for tourism.

西北部有浩瀚的沙漠，著名的联系中国与阿拉伯和欧洲的古代"丝绸之路"就在这里；

In the northwest is the ancient "Silk Road" bridging China with Arabia and Europe.

西南部有巍峨广大的高原，这是世界上最高的高原——青藏高原。

To the southwest there are high and extensive plateaus including the Qinghai – Tibetan Plateau, the highest in the world.

南部有奇异的亚热带森林和旖旎的热带海滨；

In South China there are fantastic subtropical forests and a charming tropical coast.

北部有一望无际的草原；

There is endless grassland in the North.

东部有奔流不息的江河和肥沃的平原。

Many rivers flow across the fertile plains in the East.

中国不仅拥有十分丰富的自然旅游资源，人文旅游资源更为丰富。五千多年的悠久历史，留下了数不清的古迹遗产。1953 年、1962 年、1982 年，先后公布了三批全国重点文物保护单位，共有 5814 处。

In addition to the natural scenery, China has a very rich culture. Its history extends back more than 5,000 years and there are numerous cultural relics and a heritage of 5,814 major historical and cultural sites which were entered in the list of those under state protection in 1953, 1962 and 1982 respectively.

在漫长的历史发展、变化过程中,由于政治、经济、文化、军事等各方面的原因,还形成了许多历史文化名城。这些历史文化名城的地上、地下,都保存着大量的历史和革命文物,几乎每座城市都是一个天然的历史博物馆。

Many development cities famous for their historical and cultural associations have appeared as a result of political, economic, cultural and military development, over the long years of China's history.

中国有 56 个民族,每个民族都有着自己独特的传统节日和风土人情,去探访散布在全国各地的各个民族的风情,对于游人来说,也有着巨大的吸引力。

There are 56 nationalities in China, each with unique traditions and customs. There various traditions and customs make them a popular attraction for tourists.

而实际上,中国的许多旅游胜地都是自然与人文合壁而成的。如中国的古典园林艺术,力图将自然景观浓缩于一处,皇家园林用于帝王避暑、修养,一般在郊外,规模宏大,如北京的颐和园和圆明园、承德的避暑山庄等。

Many famous scenic spots are rich in both natural and cultural resources. For example, traditional Chinese gardens are treated as miniatures of natural scenery. Imperial gardens such as the Summer Palace and the Yuanming Gardens of Beijing and the Mountain Estate for Escaping the Heat at Chengde, most of which take up large expanses of land in suburbs, used to be summer resorts for emperors and their families.

私家园林一般则精巧、幽雅地建于城区之中,在街道住宅之间留一方"自然之景"。

Private gardens in urban areas are usually exquisite, quiet and tasteful and look quite natural among houses.

而在那些自然风景胜地,也留下了许多著名的人文景观。如秦始皇进行过封禅、孔子登临过的泰山,四大著名的佛教胜地——五台山、峨眉山、九华山、普陀山,曾令两位古代大诗人白居易、苏轼流芳的杭州西湖……

Many scenic places are also famous cultural spots. Examples of this are Mt. Tai where the First Emperor of the Qin Dynasty made sacrifices and which Confucius climbed. The Mountains of Wutai, the Emei, the Jiuhua and the Putuo are known as the four sacred places of Buddhism, and the West Lake of Hangzhou was where Bai Juyi and Su Shi, poets of the Tang and Song Dynasties, respectively left their good names, etc.

每个地方都会有令你流连忘返的东西。

I believe every place has something so fascinating that you won't be able to tear yourself away.

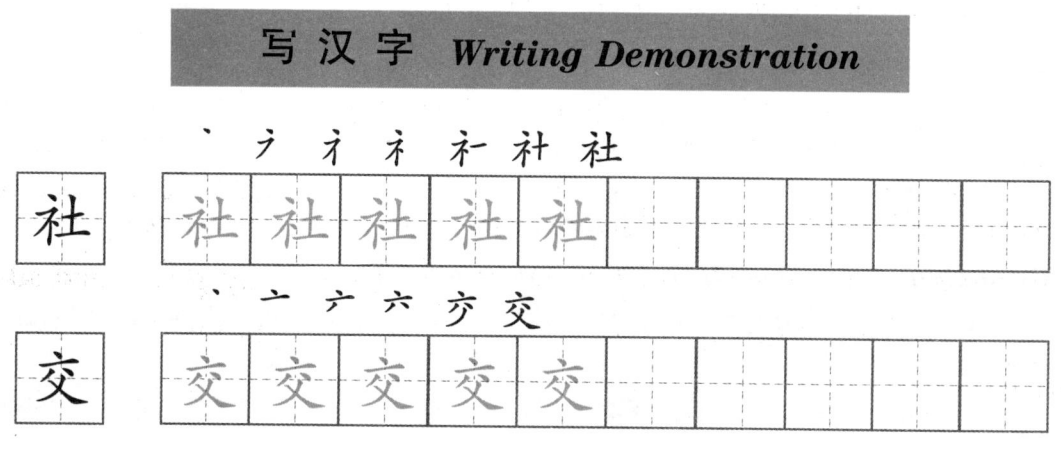

写汉字 *Writing Demonstration*

社　 、 ゛ ラ 礻 礻 社 社
社　社　社　社　社

交　 、 一 广 六 亣 交
交　交　交　交　交

第二十九课
Dì - èrshíjiǔ Kè

# LESSON TWENTY-NINE

## 语 用 范 例 *Examples of Usage*

**1. 抱怨** *Making a complaint*

我 今天 真 倒霉。
Wǒ jīntiān zhēn dǎoméi.
*I today really bad luck*
I really have had bad luck today.

**2. 询问程度** *Asking about the degree*

摔 得 厉害 吗?
Shuāi de lìhai ma?
*to tumble serious ( interrogative particle )*
Have you been hurt seriously?

**3. 劝告** *Giving advice*

以后 要 小心。
Yǐhòu yào xiǎoxīn.
*later on should careful*
Be careful in the future.

**4. 强调** *Emphasizing*

钱 不 多,……, 麻烦 的 是 丢了 证件 和 通讯录。
Qián bù duō,……, máfan de shì diū le zhèngjiàn hé tōngxùnlù.
*money not much, …, trouble ( structural particle ) to be to lose ( aspectual suffix ) papers and address book*
I haven't lost much money, …, the trouble is that my papers and address book are lost.

## 5. 安慰　*Comforting somebody*

别　担心。
Bié　dānxīn.
*not　to worry*
Don't worry.

别　着急，咱们　好好　想想　办法。
Bié　zháojí, zánmen hǎohǎo　xiǎngxiǎng　bànfǎ.
*not to worry, we (inclusive) serious to think way out*
Don't worry. Let's think of a way out.

## 6. 询问如何是好　*Asking what to do*

怎么　办　呢?
Zěnme　bàn ne?
*how to do (modal particle)*
What's to be done?

# 你怎么不高兴?
Nǐ Zěnme Bù Gāoxìng?

## Why don't you look happy?

新　词　语　*New Words and Phrases*

| 1. 高兴 | gāoxìng | happy. pleasant |
| 2. 倒霉 | dǎoméi | to have bad luck |
| 3. 堵车 | dǔchē | traffic jam |
| 4. 迟到 | chídào | to be late (for school, work, etc.) |

| 5. | 上楼 | shàng lóu | to go upstairs |
| 6. | 摔跤 | shuāijiāo | to fall; to tumble |
| 7. | 破 | pò | broken |
| 8. | 小心 | xiǎoxīn | careful |
| 9. | 电脑 | diànnǎo | computer |
| 10. | 丢 | diū | to lose |
| 11. | 脚 | jiǎo | foot |

## 课 文 Text

方雪芹今天运气不好,她遇到了一系列倒霉的事情,我们看看她到底怎么了?

Fang Xueqin has had bad luck today. She has experienced a series of setbacks. Here is what happened.

(周末下班以后,李文龙在等方雪芹)

(After working on weekend, Li Wenlong is waiting for Fang Xueqin.)

李文龙: 怎么 不 高兴?

Zěnme bù gāoxìng?

Li: Why do you look unhappy?

方雪芹: 我 今天 真 倒霉。

Wǒ jīntiān zhēn dǎoméi.

Fang: I really have had bad luck today.

李文龙: 怎么 了?

Zěnme le?

Li: What has happened?

方雪芹: 早上 堵车,我 上班 迟到了 半 个 多 小时。

Zǎoshang dǔchē, wǒ shàngbān chídào le bàn gè duō xiǎoshí.

Fang: Well, I was caught in the traffic in the morning and I was half an hour late for work.

李文龙： 迟到 了一会儿 没事儿 吧？

Chídào le yíhuìr méi shìr ba?

Li: I hope being late by such a short while doesn't matter.

方雪芹： 还 有呢，上 楼的 时候，我 摔 了一跤。

Hái yǒu ne, shàng lóu de shíhou, wǒ shuāi le yì jiāo.

Fang: Then I had a fall when I went upstairs.

李文龙： （关切地）摔 得 厉害 吗？

Shuāi de lìhai ma?

Li: (Thoughtfully) Were you seriously hurt?

方雪芹： （拉起裙子，腿上贴着一大块纱布）你 看，摔破 了。

Nǐ kàn, shuāipò le.

Fang: (Lifting the hem of her skirt, to show the bandage on her leg) Look, it is injured here.

李文龙： （心疼地）疼 吗？

Téng ma?

Li: (Feeling sorry) Is it hurting?

方雪芹： （点点头）疼。

Téng.

Fang: (Nodding) Yes, it is.

李文龙： 以后 要 小心。

Yǐhòu yào xiǎoxīn.

Li: You must be careful in the future.

方雪芹： 还 有 倒霉 的 事呢，上午 我 的 电脑 也 坏 了，我的

Hái yǒu dǎoméi de shì ne, shàngwǔ wǒ de diànnǎo yě huài le, wǒ de

文件 都 丢了。

wénjiàn dōu diū le.

Fang: The worst thing is that my computer went wrong this morning and I lost all my files.

李文龙： （同情地笑了）你 今天 是 怎么 了？（忽然发现她的包没有了）

Nǐ jīntiān shì zěnme le?

哎,你的 包 呢?

éi, nǐ de bāo ne?

Li: (With sympathy) What's wrong with you today? (Suddenly seeing that her bag is missing) Well, where is your bag?

方雪芹: 哎呀,在 车 上……

Āiyā, zài chē shang…

Fang: Oh, my God! I left it on the bus….

## 注 释 *Notes*

 **1.** 表示概数的"多"　　"Duō" indicating an approximate number

早上　　堵车,我　　上班　迟到 了半 个 多 小时。

Zǎoshang dǔchē, wǒ shàngbān chídào le bàn gè duō xiǎoshí.

I was caught in the traffic in the morning and I was half an hour late for work.

在这儿,"多"表示概数,它不能单独使用,必须放在整数之后表示零头。有两种情况:一种情况是:十、百、千等十位以上的整数＋多(＋量词)。例如:

Here "duō" indicates an approximate number. It must be placed after a round number to indicate the odds. There are two formulas: The first is: Shí, bǎi, qiān and other round numbers that are over the tens ＋ duō (＋ measure word). For example:

十、百、千等十位以上的整数＋多(＋量词)

tens, hundreds, thousands and other round numbers over the tens ＋ duō(＋ measure word)

(1) 十 多 个 人——我们 班 只 有 十 多 个 人。

shí duō gè rén——Wǒmen bān zhǐ yǒu shí duō gè rén..

More than ten people——There are over a dozen people in our class.

(2) 五 百 多 年——故宫 有 五 百 多 年 的 历史了。

wǔ bǎi duō nián——Gùgōng yǒu wǔ bǎi duō nián de lìshǐ le.

More than five hundred years——The Palace Museum has a history of more

208

than five hundred years.

(3)一万  二千  多里——  长城   有 一 万 二 千 多 里 长。

yíwàn èrqiān duō lǐ——Chángchéng yǒu yíwàn èrqiān duō lǐ cháng.

More than twelve thousand li——The Great Wall is more than twelve thousand li long.

另一种情况是:一到九的个位数 + 量词 + 多。例如:

The second is: yī – jiǔ + measure word + duō.  For example:

一到九的个位数 + 量词 + 多

One to nine  +  measure word  +  duō

(1)两   年  多——我 学 汉语 学 了 两 年  多 了。

liǎng nián duō——Wǒ xué Hànyǔ xué le liǎng nián duō le.

More than two years——I have studied Chinese for more than two years.

(2)一个  多  小时——我 骑 车 骑 了 一 个 多 小时。

yí gè duō xiǎoshí——Wǒ qí chē qí le yí gè duō xiǎoshí.

Over an hour——I rode the bicycle for over an hour.

(3)三 斤 多 饺子——我们  吃了 三 斤 多 饺子。

sān jīn duō jiǎozi——Wǒmen chī le sān jīn duō jiǎozi.

More than three jin of jiaozi——We had more than three jin of jiaozi.

**2.** **“破”做补语** The adjective “pò” as complement

摔破   了。

Shuāipò  le.

To tumble and be injured／broken, etc.

在这儿“破”放在动词后边,表示动作带来的破坏结果。例如:

In this phrase the adjective“pò”, meaning“wounded, broken, etc.”, indicates the result of the action. For example:

(1) 甲：看，你 的 衣服 破 了。

Kàn, nǐ de yīfu pò le.

Look, your coat is damaged.

乙：刚才 我 在 门口 摔了一跤，摔破 了。

Gāngcái wǒ zài ménkǒu shuāi le yì jiāo, shuāipò le.

I had a fall at the doorway just now and damaged it.

(2) 孩子：妈妈，我 的 书包 用破 了。

Māma, wǒ de shūbāo yòngpò le.

Mum, my satchel is broken (because I have used it for a very long time).

妈妈：下 个 月 给你 买 个 新 书包。

Xià gè yuè gěi nǐ mǎi gè xīn shūbāo.

I'll buy you a new one next month.

(3) 甲：这 种 袜子 质量 不 好。

Zhè zhǒng wàzi zhìliàng bù hǎo.

This kind of socks are of poor quality.

乙：对，穿 了几天就 穿破 了。

Duì, chuān le jǐ tiān jiù chuānpò le.

No, it broke after several days.

 **3.** "要"表示劝告　　"Yào" expressing advice

以后 要 小 心。

Yǐhòu yào xiǎoxīn.

You must be careful in the future.

在这儿的"要"跟我们以前学过的不一样，这里"要"是"must, should"的意思，表示劝告。否定时说"不要"，有禁止或劝阻的意思。例如：

210

The meaning of "yào" is different from what we learnt before. It means "must, should" and is used to give advice. Its negative form is "bú yào", meaning "don't (do something)". For example:

(1)你 要 好好 学习,不要 总是 玩儿。

Nǐ yào hǎohǎo xuéxí, bú yào zǒngshì wánr.

You must study hard. Don't play all the time.

(2)请 不要 抽 烟。

Qǐng bú yào chōu yān.

Please don't smoke.

(3)年轻人 要 养成 好 的 生活 习惯。

Niánqīngrén yào yǎngchéng hǎo de shēnghuó xíguàn.

Young people should cultivate good habits.

(4)老年人 要 多参加 运动, 这样 对 身体 有 好处。

Lǎoniánrén yào duō cānjiā yùndòng, zhèyàng duì shēntǐ yǒu hǎochù.

Old people should take more exercise. It is good for their health.

## 练 习 *Exercises*

一、用所给的词语完成下边的句子:

*Complete the following sentences, using the words or phrases given in brackets:*

(1)我 今天 摔 了三 跤,_____。(倒霉)

Wǒ jīntiān shuāi le sān jiāo,_____。(dǎoméi)

(2)甲:对不起,_____。（堵车）　(3)甲:_____。（堵车）

Duìbuqǐ,_____。(dǔchē)　　　　_____。(dǔchē)

乙:不 晚,你来得 正好。　　　　乙:那 咱们 走 别的 路吧。

Bù wǎn, nǐ lái de zhènghǎo.　　　　Nà zánmen zǒu biéde lù ba.

(4)前边 的 路不好 走,_____。（摔 跤）

Qiānbian de lù bù hǎo zǒu,_____。(shuāijiāo)

(5)甲:你的 脚 怎么 了?

Nǐ de jiǎo zěnme le?

211

乙：_____。（摔　跤）

　　_____。（shuāijiāo）

(6)我　要　买　新　书　包，_____。（破）

　　Wǒ yào mǎi xīn shūbāo,_____。（pò）

(7)甲：你　的　头　怎么　了?

　　　Nǐ de tóu zěnme le?

　　乙：_____。（破）

　　　_____。（pò）

(8)这　条马路　上　汽车　很　多，_____。（小心）

　　Zhèi tiáo mǎlù shang qìchē hěn duō,_____。（xiǎoxīn）

(9)甲：你　在　找　什么?

　　　Nǐ zài zhǎo shénme?

　　乙：我　在　找　箱子，_____。（丢）

　　　Wǒ zài zhǎo xiāngzi,_____。（diū）

(10)甲：你　丢　什么　东西了?

　　　Nǐ diū shénme dōngxi le?

　　乙：_____。（自行车　钥匙）

　　　_____。（zìxíngchē　yàoshi）


二、用正确的语气、语调说下边的句子：

**Read aloud the following sentences with the appropriate tones and intonations:**

(1)你　怎么　不　高兴?　　　　　(2)我　今天　真　倒霉。

　　Nǐ zěnme bù gāoxìng?　　　　　Wǒ jīntiān zhēn dǎoméi.


(3)　早上　堵车，我　上班　迟到了半　个　多　小时。

　　Zǎoshang dǔchē,wǒ shàngbān chídào le bàn gè duō xiǎoshí.


(4)还　有　呢，上　楼　的　时候，我　摔　了一跤。

　　Hái yǒu ne,shàng lóu de shíhou,wǒ shuāi le yì jiāo.

(5)还 有 倒霉 的 事 呢, 上午 我的 电脑 也 坏了,我 的 文件
Hái yǒu dǎoméi de shì ne,shàngwǔ wǒ de diànnǎo yě huài le,wǒ de wénjiàn

都 丢了。
dōu diū le.

(6)摔 得 厉害 吗?
Shuāi de lìhai ma?

(7)摔破 了。
Shuāipò le.

(8)以后 要 小心。
Yǐhòu yào xiǎoxīn.

丶 亠 广 亣 亢 亠 高 高 高 高

高 | 高 | 高 | 高 | 高 | 高 |

丿 刀 月 月 月 扩 扩 胪 脑 脑

脑 | 脑 | 脑 | 脑 | 脑 | 脑 |

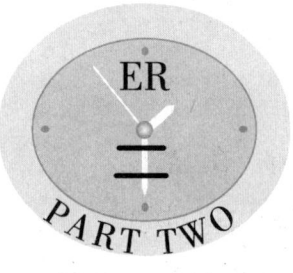

ER
二
PART TWO

# 我的运气真好
Wǒ De Yùnqi Zhēn Hǎo

**I have had good luck**

1. 通讯录          tōngxùnlù          address book

| | | | |
|---|---|---|---|
| 2. 钱包 | qiánbāo | wallet |
| 3. 办 | bàn | to do |
| 4. 担心 | dānxīn | to worry |
| 5. 报告 | bàogào | to report; report |
| 6. 公安局 | gōng'ānjú | public security bureau |
| 7. 消息 | xiāoxi | news; information |
| 8. 骗 | piàn | to deceive |
|    骗子 | piànzi | swindler |
| 9. 捡 | jiǎn | to pick up |
| 10. 运气 | yùnqi | luck |
| 11. 输 | shū | to lose (a game, etc. ) |

## 课　文　*Text*

　　方雪芹丢了的包里有什么东西？她的运气怎么样？能不能把包找回来呢？我们看下面的故事就知道了。

　　What was in the bag that Fang Xueqin lost? Is she unlucky? Can she find the bag? We'll know all about these things after reading the following conversation.

李文龙： 包　里边　有　重要　的　东西　吗？
Bāo lǐbian　yǒu zhòngyào de dōngxi ma?

　　Li: Do you have anything important in the bag?

方雪芹： 身份证、　　工作证、　通讯录、钱包　都　在　里边。
Shēnfenzhèng、gōngzuòzhèng、tōngxùnlù、qiánbāo dōu zài lǐbian.

Fang: Yes, my ID card, employee's card, address book and wallet were all in it.

李文龙： 钱包　里有　多少　钱？
Qiánbāo lǐ yǒu duōshǎo qián?

　　Li: How much money was there in the wallet?

方雪芹: 钱 不 多,就 两百 多 块 钱，麻烦 的 是丢了 证件
Qián bù duō,jiù liǎngbǎi duō kuài qián,máfan de shì diū le zhèngjiàn
和 通讯录。
hé tōngxùnlù.

Fang: Not much, only two hundred yuan or so. The trouble is that I lost my ID card and the address book.

李文龙: 别 着急, 咱们 好好 想想 办法。
Bié zháojí,zánmen hǎohǎo xiǎngxiang bànfǎ.

Li: Don't worry. Let's try to think of a way of retrieving them.

(晚上,方家)

(At Fang's home in the evening)

李文龙: (放下电话)汽车 上 没有 你 的 包。
Qìchē shang méiyǒu nǐ de bāo.

Li: (Replacing the telephone) They didn't find your bag on the bus.

方雪芹: 怎么 办 呢?
Zěnme bàn ne?

Fang: What's to be done?

李文龙: 别 担心。咱们 明天 去 报告 公安局。
Bié dānxīn. Zánmen míngtiān qù bàogào gōng'ānjú.

Li: Don't worry. We can report it to the Security Bureau tomorrow.

方雪芹: (无奈地)好 吧。(说完,去厨房了)
Hǎo ba.

Fang: (Helplessly) All right. (Then she goes to the kitchen.)

(李文龙的手机响了,他接电话)

(Li Wenlong's mobile phone beeps. He takes it up.)

李文龙: 喂, 你 好! 嗯……,有……, 明天……, 好……,谢谢你! ……
Wéi,nǐ hǎo! Ng…, yǒu…, míngtiān…, hǎo…, xièxie nǐ! ……

Li: Hello! Good evening! Humph…,yes…, tomorrow…,good…, thank you! …

(方雪芹从厨房进来)

(Fang Xueqin comes out from the kitchen.)

李文龙: 告诉你一个好消息，你的包找到了。

Gàosu nǐ yí gè hǎo xiāoxi, nǐ de bāo zhǎodào le.

Li: Good news for you.  Your bag is found.

方雪芹: 别骗我！

Bié piàn wǒ!

Fang: Don't fool me!

李文龙: 真的，一位先生捡到了你的包。这是他的地址，

Zhēn de, yí wèi xiānsheng jiǎndào le nǐ de bāo. Zhè shì tā de dìzhǐ,

让我们明天去取。

ràng wǒmen míngtiān qù qǔ.

Li: But it's true.  A man picked up your bag.  Here is his address.

He asked us to go to collect it tomorrow.

方雪芹: 太好了，我的运气真好！

Tài hǎo le, wǒ de yùnqi zhēn hǎo!

Fang: Good!  I really have had good luck!

## 注　释　Notes

 **1.** 表示范围的"就"　The adverb "jiù"

就两百多块钱。

Jiù liǎngbǎi duō kuài qián.

Only two hundred yuan or so.

在这儿，"就"放在数量短语前边，表示数量少，相当于"only"，在这儿"就"或者数量词要重读，例如：

The adverb "jiù", meaning "only", precedes a measure word numeral-phrase to indicate a small quantity. "Jiù" or the numeral-measure word phrase, it should be given a stress.  For example:

216

(1) 我 家 就 三 个 人。

    Wǒ jiā jiù sān gè rén.

    There are only three people in my family.

(2) 坐 飞 机 去 就 一 个 半 小时。

    Zuò fēijī qù jiù yí gè bàn xiǎoshí.

    It takes only half an hour to get there by air.

(3) 我 弟弟 就 九 十 多 斤。

    Wǒ dìdi jiù jiǔshí duō jīn.

    My younger brother weighs only 90 jin or so.

**2.** 公安局    A word about the public security bureau

> 咱们 明天 去 报告 公安局。
>
> Zánmen míngtiānqù bàogào gōng'ānjú.
>
> Let's report it to the Public Security Bureau tomorrow.

"公安局"是"public security bureau",是中国的负责社会治安的国家机构。如果你在中国有了生命、财产等方面的麻烦和困难,你就可以报告公安局或公安局的派出机构——派出所或治安岗亭。他们都会帮助你的。

"Gōng'ānjú"(public security bureau) is a state organ in charge of public security in China. If you are in trouble or you are facing difficulties over your safety, property, etc., you can report it to Gōng'ānjú or its branches, say, Pàichūsuǒ (police station) or Zhì'ān gǎngtíng (police box). They will help you.

**3.** 动词 + 到    The phrase "verb + dào"

> 一 位 先生 捡到 了 你 的 包。
>
> Yí wèi xiānsheng jiǎndào le nǐ de bāo.
>
> A man picked up your bag.

在这儿"动词＋到"表示动作有了结果或达到了目的。例如：

The phrase "verb + dào" indicates that an action has yielded some result or has reached an aim. For example:

```
┌─────────────────────────┐
│       动词 ＋ 到          │
│      Verb ＋ dào         │
└─────────────────────────┘
```

(1) 甲：他 买到 了 明天 的 火车票。

　　　Tā mǎidào le míngtiān de huǒchēpiào.

　　　He has bought the ticket for tomorrow.

　　乙：那 太 好 了。

　　　Nà tài hǎo le.

　　　That's fine.


(2) 甲：你 找到 你 的 书 了 吗?

　　　Nǐ zhǎodào nǐ de shū le ma?

　　　Have you found your book?

　　乙：找 到 了。

　　　Zhǎodào le.

　　　Yes, I have found it.


(3) 甲：我 最近一直没 收到 我 妈妈 的 信。

　　　Wǒ zuìjìn yìzhí méi shōudào wǒ māma de xìn.

　　　I haven't received any letter from my mother recently.

　　乙：你 别 担心,你 妈妈 可能 太 忙 了。

　　　Nǐ bié dānxīn, nǐ māma kěnéng tài máng le.

　　　Don't worry. Perhaps your mother is too busy (to write to you).


(4) 甲：昨天 在 商场 我 好像 看到 你 了。

　　　Zuótiān zài shāngchǎng wǒ hǎoxiàng kàndào nǐ le.

　　　I think I saw you yesterday in the department store.

　　乙：那 你 一定 看错 了。昨天 我 哪儿 都 没去。

　　　Nà nǐ yídìng kàncuò le. Zuótiān wǒ nǎr dōu méi qù.

　　　You must be mistaken. I didn't go anywhere yesterday.

218

一、记住下边的词语搭配并用它们分别造句：
*Learn the following collocations by heart and make sentences with them:*

办手续　bàn shǒuxù _____

办护照　bàn hùzhào _____

办事　　bànshì _____

办公　　bàngōng _____

二、翻译下边的句子,注意加线的词语的意思和用法,并模仿造句：
*Translate the following sentences into English, paying attention to the meanings and usage of the underlined words or phrases and make sentences using them:*

(1) 甲：他 又 输 了。
　　　Tā yòu shū le.

　　乙：唉,他 的 运气 真 不 好。
　　　　ài, tā de yùnqi zhēn bù hǎo.

(2) 甲：我 明天 要 参加 考试 了。
　　　Wǒ míngtiān yào cānjiā kǎoshì le.

　　乙：祝 你 运气 好!
　　　　Zhù nǐ yùnqi hǎo!

(3) 甲：这 件 事 很 重要, 应该 报告 领导。
　　　Zhèi jiàn shì hěn zhòngyào, yīnggāi bàogào lǐngdǎo.

　　乙：我 觉得 不 需要 报告 领导。
　　　　Wǒ juéde bù xūyào bàogào lǐngdǎo.

(4) 甲：明天 我 要 做 一 个 报告。
　　　Míngtiān wǒ yào zuò yí gè bàogào.

乙:什么 报告?

Shénme bàogào?

甲:谈一谈 人和 动物 之间 的 关系。

Tán yì tán rén hé dòngwù zhījiān de guānxi.

(5)你 要是 骗我,你 就 不是 我 的 朋友。

Nǐ yàoshi piàn wǒ, nǐ jiù bú shì wǒ de péngyou.

(6)我 不 喜欢 做 家务事,太 麻烦 了。

Wǒ bù xǐhuan zuò jiāwùshì, tài máfan le.

(7)甲:他 有 麻烦 了,去 帮 他 一下 吧。

Tā yǒu máfan le, qù bāng tā yíxià ba.

乙:他 有 什么 麻烦 了?

Tā yǒu shénme máfan le?

(8)糟糕 的 是,我 到 了 飞机场 才 发现 没 带 飞机票。

Zāogāo de shì, wǒ dào le fēijīchǎng cái fāxiàn méi dài fēijīpiào.

(9)倒霉 的 是,昨天 上楼 的 时候 我 摔 了 左腿,今天 又 摔

Dǎoméi de shì, zuótiān shànglóu de shíhou wǒ shuāi le zuǒ tuǐ, jīntiān yòu shuāi

了 右腿。

le yòu tuǐ.

三、用正确的语气、语调说下边的句子：

**Read aloud the following sentences with the appropriate tones and intonations:**

(1)身份证、 工作证、 通讯录、钱包 都 在 里边。

Shēnfenzhèng、gōngzuòzhèng、tōngxùnlù、qiánbāo dōu zài lǐbian.

(2)钱 不多,就 两百 多块 钱。

Qián bù duō, jiù liǎngbǎi duō kuài qián.

(3) 麻烦 的 是 丢了  证件 和 通讯录。
Máfan de shì diū le zhèngjiàn hé tōngxùnlù.

(4) 别 着急, 咱们  好好  想想 办法。
Bié zháojí, zánmen hǎohǎo xiǎngxiang bànfǎ.

(5) 怎么 办呢?
Zěnme bàn ne?

(6) 别 担心。
Bié dānxīn.

(7) 咱们  明天 去 报告  公安局。
Zánmen míngtiān qù bàogào gōng'ānjú.

(8) 别 骗 我!
Bié piàn wǒ!

(9) 你的 包 找到 了。
Nǐ de bāo zhǎodào le.

(10) 一 位 先生  捡到 了 你 的 包。
Yí wèi xiānsheng jiǎndào le nǐ de bāo.

(11) 他 让 我们  明天 去 取。
Tā ràng wǒmen míngtiān qù qǔ.

(12) 我 的 运气 真 好!
Wǒ de yùnqi zhēn hǎo!

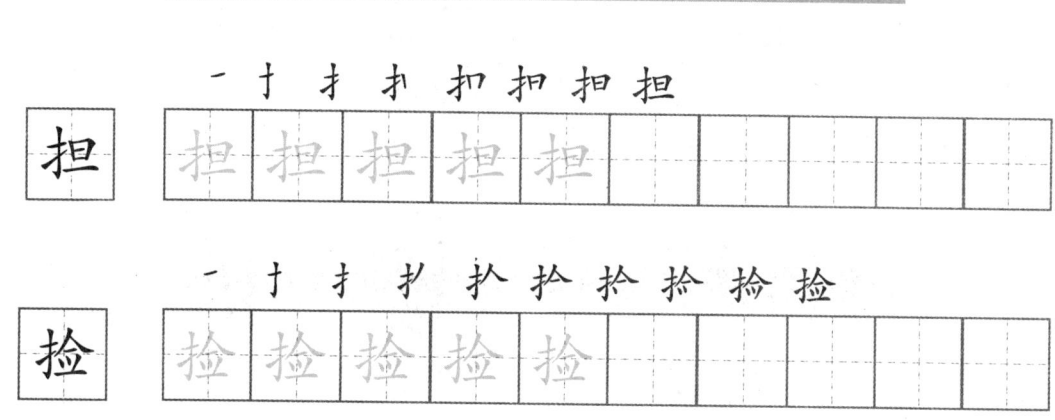

写汉字 *Writing Demonstration*

一 丁 才 扌 扣 扣 担 担
担

一 丁 才 扌 扑 扑 拎 拎 捡 捡
捡

SAN

三

PART THREE

# 让您久等了
## Ràng Nín Jiǔděng Le

# I have kept you waiting too long

## 新 词 语 New Words and Phrases

| | | | |
|---|---|---|---|
| 1. | 通过 | tōngguò | through |
| 2. | 公里 | gōnglǐ | kilometer |
| 3. | 学费 | xuéfèi | tuition fee |
| 4. | 农村 | nóngcūn | countryside |
| 5. | 人口 | rénkǒu | population |
| 6. | 亿 | yì | hundred million |
| 7. | 手表 | shǒubiǎo | wrist watch |
| 8. | 把 | bǎ | a measure word |
| 9. | 雨伞 | yǔsǎn | umbrella |
| 10. | 久 | jiǔ | long time |
| 11. | 管 | guǎn | to be in charge of··· |
| 12. | 同意 | tóngyì | to agree; to permit |

## 句 型 练 习 Sentence pattern drills

一、用"就"和所给词语完成对话：
**Complete the following dialogues, using "*jiù*" and the given words:**

钱 不 多,就 两 百 多 块 钱。

Qián bù duō, jiù liǎngbǎi duō kuài qián.

(1)男：你 今天 又 买 了一件 衣服，很 贵 吧？

　　　　Nǐ jīntiān yòu mǎi le yí jiàn yīfu, hěn guì ba?

学生：这 件衣服不贵，＿＿＿＿＿＿＿＿＿＿。（两 百 多 块）

　　　　Zhèi jiàn yīfu búguì,＿＿＿＿＿＿＿＿＿。(liǎngbǎi duō kuài)

(2)女：这 次 考试 有 多少 人 没 通过？

　　　　Zhèi cì kǎoshì yǒu duōshao rén méi tōngguò?

学生：＿＿＿＿＿＿＿＿＿＿＿＿＿＿。（一个人 yí gè rén）

(3)男：你 家 离 这儿 有 多 远？

　　　　Nǐ jiā lí zhèr yǒu duō yuǎn?

学生：＿＿＿＿＿＿＿＿＿＿＿。（两公里 liǎng gōnglǐ）

(4)女：上 次 去 美国，你 去了 多少 个 城市？

　　　　Shàng cì qù Měiguó,nǐ qù le duōshao gè chéngshì?

学生：＿＿＿＿＿＿＿＿＿＿＿＿＿＿＿。（三个 sān gè）

## 二、用"多"和所给词语完成对话：

*Complete the following dialogues, using "duō" and the words given in brackets:*

> 我 上班 迟到 了半 个 多 小时。
> Wǒ shàngbān chídào le bàn gè duō xiǎoshí.

> 就 两百 多 块 钱
> Jiù liǎngbǎi duō kuài qián.

(1)男：你们 一年 的 学费 是 多少 钱？

　　　　Nǐmen yì nián de xuéfèi shì duōshao qián?

学生：＿＿＿＿＿＿＿＿＿＿＿＿。（八百 bābǎi）

(2)男：你 在 农村 呆了 多长 时间？

　　　　Nǐ zài nóngcūn dāi le duōcháng shíjiān?

学生：＿＿＿＿＿＿＿＿＿＿＿。（十年　shí nián）

(3)女：　中国　有　多少　人口？

　　　Zhōngguó yǒu duōshao rénkǒu?

学生：＿＿＿＿＿＿＿＿＿＿＿。（十二亿　shí'èr yì）

(4)女：你 妹妹 的 孩子 几岁了？

　　　Nǐ mèimei de háizi jǐ suì le?

学生：＿＿＿＿＿＿＿＿＿＿＿。（三岁　sān suì）

三、根据对话，用"动词＋到"提问：

**Asking questions according to the dialogues,　using the phrase "verb ＋ dào":**

你 的 包 找 到 了。

Nǐ de bāo zhǎodào le.

一 位　先生　捡到 了 你的 包。

Yí　wèi xiānsheng jiǎndào le　nǐ de bāo.

(1)男：你 找 到 你的　手表 了 吗？

　　　Nǐ zhǎodào nǐ de shǒubiǎo le ma?

女：找到　了。

　　Zhǎodào le.

学生：＿＿＿＿＿＿＿＿＿＿＿？

答：她 找 到 了。

　　Tā zhǎodào le.

(2)女：你 买到　明天　的 飞机票了吗？

　　　Nǐ mǎidào míngtiān de fēijīpiào le ma?

男：买 到 了。

　　Mǎidào le.

学生：_____？

答：他买到了。

　　Tā mǎidào le.


(3) 男：你借到了几把雨伞？

　　Nǐ jièdào le jǐbǎ yǔsǎn?

女：三把。

　　Sān bǎ.

学生：_____？

答：她借到了三把。

　　Tā jièdào le sān bǎ.


(4) 男：你家里人收到你的信了吗？

　　Nǐ jiālǐrén shōudào nǐ de xìn le ma?

女：收到了。

　　Shōudào le.

学生：_____？

答：她家里人收到她的信了。

　　Tā jiālǐrén shōudào tā de xìn le.


## 四、用"让"模仿完成对话：

**Complete the following dialogues, using "ràng":**

让　我们　明天去取。

Ràng wǒmen míngtiān qù qǔ.


(1) 学生：老师，_____。（告诉）

　　Lǎoshī, _____。（gàosu）

老师：什么病？要紧吗？

　　Shénme bìng? yàojǐn ma?


(2) 学生：对不起，_____。（久等）

　　Duìbuqǐ, _____。（jiǔděng）

女：没关系。

　　Méi guānxi.


(3) 丈夫：我想换工作,你同意吗？

　　Wǒ xiǎng huàn gōngzuò, nǐ tóngyì ma?

学生：_____。（想）

　　_____。（xiǎng）


(4) 男：这件事让谁管？

　　Zhèi jiàn shì ràng shéi guǎn?

学生：_____。（老吴）

　　_____。（Lǎo Wú）

## 综合练习 *Comprehensive exercises*

一、根据课文回答下边的问题，并根据问题的提示复述课文：

*Answer the following questions according to the text and give the text in your own words using the questions as clues:*

(1)下班 的 时候，方 雪芹 为什么 不 高兴?

Xiàbān de shíhou, Fāng Xuěqín wèishénme bù gāoxìng?

_____。

(2)今天 一天 方 雪芹 都 有 什么 倒霉 的 事?

Jīntiān yì tiān Fāng Xuěqín dōu yǒu shénme dǎoméi de shì?

_____。

(3)方 雪芹 的 包 放 在 哪儿 了?

Fāng Xuěqín de bāo fàng zài nǎr le?

_____。

(4)方 雪芹 的 包里 都 有 什么 东西?

Fāng Xuěqín de bāo lǐ dōu yǒu shénme dōngxi?

_____。

(5)接到 捡到 包 的 先生 的 电话 以前，李 文龙 打算 做

Jiēdào jiǎndào bāo de xiānsheng de diànhuà yǐqián, Lǐ Wénlóng dǎsuan zuò

什么?

shénme?

_____。

(6)方 雪芹的 包 是 怎么 找到 的?

Fāng Xuěqín de bāo shì zěnme zhǎodào de?

_____。

二、回答问题：

***Answer the following questions:***

(1) 你 觉得 住在  城市  好 还是 住在  农村  好?

Nǐ juéde zhù zài chéngshì hǎo háishi zhù zài nóngcūn hǎo?

_____。

(2) 你们 那儿 有 多久 没下雨 了?

Nǐmen nàr  yǒu duō jiǔ méi xiàyǔ le?

_____。

(3) 你 从 你家 到  学校 有 多 远?

Nǐ cóng nǐ jiā dào xuéxiào yǒu duō yuǎn?

_____。

(4) 你 每年 交 多少  学费? 是 你 自己 交 还是 你 父母 给 你 交?

Nǐ měi nián jiāo duōshao xuéfèi? Shì  nǐ  zìjǐ  jiāo háishi nǐ  fùmǔ gěi nǐ jiāo?

_____。

(5) 你 父母 管 你 管 得 多 吗?

Nǐ fùmǔ guǎn nǐ guǎn de duō ma?

_____。

(6) 要是 你 有了  倒霉 的 事儿, 你 怎么 办?

Yàoshi nǐ yǒu le dǎoméi de  shìr,   nǐ zěnme bàn?

_____。

三、意念表达:(用本课学过的表达方式)

***Express the following notions,  using the expressions learnt in this lesson.***

(1) 今天遇到了很多不舒心的事,想抱怨自己今天运气不好:

Suppose you have encountered several unpleasant things today,  try to complain about your bad luck:

(2)你的朋友摔了一跤,你对他/她表示一下你的关心:

Express your concern about your friend who had a fall:

(3)劝一劝你的爱喝酒的朋友,劝他/她不要再喝酒了,因为这样对身体不好:

Persuade your friend who drinks too much not to drink any more as drinking is bad for his/her health:

(4)你的同事丢了一份重要的文件,你安慰安慰他/她:

Try to comfort your friend who has lost an important document:

## 四、情景会话或表演:
*Compose a dialogue on the following situation and act it:*

A 丢了包,在找包;B 捡到了一个包,在找包的主人。他们见面了。

A has lost a bag and is looking for it; B has picked up a bag and is looking for its owner. They meet.

## 五、请你说:(至少用上五个本课学过的新词语)
*Speak on the following topics, using at least 5 of the words or phrases learnt in this lesson:*

(1)说说你最倒霉的一天或一件事。

Recall a day of bad luck or a setback that you have had.

(2)说说电脑带给你的好处和坏处。

Discuss the advantages and disadvantages of computer.

## 六、小辩论:
*A debate:*

全班同学分成两组,一组作为正方,另一组作为反方,就下边的观点展开辩论。

The class is divided into two groups: one is the positive group and the other the negative group. The two groups argue on the following topic:

辩论题：妻子不应该像丈夫一样出去工作。

Topic: The wife should not go out to work like her husband.

## 走马观花 *A Glimpse of Modern Chinese Culture*

### 公安机构
### Public security organizations

警察是一个社会维持公共秩序、治安的必不可少的力量。中国的警察机构担负着治安、交通、刑事、司法、边防、消防、户籍等各个方面的任务。

A police force is for maintaining social order and security. China's police is responsible for public security, traffic control, criminal management, judicial duties, border defense, fire fighting, household registers, etc.

在各个省、自治区、直辖市的警察机构是"公安局"。"公安"的意思就是"公共治安"。

"Gōng'ānjú" (Public Security Bureau) is the police authority at the level of a province, an autonomous region or a municipalitiy directly under the central government.

设在低于省级以下的行政区划内的公安机构称为"公安分局"。

"Gōng' ān fēnjú" (Public Security Branch Bureau) is the police authority below the provincial level.

"派出所"是最基层的公安机构，负责户口管理和基层社会治安。

"Pàichūsuǒ" is the basic police organization in charge of household registers and public security in the community.

有的时候，在一些人多而治安情况复杂的地方，你可以看到这样的小房子——"治安岗亭"，这更方便了处理一些紧急情

况。

In places where there are problems of public security, we may find the "zhì'ān gǎngtíng" (police box), which are used for a prompt reaction in the case of an emergency.

巡警是近几年才出现的。他们为快速综合性地处理突发事件、及时帮助市民排忧解难发挥着重要作用。

Recently police cars and vans have been used. They play an important role in dealing with emergencies and in helping people over their difficulties.

"有困难，找民警"，意思是"Call the police when you are in difficulty"。看到这个承诺，即使眼前没有任何困难，我们每个人心里也会有种安全感。

"Yǒu kùnnan, zhǎo mínjǐng" (Call the police when you are in difficulty) is a notice put up in streets by the police authorities. It makes you feel safe even when you are not in difficulty.

此外有两个重要的电话号码应该记住，一个是火警电话：119；另一个是匪警电话：110。遇到火灾发生或遭到坏人袭击时，尽快拨打上述号码，将能使你得到及时救助。

Two telephone numbers are very important. One is 119 for fires and 110 for robbery. In case of fire or an assault, just dial these numbers and you will be saved from danger.

## 写汉字 *Writing Demonstration*

丶 亠 广 疒 甬 甬 甬 甬 诵 通

| 通 | 通 | 通 | 通 | 通 | 通 | | | | |
|---|---|---|---|---|---|---|---|---|---|

一 寸 寸 寸 讨 过

| 过 | 过 | 过 | 过 | 过 | 过 | | | | |
|---|---|---|---|---|---|---|---|---|---|

230

第三十课
Dì - sānshí Kè

# LESSON THIRTY

## 语 用 范 例 *Examples of Usage*

### 1. 拜年  *New Year greetings*

伯父、伯母， 过年 好!
Bófù、 bómǔ， guònián hǎo!
*uncle, aunt, to celebrate New Year well*
Happy New Year, uncle and aunt!

—— 过年 好!
—— Guònián hǎo!
——*to celebrate New Year well*
——Happy New Year!

恭喜发财!
Gōngxǐ fācái!
*congratulations prosperous*
Wishing you happiness and prosperity!

—— 同喜，同喜!
—— Tóngxǐ, tóngxǐ!
——*together happy, together happy*
——The same to you!

## 2. 表达越来越多　*Increasing proportions*

春节　出去　旅行　的　人　越来越　多了。
Chūnjié chūqu lǚxíng de rén yuèláiyuè duō le.
*Spring Festival  to go out  to travel  ( structural particle )*
*people  more and more  ( modal particle )*
More and more people travel during the Spring Festival.

## 3. 送礼物时说的客套话　*A polite expression when giving a gift*

这　是　我们　的　一点儿　心意。
Zhè shì wǒmen de yìdiǎnr xīnyì.
*this to be we ( structural particle ) little token of feeling*
This is a token of our feelings.

## 4. 接受礼物时说的客套话　*Polite expressions when receiving a gift*

你们　买　东西　干　什么?
Nǐmen mǎi dōngxi gàn shénme?
*you  to buy  things  to do  what*
What have you bought these things for?

下次　来　不许　再　买　东西。
Xiàcì lái bù xǔ zài mǎi dōngxi.
*next time  to come  not permit  again  to buy  things*
Don't bring anything (for me) next time you come.

你们　太客气了。
Nǐmen tài kèqi le.
*you too kind ( modal particle )*
It's very kind of you.

## 5. 招待客人时说的话　*Expressions used in entertaining a guest*

这儿　有　糖、　花生、　瓜子、水果，你们　随便　吃　啊。
Zhèr　yǒu　táng、huāshēng、guāzǐ、shuǐguǒ, nǐmen suíbiàn　chī a.
*here to have candy, peanuts, melon seeds, fruit, you ( plural ) as you like
to eat ( modal particle )*
Here are candies, peanuts, melon seeds and fruit. Help yourselves to
anything you like.

## 6. 询问年轻人什么时候结婚　*Asking a young man or a girl when he / she will get married*

什么　时候　吃你的　喜糖　啊?
Shénme shíhou　chī nǐ de xǐtáng a?
*what time to eat you ( structural particle )
wedding candy ( interrogative particle )*
When can I have your wedding candies?

YI

PART ONE

# 怎么现在就拜年了?

Zěnme Xiànzài Jiù Bàinián Le?

## Why have you given us New Year greetings so early?

<table>
<tr><td colspan="4">新 词 语　*New Words and Phrases*</td></tr>
<tr><td>1.</td><td>春联</td><td>chūnlián(r)</td><td>spring couplet</td></tr>
<tr><td>2.</td><td>贴</td><td>tiē</td><td>to paste</td></tr>
<tr><td>3.</td><td>打扫</td><td>dǎsǎo</td><td>to sweep; to clean</td></tr>
<tr><td>4.</td><td>过年</td><td>guònián</td><td>to celebrate New Year's Day</td></tr>
<tr><td>5.</td><td>拜年</td><td>bàinián</td><td>to give New Year greetings; to pay a New Year visit</td></tr>
<tr><td>6.</td><td>放假</td><td>fàngjià</td><td>to have holidays</td></tr>
<tr><td>7.</td><td>生意</td><td>shēngyi</td><td>business</td></tr>
<tr><td>8.</td><td>越来越</td><td>yuèláiyuè</td><td>more and more</td></tr>
<tr><td>9.</td><td>外地</td><td>wàidì</td><td>other places; places other than one's own city</td></tr>
<tr><td>10.</td><td>变</td><td>biàn</td><td>to change</td></tr>
<tr><td></td><td>变化</td><td>biànhuà</td><td>change</td></tr>
</table>

专 名　*Proper name*

| 春节 | chūnjié | Spring Festival |

春节是中国最重要、最隆重的传统节日。春节快到了,方雪芹家喜气洋洋,春节前他们一家在做什么呢? 我们一起去方家看看。

The Spring Festival is the most important and ceremonious traditional festival in China. Now the Fangs are all very happy as the Spring Festival is drawing near. What are they all doing? Let us go and see.

(春节前的一个周末,方家都在准备过年。方雪芹和方父贴完春联和"福"字后进屋)

(On weekend before the Spring Festival, the Fangs are preparing to celebrate the Chinese New Year. Fang Xueqin and her father have just come back after putting up the spring couplet and a poster with the character "福"(Fú)(happiness).

| | |
|---|---|
| 方　母: | (对方父女) 春联　贴 好 了 吗? |
| | Chūnliánr tiē hǎo le ma? |
| Mother: | (To her husband and daughter) Have you put the spring couplet up? |
| 方雪芹: | 贴 好 了。 |
| | Tiē hǎo le. |
| Fang: | Yes, we have. |
| 方　母: | 我 去 买 东西, 你们 打扫 一下。(刚一开门)哟, 璐璐。 |
| | Wǒ qù mǎi dōngxi,nǐmen dǎsǎo yíxià.　　　　　Yō, Lùlu. |
| Mother: | Will you clean the rooms while I go out shopping? (Opening the door and finding Ding Lulu at the doorway) Oh, it's you, Lulu. |
| 丁璐璐: | 阿姨、叔叔, 过年　好! |
| | Ā yí、shūshu,guònián hǎo! |
| Ding: | Happy New Year, aunt and uncle! |
| 方　父: | 怎么　现在 就 拜年 了? 春节 还 没 到 呢。 |
| | Zěnme xiànzài jiù bàinián le? Chūnjié hái méi dào ne. |
| Father: | Why have you come so early to give us New Year's greetings? The Spring Festival has not come yet. |
| 丁璐璐: | 春节 的 时候 我 不 能 来 拜年 了。 |
| | Chūnjié de shíhou wǒ bù néng lái bàinián le. |
| Ding: | But I can't greet you when it comes. |

方雪芹： 为什么？

Wèishénme?

Fang: Why not?

丁璐璐： 因为 春节 我 要 带 旅行团 去 南方。

Yīnwèi chūnjié wǒ yào dài lǚxíngtuán qù nánfāng.

Ding: I am going to the south with a tourist group during the Spring Festival.

方 父： 过年 你们 不 放假 吗？

Guònián nǐmen bú fàngjià ma?

Father: You are not going to have a holiday, are you?

丁璐璐： 嗯，春节 的 时候 我们 的 生意 特别 好。

Ng, chūnjié de shíhou wǒmen de shēngyi tèbié hǎo.

Ding: No, we are not, for we have very good business during the Spring Festival.

方 母： 过年 的 时候还 有 很 多 人 去 旅行 吗？

Guònián de shíhou hái yǒu hěn duō rén qù lǚxíng ma?

Mother: Are many people travelling during the New Year's holidays?

方雪芹： 妈，你 不 知道，这 几 年，春节 出去 旅行 的 人 越来越 多

Mā, nǐ bù zhīdao, zhè jǐ nián, chūnjié chūqù lǚxíng de rén yuèláiyuè duō

了。

le.

Fang: You know, Mum, in the last few years, more and more people go travelling during the Spring Festival.

方 母： 唉，那 你 只 能 在 外地 过年 了？

Ài, nà nǐ zhǐ néng zài wàidì guònián le?

Mother: Alas, you can't celebrate New Year's day at home then.

方 父： 现在 过年 的 一些 习惯 都 变了。

Xiànzài guònián de yìxiē xíguàn dōu biàn le.

Father: Nowadays some of the customs for the traditional New Year are changing.

| | |
|---|---|
| 方雪芹: | 爸、妈，咱们 也 变变 吧，明年 春节也出去 旅行。 |
| | Bà、mā, zánmen yě biànbian ba, míngnián chūjié yě chūqù lǚxíng. |
| Fang: | Dad and Mum, let's travel next Spring Festival for a change. |
| 方父母: | 好啊。 |
| | Hǎo a. |
| Father and Mother: | That's fine. |

## 注 释 *Notes*

 **1.** 春联 The spring couplet

> 春联 贴 好 了 吗?
>
> Chūnliánr tiē hǎo le ma?
>
> Have you put the spring couplet up?

"春联"是春节的时候在门上贴的对联，一般用红色的纸来写，写的内容大多是迎接新年、祈求福寿安康的一些吉祥如意的话，语言都是带有韵律的对偶的语句。春联由三部分组成：右边是上联，左边是下联，上边是横联。

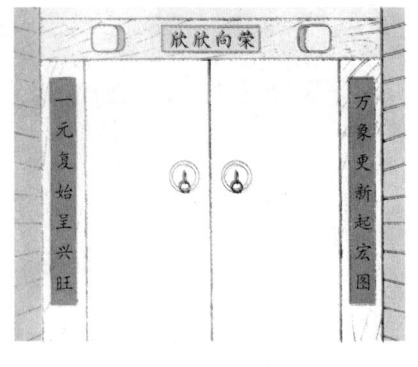

The couplet that is put up on door frames or door leaves to celebrate the Spring Festival is called the spring couplet. Written on red paper, the spring couplet is usually about celebrating the New Year or carries good wishes and the two lines are rhythmic and antithetic. The first line is put up on the right side of the door frame or on the right door leaf and the second line on the left with a horizontal one on or over the upper bar of the door frame.

 **2.** 过年好 Happy New Year

> 过年 好!
>
> Guònián hǎo!
>
> Happy New Year!

237

"过"的本来的意思是"to pass",在这儿有"庆祝"的含义在里边。类似的说法还有：
"Guò", meaning originally "to pass", means "to celebrate" here. Similar phrases are:

过年—— 小孩子们 最 喜欢 过年。
guònián——Xiǎoháizimen zuì xǐhuan guònián.
To celebrate the New Year——Children are fond of New Year celebrations.

过生日—— 我 过 生日 的 时候,爸爸 送 给我 一件 特别 的礼物。
guò shēngri——Wǒ guò shēngri de shíhou,bàba sòng gěi wǒ yí jiàn tèbié de lǐwù.
To celebrate a birthday——My father gave me a very special gift on my birthday.

过 新年—— 过 新年 的 时候，孩子们 都 穿 新 衣服。
guò xīnnián——Guò xīnnián de shíhou,háizimen dōu chuān xīn yīfu.
To celebrate New Year——Children wear new clothes when the New Year comes.

过 圣诞节—— 你们 怎么 过 圣诞节?
guò shèngdànjié——Nǐmen zěnme guò shèngdànjié?
To celebrate Christmas——How do you celebrate Christmas?

春节的时候人们见面常常相互问一声："过年好！"这是拜年时常用的祝愿用语。
When Spring Festival comes, people exchange the greeting "Guònián hǎo!", which is a common type of New Year greeting.

 **3. 拜年** Giving New Year greetings

怎么 现在 就 拜年 了? 春节 还 没 到 呢。
Zěnme xiànzài jiù bàinián le? Chūnjié hái méi dào ne.
Why have you come so early to give us New Year's greetings? The Spring Festival has not come yet.

"春节"是中国农历的新年,是中国人最重要的传统节日。春节的时候,人们都要去亲朋好友的家里,向他们祝贺新年,这就叫"拜年",这是中国的传统习俗。现在通讯工具发达了,也有很多人打电话或发送电子邮件拜年。

The Spring Festival is the traditional Chinese New Year by the lunar calendar and is the most important festival of the Chinese people. It is a custom for the people to pay New Year visits to their relatives or friends during the Spring Festival. This is known as "bài nián". Now with the development of telecommunications, many people send New Year greetings by the telephone or e-mail.

(1) 伯父、伯母,我 给 你们 拜年 了!

Bófù、bómù,wǒ gěi nǐmen bàinián le!

I wish you a Happy New Year, uncle and aunt!

(2) 父亲:你 给 你 叔叔 拜年 了 没有?

Nǐ gěi nǐ shūshu bàinián le méiyǒu?

Father: Have you said "Happy New Year" to Uncle?

孩子:我 给 叔叔 拜年 了。

Wǒ gěi shūshu bàinián le.

Child: I wish you a Happy New Year, uncle.

 **4.** **春节的假期** Holidays during the Spring Festival

过年 你们 不 放假 吗?

Guònián nǐmen bú fàngjià ma?

You are not going to have a holiday, are you?

因为春节是中国最重要的传统节日,所以春节的假期最长,可以连休五天或七天。

People have five days or one week off for the Spring Festival, longer than any other festival holidays, because the Spring Festival is the most important traditional festival in China.

 **5.** **越来越……** The construction "yuèláiyuè…"

春节 出去 旅行 的 人 越来越 多 了。

Chūnjié chūqù lǚxíng de rén yuèláiyuè duō le.

**More and more people go travelling during the Spring Festival.**

"越来越……"后边一般跟形容词,也可跟"喜欢、讨厌"等少数动词短语。例如:

The construction of "yuèláiyuè……" is followed by an adjective or verbs such as "xǐhuan" (to like), "tǎoyàn" (to dislike), etc. For example:

(1) 甲:天气 越来越 冷了。

Tiānqi yuèláiyuè lěng le.

It is getting colder and colder.

乙:你 得 多 穿 点儿。

Nǐ děi duō chuān diǎnr.

You must put on more clothes.

(2) 甲:我 越来越 胖了。

Wǒ yuèláiyuè pàng le.

I am getting fatter and fatter.

乙:我 觉得 你 没 胖, 还是 老 样子。

Wǒ juéde nǐ méi pàng, háishi lǎo yàngzi.

I don't think you are fat. You look just as you used to.

(3) 甲:你 汉语 说得 越来越 流利 了。

Nǐ Hànyǔ shuōde yuèláiyuè liúlì le.

You speak Chinese more and more fluently.

乙:哪儿 啊。

Nǎr à.

Not really.

(4) 甲:我 越来越 喜欢 学习了。

Wǒ yuèláiyuè xǐhuan xuéxí le.

I like to study better and better.

乙:那 太好 了。

Nà tàihǎo le.

That's great.

**6.** **春节团圆的意义** The significance of family reunions during the Spring Festival

> 那 你 只 能 在 外地 过年 了。
> Nà nǐ zhǐ néng zài wàidì guònián le.
> You can't celebrate New Year's day at home then.

中国人重视人际亲情,尤其是家族亲情。所以在节日的时候,尤其是像春节这个最重要的节日,亲友团聚更是理所应当甚至是必须的。春节的时候,一家人不管分别在什么地方,一般都应该回到家里和父母甚至爷爷、奶奶一起过春节。春节全家团圆对中国人来说是很重要的。所以方雪芹的妈妈有点替丁璐璐感到遗憾。

Chinese attach importance to blood relatives, so a family gathering is a necessary activity during festivals. Members of a family living in different places will come back to celebrate the Spring Festival with their parents or, even with their grandparents. Family reunions are very important to Chinese people, so Fang Xueqin's parents felt sorry for Ding Lulu when they learnt that she could not celebrate the Spring Festival at home.

**7.** **春节习俗的变化** Changes of customs of the Spring Festival

> 现在 过年 的 一些 习惯 都 变 了。
> Xiànzài guònián de yìxiē xíguàn dōu biàn le.
> Nowadays some of the customs of traditional New Year are changing.

的确,现在一些中国人的过年习惯变了。传统的习惯是一大家人守在父母的家里过年,一起做饭、聊天、娱乐或去亲朋好友家拜年。现在越来越多的人愿意趁着有一个较长的假期,出去旅行。

It is true that some of the customs of the Spring Festival are changing. For example, traditionally people would remain at home with their parents, cooking, chatting, playing or visiting relatives or friends, but now more and more people prefer travelling during the long holiday.

> 练 习 *Exercises*

**一、记住下边的词语搭配,并用它们分别造句:**
***Learn the following collocations by heart and make sentences with them:***

贴春联　　tiē chūnlián　　_____

贴邮票　　　tiē yóupiào　　　＿＿＿＿＿＿＿＿＿＿＿＿

贴照片　　　tiē zhàopiàn　　　＿＿＿＿＿＿＿＿＿＿＿＿

二、翻译下边的句子,注意加线的词语的意思和用法,并模仿造句:

*Translate the following sentences, paying special attention to the meanings and usage of the underlined words or phrases, and make sentences using them:*

(1)甲:妈妈　病了。

　　　Māma bìng le.

　　乙:我们　只能 自己 做 饭了。

　　　Wǒmen zhǐnéng zìjǐ zuò fàn le.

(2)甲:这个　星期 我 没 空。

　　　Zhèige xīngqī wǒ méi kòng.

　　乙:那　咱们　只能 下个 星期 见面 了。

　　　Nà zánmen zhǐnéng xiàgè xīngqī jiànmiàn le.

(3)甲:你 怎么 不去 学 校?

　　　Nǐ zěnme bú qù xuéxiào?

　　乙:我们　学校 放假 了。

　　　Wǒmen xuéxiào fàngjià le.

(4)甲:新年　你们　放 不 放假?

　　　Xīnnián nǐmen fàng bú fàngjià?

　　乙:我们　放假,放 三 天 假。

　　　Wǒmen fàngjià,fàng sān tiān jià.

(5)甲:你 没 变。

　　　Nǐ méi biàn.

　　乙:哪儿啊,我 变老 了。

　　　Nǎr a, wǒ biànlǎo le.

(6)甲:这 几年　上海　变 了很 多。

　　　Zhè jǐ nián Shànghǎi biàn le hěn duō.

　　乙:是 啊,上海　变 得 更　漂亮 了。

　　　Shì a,Shànghǎi biàn de gèng piàoliang le.

三、用正确的语气、语调说下边的句子:

*Read aloud the following sentences with the appropriate tones and intonations:*

(1)春联　贴好 了。

　　Chūnliánr tiēhǎo le.

(2)阿姨、叔叔, 过年　好!

　　Ā yí、shūshu,guònián hǎo!

(3) 怎么 现在 就 拜年 了？春节 还 没 到 呢。

Zěnme xiànzài jiù bàinián le? Chūnjié hái méi dào ne.

(4) 春节 的 时候 我 要 带 旅行团 去 南方，所以 春节 我 不 能

Chūnjié de shíhou wǒ yào dài lǔxíngtuán qù nánfāng, suǒyǐ chūnjié wǒ bù néng

来 拜年 了。

lái bàinián le.

(5) 过年 我们 放 一个 星期 假。

Guònián wǒmen fàng yí gè xīngqī jià.

(6) 春节 的 时候 我们 的 生意 特别 好。

Chūnjié de shíhou wǒmen de shēngyi tèbié hǎo.

(7) 过年 的 时候 还 有 很 多 人 去 旅行 吗？

Guònián de shíhou hái yǒu hěn duō rén qù lǔxíng ma?

(8) 春节 出去 旅行 的 人 越来越 多 了。

Chūnjié chūqù lǔxíng de rén yuèláiyuè duō le.

(9) 现在 过年 的 一些 习惯 都 变 了。

Xiànzài guònián de yìxiē xíguàn dōu biàn le.

(10) 那 你 只 能 在 外地 过年 了？

Nà nǐ zhǐ néng zài wàidì guònián le?

## 写 汉 字 *Writing Demonstration*

| 拜 | ′ 亠 三 手 扌 扞 扞 拜 拜 |
| 拜 | 拜 拜 拜 拜 拜 |

| 年 | ′ 亠 仁 午 年 年 |
| 年 | 年 年 年 年 年 |

243

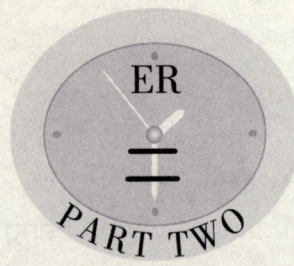

ER

二

PART TWO

# 恭喜发财!

## Gōngxǐ Fācái!

## Wishing you happiness and prosperity

| | | | |
|---|---|---|---|
| 1. 恭喜发财 | gōngxǐ fācāi | Wishing you happiness and prosperity |
| 恭喜 | gōngxǐ | to congratulate somebody on a happy occasion |
| 发财 | fācái | to make a fortune; to get wealthy |
| 2. 同喜 | tóngxǐ | to share happiness – the same to you |
| 3. 心意 | xīnyì | token of one's regard |
| 4. 不许 | bùxǔ | Don't; not permit |
| 5. 哪里 | nǎlǐ | where; an expression of denying a praise |
| 6. 花生 | huāshēng | peanut |
| 7. 瓜子 | guāzǐ(r) | melon seeds |
| 8. 看望 | kànwàng | to call on |
| 9. 喜糖 | xǐtáng | wedding candies |
| 10. 当 | dāng | to function as |

课 文　*Text*

　　按照中国的传统习惯,春节期间,亲戚朋友之间都要互相拜年。要是给老人拜年,一般要带一点儿礼物;如果有小孩子来拜年,大人要给"压岁钱"。今天我们看看谁去方雪芹家拜年了?他们说些什么呢?

It is the Chinese custom to pay New Year visits to relatives or friends during the Spring Festival. Customarily we bring gifts for old people or some money (very often wrapped in a red paper parcel) for the children. Who have come to Fang Xueqin's home today? What are they talking about? Let's listen and watch.

（春节,同事们来方家拜年。）

(It's the Spring Festival. Fang Xueqin's colleagues have come for a New Year's visit. )

| 杨　丽：<br>Yang Li: | 雪芹，过年　好!<br>Xuěqín,guònián hǎo!<br>Xueqin, Happy New Year! |
| 方雪芹：<br>Fang: | 过年　好!<br>Guònián hǎo!<br>Happy New Year! |
| 田、赵：<br>Tian and Zhao: | （对方雪芹）恭喜发财!<br>Gōngxǐ fācāi!<br>(To Fang Xueqin) Wishing you happiness and prosperity! |
| 方雪芹：<br>Fang: | 同喜，同喜! 快　请　进。<br>Tóngxǐ,tóngxǐ! Kuài qǐng jìn.<br>The same to you! Do come in, please. |
| 杨、赵、田：<br>Yang, Zhao and Tian: | 伯父,伯母,过年　好!<br>Bófù、bómǔ,guònián hǎo!<br>Happy New Year, uncle and aunt! |
| 方父母：<br>Fang's parents: | 过年　好!<br>Guònián hǎo!<br>Happy New Year! |

（杨丽等把带来的水果、酒等礼品递给方母）

(Yang Li gives Mother the fruit and wine they have brought with them. )

| 方　母：<br>Mother: | 哟,你们　买　东西　干　什么?<br>Yō,nǐmen mǎi dōngxi gàn shénme?<br>Well, what have you bought these things for? |

杨　丽：　这 是 我们 的 一点 心意。

　　　　　Zhè shì wǒmen de yìdiǎnr xīnyì.

Yang:　It's only a token of our regard for you.

方　母：　下次 来 不许 再 买 东西。

　　　　　Xiàcì lái bù xǔ zài mǎi dōngxi.

Mother:　Don't bring anything next time.

方　父：　你们 太 客气 了。

　　　　　Nǐmen tài kèqi le.

Father:　It's very kind of you.

赵天会：　哪里，这 是 应该 的。

　　　　　Nǎlǐ, zhè shì yīnggāi de.

Zhao:　Don't mention it. We ought to do so.

（众人在客厅坐定）

（Everyone is seated in the sitting room.）

方雪芹：　这儿 有 糖、 花生、 瓜子、水果，你们 随便 吃 啊。

　　　　　Zhèr yǒu táng、huāshēng、guāzǐ、shuǐguǒ,nǐmen suíbiàn chī a.

Fang:　Here are candies, peanuts, melon seeds and fruits. Help yourselves.

方　父：　（向赵和田递烟）请 　抽 烟。

　　　　　　　　　Qǐng chōu yān.

Father:　（Inviting Zhao and Tian to take a cigarette）Have a smoke.

赵天会：　（接过烟）谢谢。

　　　　　　　Xièxie.

Zhao:　（Taking the cigarette）Thanks.

田洪刚：　（摆摆手）谢谢，我 不 会。

　　　　　　　Xièxie,wǒ bú huì.

Tian:　（Waving his hand）Thanks, but I don't smoke.

（方父给赵递上打火机）

（The Father hands the lighter to Zhao.）

赵天会：　我 自己 来。

　　　　　Wǒ zìjǐ lái.

Zhao:　Don't bother. I'll light it myself.

| | |
|---|---|
| 方 母： | （端来了茶）来，请 喝 茶。 |
| | Lái, qǐng hē chá. |
| Mother: | (Tea tray in hand) Come on, have some tea, please. |
| 田洪刚： | 文龙 呢？他 回 家 了 吗？ |
| | Wénlóng ne? Tā huí jiā le ma? |
| Tian: | Where is Wenlong? Has he gone to his home? |
| 方雪芹： | 对，他 回 家 看望 父母 了。 |
| | Duì, tā huí jiā kànwàng fùmǔ le. |
| Fang: | Yes, he went home to see his parents. |
| 杨 丽： | 雪 芹，（拿着糖半开玩笑地）什么 时候 吃 你 的 喜糖 啊？ |
| | Xuěqín, shénme shíhou chī nǐ de xǐtáng a? |
| Yang: | Xueqin, (Taking up a candy, half joking) When shall we have your wedding candies? |
| 方雪芹： | （不好意思地）还 早 呢。 |
| | Hái zǎo ne. |
| Fang: | (Becoming shy and blushing) That is a long time away. |

## 注 释 *Notes*

 **1.** 祝愿用语 Expressions of extending good wishes

恭喜发财！

Gōngxǐ fācāi!

Wishing you happiness and prosperity!

同喜， 同喜！

Tóngxǐ, tóngxǐ!

The same to you!

"恭喜发财"这是过春节人们互相拜年时常说的一句话。回答时说"同喜，同喜"。如果别人

247

有了喜事,比如结婚、升职、乔迁新居、考上大学等,也常说"恭喜你""恭喜恭喜"之类的话,这些不是可以"同喜"的事,就可以回答说"谢谢"。

A common New Year's greeting is "Gōngxǐ fācái" (Wishing you happiness and prosperity), which is answered by "Tóng xǐ, tóng xǐ" (The same to you.). We say "Gōngxǐ nǐ", "Gōngxǐ, gōngxǐ" to congratulate a person on happy occasions such as his/her wedding, a promotion, moving to a new house, being admitted to a university, and so on. The reply is simply "Xièxie", but not "Tóngxǐ", because it's not something you can share.

(1)甲:过年　好!　恭喜发财!

　　　Guònián hǎo!　Gōngxǐ fācāi!

　　　Happy New Year!　Wishing you happiness and prosperity!

　　乙:过年　好!　同喜, 同喜!

　　　Guònián hǎo!　Tóngxǐ, tóngxǐ!

　　　The same to you.　Happy New Year!

(2)甲:听说　你 儿子 要 结婚了, 恭喜 恭喜!

　　　Tīngshuō nǐ　érzi　yào jiéhūn le, gōngxǐ gōngxǐ!

　　　Congratulations!　I heard that your son was going to get married.

　　乙:谢谢!

　　　Xièxie!

　　　Thanks!

(3)甲:听说　你 要 当　爸爸了, 恭喜 你!

　　　Tīngshuō nǐ yào dāng bàba le, gōngxǐ nǐ!

　　　Congratulations!　I heard that you will become father of a baby!

　　乙:谢谢!

　　　Xièxie!

　　　Thanks!

**2.** 送礼物时的客套话　Polite expressions used when giving a gift

这 是 我们 的 一点 心意。

Zhè shì wǒmen de yìdiǎnr xīnyì.

This is a little token of our regard.

送礼物给别人时,不管是贵重的还是普通的礼物,都常常这样说。用"一点"是表示自己的谦虚,不把自己送的礼物说得很贵重,以便对方容易接受;用"心意"是表达自己送给对方的是诚挚的情意,不是物品。例如:

We use this expression when we give a gift, no matter how valuable it is. "Yìdiǎnr" is used to express modesty and to avoid to make the receiver feel embarrassed. "Xīnyi" is used to express the idea that what we give is our sincerity, but not the gift itself. For example:

(1) 甲:谢谢 你 帮 我,(送上礼物)这 是 我 的 一点 心意。

     Xièxie nǐ bāng wǒ,       zhè shì wǒ de yìdiǎnr xīnyì.

     Thank you for your help. (Presenting the gift) This is a little token of my gratitude to you.

  乙:你 太 客气 了。

     Nǐ tài kèqi le.

     It's very kind of you.

(2) 甲:谢谢 你,这 是 我 的 一点 心意。

     Xièxie nǐ, zhè shì wǒ de yìdiǎnr xīnyì.

     Thank you. This is a little token of my gratitude to you.

  乙:你 的 心意 我 领 了,可是 礼物 我 不 能 收。

     Nǐ de xīnyì wǒ lǐng le, kěshì lǐwù wǒ bù néng shōu.

     I appreciate your kindness, but I must decline the gift.

 **3. 接受礼物时的客套话**  Polite expressions used when receiving a gift

你们 买 东西 干 什么?

Nǐmen mǎi dōngxi gàn shénme?

What have you bought these things for?

下次 来 不许 再 买 东西。

Xiàcì lái bù xǔ zài mǎi dōngxi.

Don't bring anything next time.

当接受别人送给的礼物时，按照中国的传统习惯，一般不是马上接受并说"谢谢"，而是要推辞一番，这时会说这样的话。

Customarily we don't usually say "Xièxie" immediately when we receive a gift, but say something like the above to show modesty.

 **4.** **"这是应该的"** "We ought to do so."

> 哪里,这 是 应该 的。
>
> Nǎlǐ,zhè shì yīnggāi de.
>
> Don't mention it. We ought to do so.

前边我们学过，"哪里"和"哪儿啊"一样，也是当别人夸奖的时候，用来委婉地表示否定。别人感谢的时候，中国人也常常说："这是应该的"或"这是我应该做的"，表示理当如此，不必客气。例如：

We learnt previously that, to show modesty, we use "Nǎlǐ" or "Nǎr" to deny a praise. When someone shows appreciation, we often reply "Zhè shì yīnggāi de" or "Zhè shì wǒ yīnggāi zuò de" (Both mean "It's what we ought to do."). What is implied here is that there is no need to thank (me). For example:

(1) 甲:谢谢 你!

　　Xièxie nǐ!

　　Thank you!

　　乙:不 用 谢,这 是 我 应该 做 的。

　　Búyòng xiè,zhè shì wǒ yīnggāi zuò de.

　　That's all right. It's what I ought to do.

(2) 甲:你 帮 了 我 大 忙 了,我 真 不 好意思。

　　Nǐ bāng le wǒ dà máng le,wǒ zhēn bù hǎo yìsi.

　　You have helped me greatly. I feel embarrassed (to have troubled you so much).

　　乙:没 什么, 这是 应该 的。

　　Méi shénme,zhèshì yīnggāi de.

　　It's nothing. I take it as my duty (to help you).

250

**5.** "喜糖"的意思  The meaning of "xǐtáng"

> 什么  时候 吃 你的 喜糖 啊?
> Shénme shíhou chī nǐde xǐtáng a?
> **When shall we have your "xǐtáng"?**

中国人在结婚的时候,都要请亲戚、朋友、同事吃糖,结婚是喜事,结婚时吃的糖也就叫"喜糖",喝的酒叫"喜酒"。对于已经在谈恋爱的年轻人,很多人不直接问"你什么时候结婚?",而是问"什么时候吃你的喜糖?""什么时候请我喝喜酒?",这样比较委婉、风趣。

At a wedding, the new couple will treat their relatives, friends and colleagues who have come to congratulate them with candies. In Chinese, such candies are called "xǐtáng" (happy candies or wedding candies), because a wedding is a happy occasion. A similar term is "xǐjiǔ" (wedding wine). When we want to know when a young man or girl in love will get married, instead of the direct question "Nǐ shénme shíhou jiéhūn?" (When will you get married?) we put it in a roundabout and humorous way by asking "Shénme shíhou chī nǐ de xǐtáng?" (When can I have your wedding candies?) or "Shénme shíhou qǐng wǒ hē xǐjiǔ?" (When will you invite me to drink your wedding wine?).

(1) 甲:什么  时候吃 你的 喜糖?
　　　Shénme shíhou chī nǐde xǐtáng?

　　乙:快 了,下 个 月。
　　　Kuài le, xià gè yuè.

(2) 甲:什么  时候 请 我 喝 喜酒?
　　　Shénme shíhou qǐng wǒ hē xǐjiǔ?

　　乙:现在  还 不 知 道。
　　　Xiànzài hái bù zhīdao.

(3) 甲:我  请 大家  吃 喜糖。
　　　Wǒ qǐng dàjiā chī xǐtáng.

　　乙:你 什么  时候 结婚 的?
　　　Nǐ shénme shíhou jiéhūn de?

　　甲: 上  个 月。
　　　Shàng gè yuè.

251

一、得体地应答：
**Give appropriate replies:**

(1)甲:过年　好!
　　　Guònián hǎo!

　　乙:＿＿＿＿＿!

(2)甲:恭喜发财!
　　　Gōngxǐ fācái!

　　乙:＿＿＿＿＿!

(3)甲:你 买 东西 干 什么?
　　　Nǐ mǎi dōngxi gàn shénme?

　　乙:＿＿＿＿＿＿＿＿＿。

(4)甲:你 帮 了我 大 忙，真 是 太 谢谢 你 了!
　　　Nǐ bāng le wǒ dà máng,zhēn shì tài xièxie nǐ le!

　　乙:＿＿＿＿＿＿＿＿＿＿＿＿＿＿。

(5)甲:请 抽 烟。
　　　Qǐng chōu yān.

　　乙:＿＿＿＿＿＿。

二、用正确的语气、语调说下边的句子：
**Read aloud the following sentences with the appropriate tones and intonations:**

(1)过年　好!
　　Guònián hǎo!
　　　　　　　　　＿＿＿＿＿＿＿＿＿＿

(2)恭喜发财!
　　Gōngxǐ fācái!
　　　　　　　　　＿＿＿＿＿＿＿＿＿＿

(3)同喜， 同喜!
　　Tóngxǐ,tóngxǐ!
　　　　　　　　　＿＿＿＿＿＿＿＿＿＿

(4)你们 买 东西 干 什么?
　　Nǐmen mǎi dōngxi gàn shénme?
　　　　　　　　　＿＿＿＿＿＿＿＿＿＿

(5)这 是 我们 的 一点 心意。
　　Zhè shì wǒmen de yìdiǎnr xīnyì.

252

(6) 下次 来 不许 再买 东西。

Xiàcì lái bù xǔ zài mǎi dōngxi.

(7) 你们 太客气 了。

Nǐmen tài kèqi le.

(8) 哪里, 这 是 应该 的。

Nǎlǐ, zhè shì yīnggāi de.

(9) 这儿 有 糖、花生、瓜子、水果，你们 随便 吃 啊。

Zhèr yǒu táng、huāshēng、guāzǐ、shuǐguǒ, nǐmen suíbiàn chī a.

(10) 文龙 回家 看望 父母了。

Wénlóng huí jiā kànwàng fùmǔ le.

(11) 什么 时候 吃 你的 喜糖 啊?

Shénme shíhou chī nǐ de xǐtáng a?

(12) 还 早 呢。

Hái zǎo ne.

## 写汉字 *Writing Demonstration*

一 十 廿 丗 芇 共 苂 恭 恭 恭

恭 | 恭 恭 恭 恭 恭

一 十 吉 吉 吉 吉 青 青 壴 喜 喜 喜

喜 | 喜 喜 喜 喜 喜

# 你越来越关心环境问题了

## Nǐ Yuèláiyuè Guānxīn Huánjìng Wèntí Le

## You are more and more concerned about environmental protection

| 新 词 语 | *New Words and Phrases* |
| --- | --- |

| | | | |
| --- | --- | --- | --- |
| 1. | 调皮 | tiáopí | naughty |
| 2. | 环境 | huánjìng | environment |
| 3. | 地球 | dìqiú | the globe; the earth |
| 4. | 保护 | bǎohù | to protect |
| 5. | 医生 | yīshēng | doctor |
| 6. | 骂 | mà | to curse |
| 7. | 打(人) | dǎ(rén) | to beat up (somebody) |
| 8. | 约会 | yuēhuì | to make an appointment |
| 9. | 活动 | huódòng | activity |
| 10. | 推迟 | tuīchí | to postpone |
| 11. | 校长 | xiàozhǎng | school master; president of a university |
| 12. | 论文 | lùnwún | thesis; paper |
| 13. | 暑假 | shǔjià | summer vacation |
| 14. | 寒假 | hánjià | winter vacation |
| 15. | (月)初 | (yuè)chū | the beginning (of a month) |
| 16. | (月)底 | (yuè)dǐ | the end (of a month) |

**1.** 暑假、寒假： shǔjià、hánjià　The summer vacation and the winter vacation

中国的学校每年放两次长假,从 7 月到 9 月的叫"暑假",时间是两个月左右。从 1 月到 2 月的叫"寒假",时间是一个月左右。

There are two vacations in a school year in China, namely, "shǔjià" (the summer vacation) which lasts about two months , from July to September, and "hánjià" (the winter vacation) which lasts about one month in January and February.

## 句型练习　*Sentence pattern drills*

一、用"越来越"模仿完成对话:

**Complete the following dialogues, using "yuèláiyuè……":**

春节　出去　旅行　的　人　越来越　多了。

Chūnjié chūqù lǚxíng de rén yuèláiyuè duō le.

(1) 学生:你 儿子 ＿＿＿＿＿＿＿＿＿＿＿＿。(聪　明)

　　　Nǐ érzi ＿＿＿＿＿＿＿＿＿＿＿＿。(cōngming)

　　女:哪儿啊,他 越来越 调皮 了。

　　　Nǎr a, tā yuèláiyuè tiáopí le.

(2) 学生:空气 ＿＿＿＿＿＿＿＿＿＿＿ 了。(脏)

　　　Kōngqì＿＿＿＿＿＿＿＿＿＿＿ le。(zāng)

　　女:是啊,我们 都 应该 关心 环境 问题。

　　　Shì a,wǒmen dōu yīnggāi guānxīn huánjìng wèntí.

(3) 学生:夏天 ＿＿＿＿＿＿＿＿＿＿＿ 了。(热)

　　　Xiàtiān＿＿＿＿＿＿＿＿＿＿＿ le。(rè)

女：是 啊，地球的 温度 越来越 高了，我们 必须 保护 环境。

Shì a, dìqiú de wēndù yuèláiyuè gāo le, wǒmen bìxū bǎohù huánjìng.

(4) 学生：你 _____ 了。（关心 · 环境 问题）

　　　Nǐ_____ le。（guānxīn huánjìng wèntí）

女：这 是 应该 的。

　　Zhè shì yīnggāi de.

二、用"不许"和所给词语完成对话：

**Complete the following dialogues, using "bù xǔ" and the word or phrases in brackets:**

下次 来不许再买 东西。

　Xiàcì lái bù xǔ zài mǎi dōngxi.

(1) 甲：你 抽烟 吗？

　　　Nǐ chōuyān ma?

学生：不。_____。（抽烟， 喝酒）

　　　Bù. _____ .（chōuyān, hē jiǔ）

(2) 孩子：爸爸，今天 我 的 同学 骂我了，我 想 打他。

　　　　Bàba, jīntiān wǒ de tóngxué mà wǒ le, wǒ xiǎng dǎ tā.

学生：_____。（骂人，打人）

　　　_____ .（mà rén, dǎ rén）

(3) 学生：今天 的 约会，_____。（迟到）

　　　Jīntiān de yuēhuì, _____ .（chídào）

男：我 一定 按时 到。

　　Wǒ yídìng ànshí dào.

(4) 孩子：妈妈，我 可以 参加 这 个 活动 吗？

　　　　Māma, wǒ kěyǐ cānjiā zhèige huódòng ma?

学生:可以 _____。（太晚 回家）

　　Kěyǐ _____. (tài wǎn huíjiā)

三、用"只能"模仿完成对话：
**Complete the following dialogues after the model, using "zhǐ néng":**

那 你 只能 在外地 过年 了?

Nà nǐ zhǐ néng zài wàidì guònián le?

(1)女:咱 们 的 钱 快 用 完 了。

　　　Zánmen de qián kuài yòng wán le.

学生:_____。（住 zhù）

(2)男:明 后天 的 火车票 都已经 卖 完了。

　　　Míng hòutiān de huǒchēpiào dōu yǐjīng mài wán le.

学生:_____。（推迟几天 tuīchí jǐ tiān）

(3)男:这些 事 都是 王 校长 管。

　　　Zhèxiē shì dōu shì Wáng xiàozhǎng guǎn.

学生:_____。（找 zhǎo）

(4)男:这 种 药一次 能 吃 几片?

　　　Zhèi zhǒng yào yí cì néng chī jǐ piàn?

学生:_____。（一次一片 yí cì yí piàn）

四、用"还……呢"和所给词语完成对话：
**Complete the following dialogues, using "hái…ne" and the words or phrases in brackets:**

春节 还 没 到 呢。　　　　　　　还 早 呢。

Chūnjié hái méi dào ne.　　　　　Hái zǎo ne.

257

(1) 女：快　点儿　起床！
　　　Kuài diǎnr qǐchuáng!

学生：＿＿＿＿＿。（六点　liù diǎn）

(2) 女：你 的 毕业 论文　写完 了 吗？
　　　Nǐ de bìyè lùnwén xiěwán le ma?

学生：＿＿＿＿＿。（没有　méiyǒu）

(3) 男：你　什么　时候　放　暑假？
　　　Nǐ shénme shíhou fàng shǔjià?

学生：＿＿＿＿＿。（7月初　7 yuèchū）

(4) 男：你　什么　时候　放　寒假？
　　　Nǐ shénme shíhou fàng hánjià?

学生：＿＿＿＿＿。（1月底　1 yuèdǐ）

## 综合练习 Comprehensive exercises

一、根据课文回答下边的问题,并根据问题的提示复述课文：

*Answer the following questions according to the text and give the text in your own words using the questions as clues:*

(1) 方雪芹　和　方父、方母　又 贴　春联　又 打扫 家,他们　准备
　　Fāng Xuěqín hé Fāngfù、Fāngmǔ yòu tiē chūnliánr yòu dǎsǎo jiā,tāmen zhǔnbèi

做　什么？
zuò shénme?

_____

(2) 方母　要 去 买 东西 的 时候，谁　来 了？
　　Fāngmǔ yào qù mǎi dōngxi de shíhou,shéi lái le?

_____

(3) 丁　璐璐 来　方 雪芹　家 做　什么？
　　Dīng Lùlu lái Fāng Xuěqín jiā zuò shénme?

_____

(4) 丁　璐璐　春节　的　时候　放假　吗？　为什么？
　　Dīng Lùlu chūnjié de shíhou fàngjià ma? Wèishénme?

_____

(5)现在　过年　的 习惯 有　什么　变化？

Xiàzài guònián de xíguàn yǒu shénme biànhuà?

_____

(6)过年　的 时候，谁 到　方　雪芹　家　拜年 了？

Guònián de shíhou, shéi dào Fāng Xuěqín jiā bàinián le?

_____

(7)杨　丽 他们 到　方　雪芹家　拜年　带 礼物了 没 有？

Yáng Lì tāmen dào Fāng Xuěqín jiā bàinián dài lǐwù le méiyǒu?

_____

(8)方　雪芹 请 大家 吃 什么？

Fāng Xuěqín qǐng dàjiā chī shénme?

_____

(9)李 文龙 到　方 雪芹家　拜年 了 没有？

Lǐ Wénlóng dào Fāng Xuěqín jiā bàinián le méiyǒu?

_____

(10)杨　丽对方　雪芹 说"吃你的喜糖"是 什么　意思？

Yáng Lì duì Fāng Xuěqín shuō "Chī nǐ de xǐtáng" shì shénme yìsi?

_____

## 二、回答问题：

_Answer the following questions:_

(1)你们那儿的　学生　什么 时候 放 寒假？什么 时候　放 暑假？

Nǐmen nàr de xuésheng shénme shíhou fàng hánjià? Shénme shíhou fàng shǔjià?

_____

(2) 新年 的 时候 你们 放 不 放假? 放 多 长 时间 假?
Xīnnián de shíhou nǐmen fàng bú fàngjià? Fàng duō cháng shíjiān jià?

_____

(3) 你们 那儿 的 人 放假 的 时候 愿意 出去 旅行 还是
Nǐmen nàr de rén fàngjià de shíhou yuànyì chūqu lǚxíng háishi

愿意 在家 呆着?
yuànyì zài jiā dāizhe?

_____

(4) 你 关心 不 关心 环境 保护 问题?
Nǐ guānxīn bù guānxīn huánjìng bǎohù wèntí?

_____

(5) 你 经常 参加 社会 活动 吗?
Nǐ jīngcháng cānjiā shèhuì huódòng ma?

_____

(6) 你 经常 回家 看望 父母 吗?
Nǐ jīngcháng huí jiā kànwàng fùmǔ ma?

_____

## 三、意念表达:(用本课学过的表达方式)
**Express the following notions, using the expressions learnt in this lesson:**

(1) 给朋友送礼物的时候,你最好说:

Say something when you give a present to a friend.

(2) 你接受朋友给你送的礼物时,为了表示客气、礼让,你最好说:

Show gratitude when you receive a gift from a friend.

(3) 在你家里招待客人,你想让他们随便一些,你说:

Say something to make your guests feel at home.

(4)委婉地问问你准备结婚的朋友,他/她准备什么时候结婚:

In a roundabout way ask a friend who is getting married when his/her wedding will be.

(5)当你升了职,朋友对你说"恭喜你!"的时候,你应该回答:

Respond to your friends' congratulations when you are promoted to a new position.

(6)当你的朋友对你说"过年好!"的时候,你应该回答:

Reply to your friends' New Year's greeting.

## 四、情景会话或表演:

*Compose a dialogue on the following situation and act it:*

模仿课文表演一下中国人过年时互相拜年的情景。

A New Year's visit (With the text as a model.)

## 五、请你说:(至少用上五个本课学过的新词语)

*Speak on the following topics, using at least 5 of the words and expressions learnt in this lesson:*

(1)介绍一下你们国家最重要的节日。

Give an account of the most important festival of your country.

(2)关于中国过春节的习俗你知道多少,请你给大家介绍介绍。

Tell the class what you know about Chinese customs at the time of the Spring Festival.

## 六、小实践:

*An activity*

按中国人过春节的习惯把教室布置成过春节的样子,并且在老师的指导下包一次饺子,体会一下过春节的气氛。

261

Decorate your classroom as Chinese do their homes to celebrate the Spring Festival and prepare a feast of jiaozi with the help of your teacher, This should give you a feeling of the atmosphere at the Spring Festival.

## 走 马 观 花 *A Glimpse of Modern Chinese Culture*

### 春节习俗
### The customs of the Spring Festival

今天简单介绍一下中国人过春节的习俗。

Today we will tell you something about Chinese customs for the Spring Festival.

春节是农历的新年,也是中国最热闹的传统节日。中国的农历中管十二月叫"腊月"。进入腊月,人们就开始着手为过年做准备了。过年前,人们一般必定要做几件事:要将家里彻底地打扫干净并好好装饰一下,要为全家人置办过年穿的新衣服,要准备很多好吃的东西……

The Spring Festival is held on the New Year by the lunar calendar and is the most exciting traditional festival of China. People prepare to celebrate the Spring Festival from the beginning of "làyuè", the twelfth month of the Chinese lunar calendar. Some things must be done before the Spring Festival such as general cleaning and decorating of the house, making new clothes for the whole family, preparing special food, etc.

春节前,一般家家都要贴春联。除了贴春联,人们还在门上、墙上贴"福"字,还常常倒着贴,表示"幸福来到",因为在汉语中"倒着"的"倒"和"来到"的"到"同音。

It's a must to put up the spring couplet on the door frame. In addition, the character"福"(Fú) (happiness) written on a square piece of red paper is put up, very often, upside down on the door to imply the coming of happiness, because the character 倒 (upside down) and 到 (to come) are both pronounced "dào". When we say"Fú dào le", it means both"happiness is coming"or"the character (happiness) is upside down".

中国传统的过年习俗中,还有在墙上贴年画儿、在家门上贴门神、在窗户上贴窗花。这些习俗在城市中越来越少,而在农村依然保留着。

Another custom is to paste the pictures of the door gods on the front door and New Year paintings on the walls of the rooms and red papercuts on the windows. This custom is preserved better in the country than in the city.

到了除夕夜里,全家人团聚在一起吃"年夜饭"、做游戏,一直到凌晨,通宵不睡,这是"守岁"。电视普及以后,除夕夜看"春节联欢晚会"的电视节目也成了除夕守岁的一个主要内容。

"春节联欢晚会"是由中央电视台及各省市电视台精心制作的大型文艺晚会节目，内容、形式又丰富又精彩，很受欢迎。

On the eve of the traditional Chinese New Year, the family will have the New Year eve dinner which is followed by "shǒu suì", i. e, they will remain awake playing games till early in the morning of the next day. Now television is very popular, so, instead of playing games, people will watch the special TV programs, like the Spring Festival Grand Parties produced by the Central TV Station and various local TV stations. The parties have been very popular during the last twenty odd years, and the rich and colorful programs are appreciated.

除夕晚上，中国北方人家家都吃饺子，吃饺子表示新的一年开始了。在南方则是吃年糕，吃年糕表示生活一年比一年高，日子一年比一年好。

At midnight, people in the north will have jiaozi to celebrate the coming of the New Year whereas in the south people have a New Year cake symbolizing a better life in the coming year.

除夕夜零点的时候，人们要大放鞭炮，传说这是为了吓跑妖魔鬼怪，并向神致敬；后来，人们放鞭炮主要是为了庆祝旧的一年过去，新的一年来临，表达欢乐的心情。现在，许多大城市，出于保护环境和安全的目的，已禁止在市区放鞭炮。

People used to set off firecrackers at midnight to bid farewell to the old year and usher in the new. It was said that firecrackers would frighten off devils and monsters and to show respect for gods. But firecrackers are now prohibited in many big cities in the cause of environmental protection and safety.

传统的过春节的习俗有很多很多，随着社会生活的改变，传统的习俗也在不断地变化着。

There are other customs for the Spring Festival, but with the changes in social life, some of the customs are changing.

## 写汉字 *Writing Demonstration*

一 二 于 王 王 玎 环 环

环 | 环 | 环 | 环 | 环

一 二 于 王 王 玎 玎 玎 玡 球 球

球 | 球 | 球 | 球 | 球

**A**

| 阿姨 | āyí | aunt | 23.1 |
| 爱人 | àiren | spouse(husband or wife) | 23.3 |
| 按时 | ànshí | in time | 24.3 |

**B**

| 吧 | ba | a modal particle expressing a tone of inference | 22.2 |
| 把 | bǎ | a measure word | 29.3 |
| 拜年 | bàinián | to give New Year greetings; to pay a New Year visit | 30.1 |
| 班 | bān | class | 27.1 |
| 办 | bàn | to do | 29.2 |
| 半天 | bàntiān | half a day; a long time | 27.3 |
| 半夜 | bànyè | midnight | 25.3 |
| 帮助 | bāngzhù | to help | 24.2 |
| 包裹 | bāoguǒ | parcel | 25.1 |
| 包裹单 | bāoguǒdān | parcel form | 25.1 |
| 薄 | báo | thin | 28.3 |
| 保护 | bǎohù | to protect | 30.3 |
| 保姆 | bǎomǔ | housemaid; children's nurse | 22.2 |
| 报告 | bàogào | to report; report | 29.2 |
| 北京烤鸭 | Běijīngkǎoyā | Beijing roast duck | 27.3 |
| 比赛 | bǐsài | contest; match | 28.3 |
| 毕业 | bìyè | to graduate | 27.1 |
| 变 | biàn | to change | 30.1 |
| 变化 | biànhuà | change | 30.1 |

| 冰箱 | bīngxiāng | refrigerator | 28.2 |
|---|---|---|---|
| 病 | bìng | sick, illness | 21.3 |
| 博物馆 | bówùguǎn | museum | 23.2 |
| 不巧 | bùqiǎo | not coincidental | 24.2 |
| 不许 | bùxǔ | don't; not permit | 30.2 |
| 不要紧 | búyàojǐn | not important, it doesn't matter | 21.1 |

## C

| 擦 | cā | to clean(with a mop, rag, etc. ) | 22.1 |
|---|---|---|---|
| 猜 | cāi | to guess | 24.3 |
| 参加 | cānjiā | to participate in | 27.1 |
| 长途 | chángtú | long-distance | 26.1 |
| 长途电话 | chángtúdiànhuà | long-distance calls | 26.1 |
| 长途汽车 | chángtúqìchē | long-distance bus | 26.1 |
| 肠炎 | chángyán | enteritis | 21.2 |
| 吵架 | chǎojià | to quarrel | 22.3 |
| 车站 | chēzhàn | bus stop, railway station | 23.2 |
| 城市 | chéngshì | city | 28.2 |
| 迟到 | chídào | to be late(for school, work, etc. ) | 29.1 |
| 抽屉 | chōuti | drawer | 23.3 |
| (月)初 | (yuè)chū | the beginning(of a month) | 30.3 |
| 出差 | chūchāi | to go on a business trip; to go on official business | 24.3 |
| 出去 | chūqu | to go out | 21.1 |
| 出生 | chūshēng | to be born | 27.3 |
| 出租(汽)车 | chūzū(qì)chē | taxi | 23.1 |
| 船 | chuán | ship | 23.3 |
| 传真 | chuánzhēn | fax | 24.1 |
| 窗户 | chuānghu | window | 21.3 |
| 床 | chuáng | bed | 22.1 |
| 春联 | chūnlián(r) | spring couplet | 30.1 |
| 次 | cì | train number | 26.2 |

## D

| 丢 | diū | to lose | 29.1 |
| 堵车 | dǔchē | traffic jam | 21.1 |
| 肚子 | dùzi | stomach, abdomen | 21.2 |
| 锻炼 | duànliàn | to do physical exercises | 22.2 |
| 对了,…… | duìle,…… | right; an expression used when the speaker suddenly thinks of something | 24.1 |

**E**

| 耳朵 | ěrduo | ear | 25.2 |
| 而且 | érqiě | moreover | 28.3 |

**F**

| 发 | fā | to send(a letter, telegraph, etc.) | 24.1 |
| 发财 | fācái | to make a fortune; to get wealthy | 30.2 |
| 发传真 | fā chuánzhēn | to send a fax | 24.1 |
| 发信 | fā xìn | to send a letter | 24.1 |
| 发烧 | fānshāo | to have a fever | 21.1 |
| 法律 | fǎlǜ | law | 27.3 |
| 方便 | fāngbiàn | convenient | 28.1 |
| 房间 | fángjiān | room | 21.3 |
| 放 | fàng | to put, to place | 23.3 |
| 放假 | fàngjià | to have holidays | 30.1 |
| 放松 | fàngsōng | relaxed | 25.3 |
| 放心 | fàngxīn | not to worry | 28.2 |
| 非常 | fēicháng | very | 24.2 |
| 飞机 | fēijī | airplane | 23.3 |
| 夫妻 | fūqī | husband and wife; married couple | 24.3 |
| 幅 | fú | a measure word for pictures | 23.3 |
| 辅导 | fǔdǎo | to coach; to give special help | 27.2 |
| 付(钱) | fù(qián) | to pay(money) | 22.3 |
| 复习 | fùxí | to review one's lessons | 27.1 |

| 复印 | fùyìn | to photocopy | 24.1 |

## G

| 改 | gǎi | to change | 24.2 |
| 改天 | gǎitiān | some other day | 24.2 |
| 干 | gàn | to do | 22.1 |
| 干工作 | gàngōngzuò | to work | 22.1 |
| 干活儿 | gànhuór | to work (usually to do manual work) | 22.1 |
| 干什么 | gànshénme | what to do? | 22.1 |
| 干事儿 | gànshìr | to do a job | 22.1 |
| 感冒 | gǎnmào | to catch cold | 21.1 |
| 刚 | gāng | just; just now | 24.3 |
| 高兴 | gāoxìng | happy; pleasant | 29.1 |
| 跟……请假 | gēn…qǐngjià | to ask for leave from | 24.1 |
| 公安局 | gōng'ānjú | public security bureau | 29.2 |
| 公共 | gōnggòng | public | 23.1 |
| 公共汽车 | gōnggòngqìchē | public bus | 23.1 |
| 公斤 | gōngjīn | kilogram | 25.3 |
| 公里 | gōnglǐ | kilometer | 29.3 |
| 恭喜 | gōngxǐ | to congratulate somebody on a happy occasion | 30.2 |
| 恭喜发财 | gōngxǐfācāi | wishing you happiness and prosperity | 30.2 |
| 工资 | gōngzī | salary; wages | 26.3 |
| 工作证 | gōngzuòzhèng | employee's card | 25.3 |
| 姑娘 | gūniang | girl | 23.1 |
| 刮(大)风 | guā(dà)fēng | to blow hard | 24.3 |
| 瓜子 | guāzǐ(r) | melon seeds | 30.2 |
| 挂 | guà | to hang (up) | 23.3 |
| 挂号 | guàhào | to register at a hospital | 21.2 |
| 关心 | guānxīn | to be concerned about | 22.2 |
| 管 | guǎn | to be in charge of | 29.3 |
| 广告 | guǎnggào | advertisement | 28.1 |

| 逛街 | guàngjiē | to go window-shopping /go shopping. | 23. 3 |
| 柜子 | guìzi | cabinet | 22. 3 |
| 国际 | guójì | international | 25. 1 |
| 国内 | guónèi | domestic | 25. 1 |
| 过年 | guònián | to celebrate New Year's Day | 30. 1 |

**H**

| 寒假 | hánjià | winter vacation | 30. 3 |
| 航空 | hángkōng | air mail | 25. 1 |
| 合同 | hétong | contract | 24. 2 |
| 红包 | hóngbāo | red paper envelope(containing money as a gift) | 27. 3 |
| 厚 | hòu | thick | 28. 3 |
| 互相 | hùxiāng | each other; mutually | 24. 2 |
| 护照 | hùzhào | passport | 25. 3 |
| 花生 | huāshēng | peanut | 30. 2 |
| 环境 | huánjìng | environment | 30. 3 |
| 换 | huàn | to change | 23. 2 |
| 汇款 | huì kuǎn | to remit money; remittance | 25. 2 |
| 会谈 | huìtán | talks; to hold talks | 24. 1 |
| 活动 | huódòng | activity | 30. 3 |
| 火车 | huǒchē | train | 23. 3 |
| 或者 | huòzhě | or(used in a statement) | 23. 2 |

**J**

| 急性 | jíxìng | acute | 21. 2 |
| 急性肠炎 | jíxìngchángyán | acute enteritis | 21. 2 |
| 寄 | jì | to send by post; to post | 25. 1 |
| 记得 | jìde | to remember | 28. 3 |
| 家具 | jiāju | furniture | 22. 3 |
| 家务事 | jiāwùshì | housework | 22. 2 |
| 价钱 | jiàqian | price | 26. 1 |

| 驾驶证 | jiàshǐzhèng | driving license | 25.3 |
| 捡 | jiǎn | to pick up | 29.2 |
| 交 | jiāo | to hand in; to pay (money) | 28.3 |
| 郊区 | jiāoqū | suburbs | 22.3 |
| 脚 | jiǎo | foot | 29.1 |
| 街 | jiē | street | 23.1 |
| 结婚证 | jiéhūnzhèng | certificate of marriage | 25.3 |
| 节目 | jiémù | program; item | 28.3 |
| 借 | jiè | to borrow; to lend | 27.2 |
| 介意 | jièyì | to mind | 24.3 |
| 进去 | jìnqu | to go in | 28.2 |
| 经济学 | jīngjìxué | economics | 27.2 |
| 久 | jiǔ | long time | 29.3 |
| 酒吧 | jiǔbā | bar | 21.3 |

### K

| 开车 | kāichē | (of train) to start; to set out | 26.2 |
| 开玩笑 | kāiwánxiào | to joke | 27.2 |
| 看望 | kànwàng | to call on | 30.2 |
| 考试 | kǎoshì | examination | 27.1 |
| 可能 | kěnéng | perhaps, possible | 21.1 |
| 客人 | kèren | customer; guest | 26.1 |
| 客户 | kèhù | client | 24.2 |
| 空调 | kōngtiáo | air-conditioner | 26.1 |
| 哭 | kū | to cry | 23.1 |
| 困 | kùn | tired, sleepy | 22.3 |

### L

| 里 | lǐ | li, a Chinese measure of distance, equal to 500 meters | 25.3 |
| 理发 | lǐfà | haircut | 22.3 |

| | | | |
|---|---|---|---|
| 厉害 | lìhai | serious | 21. 2 |
| 历史 | lìshǐ | history | 27. 3 |
| 联系 | liánxì | to contact | 24. 3 |
| 了解 | liǎojiě | to understand | 24. 3 |
| 领导 | lǐngdǎo | to lead, leader, leadership | 21. 3 |
| 流利 | liúlì | fluent | 27. 1 |
| 路 | lù | route, bus line number | 23. 2 |
| 录像 | lùxiàng | video | 23. 3 |
| 乱 | luàn | in a mess, disorder | 22. 1 |
| 论文 | lùnwún | thesis; paper | 30. 3 |
| 旅行 | lǚxíng | to travel | 28. 1 |
| 旅行社 | lǚxíngshè | travel agency | 28. 1 |
| 旅行团 | lǚxíngtuán | tourist group | 28. 1 |
| 律师 | lǜshī | lawyer | 22. 2 |

## M

| | | | |
|---|---|---|---|
| 马上 | mǎshàng | immediately, at once, in no time | 22. 1 |
| 马桶 | mǎtǒng | closet stool | 22. 3 |
| 骂 | mà | to curse | 30. 3 |
| 毛巾 | máojīn | towel | 28. 2 |
| 毛衣 | máoyī | jersey; sweater | 28. 3 |
| 贸易 | màoyì | trade | 26. 3 |
| 木 | mù | wood | 25. 2 |

## N

| | | | |
|---|---|---|---|
| 哪里 | nǎli | where; an expression of denying praise | 30. 2 |
| 奶奶 | nǎinai | grandmother(one's father's mother) | 26. 3 |
| 男的 | nánde | male | 26. 1 |
| 哪儿啊 | nǎr a | where; an expression used as a modest response to praise | 24. 2 |
| 农村 | nóngcūn | countryside | 29. 3 |

| 努力 | nǔlì | diligent | 24. 3 |
| 女的 | nǔde | female | 26. 1 |
| 女青年 | nǔqīngnián | young woman | 23. 2 |

**P**

| 片 | piàn | tablet(of medicine) | 21. 2 |
| 骗 | piàn | to deceive | 29. 2 |
| 骗子 | piànzi | swindler | 29. 2 |
| 平安 | píng'ān | safe | 28. 2 |
| 破 | pò | broken | 29. 1 |

**Q**

| 钱包 | qiánbāo | wallet | 29. 2 |
| 墙 | qiáng | wall | 23. 3 |
| 清楚 | qīngchu | clear | 24. 1 |
| 青年 | qīngnián | young man | 23. 2 |
| 请 | qǐng | to invite; to get(somebody to do something) | 22. 2 |
| 请假 | qǐngjià | to ask for leave | 24. 1 |
| 取 | qǔ | to draw; to collect | 25. 2 |
| 取包裹 | qǔbāoguǒ | to collect a parcel | 25. 2 |
| 取钱 | qǔqián | to draw out money(from the bank) | 25. 2 |
| 取信 | qǔxìn | to collect one's letter | 25. 2 |

**R**

| 人口 | rénkǒu | population | 29. 3 |
| 人民 | rénmín | people | 23. 2 |
| 认为 | rènwéi | to think; it's one's opinion that…… | 24. 3 |
| 认真 | rènzhēn | conscientious | 25. 3 |
| 日报 | rìbào | daily newspaper | 26. 3 |
| 软 | ruǎn | soft | 26. 2 |
| 软卧 | ruǎnwò | soft sleeper | 26. 2 |

## S

| 嗓子 | sǎngzi | throat, voice | 21.3 |
| 沙发 | shāfā | sofa | 22.3 |
| 上 | shàng | to go to, to go/come up | 21.1 |
| 上(车) | shàngchē | to get on(the bus) | 23.2 |
| 上楼 | shànglóu | to go upstairs | 29.1 |
| 社会 | shèhuì | society | 28.3 |
| ……什么的 | …shénmede | …and so on | 28.2 |
| 什么样 | shénmeyàng | what kind | 26.1 |
| 身份证 | shēnfenzhèng | identity card | 25.2 |
| 声调 | shēngdiào | tone | 28.2 |
| 生意 | shēngyi | business | 30.1 |
| 声音 | shēngyīn | sound; voice | 25.2 |
| 省(钱) | shěng(qián) | economical; to save money | 28.1 |
| 十字 | shízì | cross | 23.2 |
| 收拾 | shōushi | to tidy up, to put in order | 22.1 |
| 手表 | shǒubiǎo | wrist watch | 29.3 |
| 售票员 | shòupiàoyuán | the conductor | 23.2 |
| 输 | shū | to lose(a game, etc.) | 29.2 |
| 舒服 | shūfu | comfortable | 21.1 |
| 书柜 | shūguì | bookcase | 22.3 |
| 叔叔 | shūshu | uncle | 23.1 |
| 暑假 | shǔjià | summer vacation | 30.3 |
| 摔跤 | shuāijiāo | to fall; to tumble | 29.1 |
| 双人间 | shuāngrénjiān | double room | 26.1 |
| 所以 | suǒyǐ | so, therefore | 28.3 |
| 宿舍 | sùshè | dormitory or a room in it | 26.3 |

## T

| 谈 | tán | to talk, to speak about | 22.3 |

| 糖 | táng | sugar; candy | 23. 1 |
| 趟 | tàng | a verbal measure word | 26. 2 |
| 特快 | tèkuài | special express | 26. 2 |
| 疼 | téng | pain, ache | 21. 1 |
| 提前 | tíqián | in advance | 28. 1 |
| 体育 | tǐyù | sports | 28. 3 |
| 填 | tián | to fill in | 25. 1 |
| 调皮 | tiáopí | naughty | 30. 3 |
| 贴 | tiē | to paste | 30. 1 |
| 通过 | tōngguò | through | 29. 3 |
| 通讯录 | tōngxùnlù | address book | 29. 2 |
| 通知 | tōngzhī | to announce; notice | 28. 3 |
| 同喜 | tóngxǐ | to share happiness; the same to you | 30. 2 |
| 同意 | tóngyì | to agree; to permit | 29. 3 |
| 头 | tóu | head | 21. 1 |
| 推迟 | tuīchí | to postpone | 30. 3 |
| 腿 | tuǐ | leg | 21. 3 |

## W

| 外地 | wàidì | other places; places other than one's own city | 30. 1 |
| 外语 | wàiyǔ | foreign language | 23. 3 |
| 玩具 | wánjù | toy | 27. 2 |
| 晚点 | wǎndiǎn | (of a train, ship, etc. )late | 28. 2 |
| 碗柜 | wǎnguì | cupboard | 22. 3 |
| 危险 | wēixiǎn | dangerous | 23. 1 |
| 胃 | wèi | stomach | 21. 3 |
| 文件 | wénjiàn | document | 24. 1 |
| 文章 | wénzhāng | article, essay | 24. 3 |

## X

| 西药 | xīyào | Western medicine | 21.3 |
| 洗衣机 | xǐyījī | washing machine | 22.3 |
| 系 | xì | department(of the university) | 27.3 |
| 喜糖 | xǐtáng | wedding candies | 30.2 |
| 下(车) | xià(chē) | to get off(the bus) | 23.2 |
| 下铺 | xiàpù | lower berth | 26.2 |
| 先……,然后…… | xiān…ránhòu… | first…, then… | 22.1 |
| 箱子 | xiāngzi | box | 25.1 |
| 像 | xiàng | to resemble | 26.3 |
| 消息 | xiāoxi | news; information | 29.2 |
| 小区 | xiǎoqū | residential area | 25.3 |
| 小心 | xiǎoxīn | careful | 29.1 |
| 校长 | xiàozhǎng | school master; president of a university | 30.3 |
| 鞋柜 | xiéguì | shoe case | 22.3 |
| 新闻 | xīnwén | news | 28.3 |
| 心意 | xīnyì | token of one's regard | 30.2 |
| 信封 | xìnfēng | envelope | 25.1 |
| 姓名 | xìngmíng | full name | 25.2 |
| 需要 | xūyào | need | 22.2 |
| 学费 | xuéfèi | tuition fee | 29.3 |
| 学生证 | xuéshengzhèng | student card | 25.3 |

## Y

| 牙 | yá | tooth | 21.3 |
| 牙刷 | yáshuā | toothbrush | 28.2 |
| 严 | yán | strict | 27.1 |
| 研究生 | yánjiūshēng | graduate student | 27.2 |
| 腰 | yāo | waist | 21.3 |
| 要求 | yāoqiú | demand | 27.1 |

| 药 | yào | medicine | 21.1 |
| 要紧 | yàojǐn | important | 21.1 |
| 要是 | yàoshi | if; suppose | 24.1 |
| 爷爷 | yéye | grandpa | 21.3 |
| (一)夜 | (yí)yè | night; overnight | 27.3 |
| 衣柜 | yīguì | wardrobe | 22.3 |
| 医生 | yīshēng | doctor | 30.3 |
| 一路平安 | yílùpíng'ān | to have a pleasant trip | 28.2 |
| 椅子 | yǐzi | chair | 22.3 |
| 亿 | yì | hundred million | 29.3 |
| 意思 | yìsi | meaning; idea | 28.1 |
| 音乐会 | yīnyuèhuì | concert | 24.3 |
| 硬 | yìng | hard | 26.2 |
| 硬卧 | yìngwò | hard sleeper | 26.2 |
| 硬座 | yìngzuò | hard seat(carriage) | 26.2 |
| 用功 | yònggōng | diligent | 27.1 |
| 邮票 | yóupiào | postage stamp | 25.2 |
| 有用 | yǒuyòng | useful | 27.2 |
| 雨伞 | yǔsǎn | umbrella | 29.3 |
| 语言 | yǔyán | language | 27.3 |
| 约会 | yuēhuì | to make an appointment | 30.3 |
| 越来越 | yuèláiyuè | more and more | 30.1 |
| 晕 | yūn | dizzy | 21.3 |
| 运气 | yùnqi | luck | 29.2 |

## Z

| 站 | zhàn | station; stand | 23.2 |
| 着急 | zháojí | to worry | 21.2 |
| 照顾 | zhàogù | to take care of…; to look after… | 24.3 |
| 照片 | zhàopiàn(r) | photo | 23.3 |
| 着 | zhe | a suffix indicating the continuous aspect of an action | 21.2 |

| 证件 | zhèngjiàn | papers | 25. 3 |
| 政治 | zhèngzhì | politics | 27. 3 |
| ……之间 | …zhījiān | between; among | 24. 2 |
| 只 | zhǐ | only | 28. 1 |
| 质量 | zhìliàng | quality | 26. 3 |
| 中文 | zhōngwén | Chinese literature and linguistics | 27. 3 |
| 中药 | zhōngyào | traditional Chinese medicine | 21. 3 |
| 重 | zhòng | weight; heavy | 25. 3 |
| 重要 | zhòngyào | important | 24. 2 |
| 住 | zhù | to live | 23. 1 |
| 注意 | zhùyì | attention; to pay attention to | 28. 2 |
| 住院 | zhùyuàn | to be admitted to the hospital | 21. 2 |
| 专业 | zhuānyè | specialty | 27. 2 |
| 装 | zhuāng | to put into | 25. 1 |
| 桌子 | zhuōzi | table, desk | 22. 1 |
| 自己 | zìjǐ | self | 22. 2 |
| 自由 | zìyóu | free | 28. 1 |
| 左右 | zuǒyòu | about; around | 25. 2 |
| 座位 | zuòwèi | seat | 26. 3 |

## 专 名 *Proper names*

| 澳门 | Àomén | Macao | 26. 3 |
| 成都 | Chéngdū | Capital city of Sichuan province in southwest China | 26. 2 |
| 春节 | chūnjié | Spring Festival | 30. 1 |
| 德语 | Déyǔ | the German language | 27. 3 |
| 方庄 | Fāngzhuāng | a newly built residential area in southeast of Beijing | 25. 3 |

| 复兴门 | Fùxīngmén | a place where a city gate of the same name was situated in Beijing | 23. 1 |
| 海南 | Hǎinán | the Hainan Province(It is the second largest island of China) | 27. 3 |
| 加州 | Jiāzhōu | California | 23. 3 |
| 京剧 | Jīngjù | Beijing opera | 28. 3 |
| 军事博物馆 | Jǔnshì Bówùguǎn | the Military Museum, a major museum in Beijing, situated on the Fuxing Road in the western suburb of the city | 23. 2 |
| 李文燕 | Lǐ Wényàn | name of a person | 26. 1 |
| 全聚德 | Quánjùdé | the Quanjude Roast Duck Restaurant | 27. 3 |
| 吴 | Wú | a Chinese surname | 28. 3 |
| 武汉 | wǔhàn | Capital city of Hubei Province in central China | 26. 3 |
| 张山 | Zhāng Shān | name of a person | 26. 1 |
| 中国人民大学 | Zhōngguó Rénmín Dàxué | the Chinese People's University | 23. 2 |